新興国市場の特質と新たな BOP 戦略
―― 開発経営学を目指して ――

林 倬史 著

文眞堂

まえがき

本書の背景と狙い

フィリピンとの関わり

　2008年ごろから，夏春の学期休暇中に，ほぼ毎年，フィリピンを訪問してきた。その主な理由は，同国の貧困解消に向けた新たなビジネス生態系モデルを見据えた研究調査にあった。筆者がはじめてフィリピンを訪問した1970年代，次に訪問した1980年代末，そして現在と，この間ほぼ40年以上にわたって同国では，貧困問題が解決されることなく幅広く貧困層が存在し続けてきた。

　1970年代の大学院時代にフィリピン国内をダバオからマニラまで貧乏旅行していた時には，飛行機代が高いので，たしか5日間ほどの船旅となった。特等席，1等席，2等席，3等席のうち，さすがに，3等席はやめて下から2番目の2等席の切符で乗船した。驚いたことに，3等席は甲板上にびっしりと並べられた小さなベッドで，もちろん覆いもなかった。2等席といっても，2階の甲板上に大量に敷居も無しに並べられたベッドだけで，天井は布かビニールで覆われただけであり，横から雨風が入ってくる場所であった。1等，特等席だけが船室の中であったように記憶している。3等のベッドは雨風どころか波しぶきも時々入る状態であった。ここには，主にメイドさんたちがいた。

　船がザンボアンガやセブの港に立ち寄るたびに，船荷が搬入，搬出されていたが，その時親しくなった2等席の乗船仲間が私に見に来いというので，一緒に船底を覗いてみたら，そこでは子供たちがものすごい粉塵のなかを上半身裸で荷物運びや清掃の仕事をしていた。彼は，「あの子たちは肺をやられて長生きしないだろうね。これがフィリピンの現実だよ」と言っていたことを覚えている。

ラサール大学での思い出

　それから十数年後の1989年に，マニラのデ・ラサール大学で「日本の産業と企業」という科目の講義を3か月ほど担当する機会があった。その際には，正門前で数名の子供たちが金銭をねだってきた。どうすべきか，躊躇していたら，サポートしてくれていた教員が，「気持ちはわかりますが，絶対お金を上げないでください。もしあげると，明日には今日の数倍の子供たちが集まってきますから」と注意された。当初の10日間ほど，大使館指定の高級ホテルに宿泊していたこともあり，同じ教員から，「夕食の際に，ホテルから出るときには，時計を外してできるだけ一般市民と変わらない服装で出かけてください。お金を取られてもいいように，小銭を用意しておいたほうがいいでしょうね。その時は，抵抗しないでその小銭を渡せばいいです。その時は怒らないで下さいよ。私ももし貧農の出身でしたら，いまごろゲリラになっていたかもしれませんから。」こうした光景や言葉はいまだに鮮明に記憶している。

　そして私が，3か月間の同大学での講義を終えて帰国する際に，同大学の教員に校内の礼拝堂に案内され，そこでつぎのように伝えられた。「じつは，終戦近くに，多くの住民がキャンパス内に逃げ込んできました。総長はこの礼拝堂であれば安全であると判断して，みんなを入れてあげました。ところが日本軍が乱入してきて，老人も女性も子供もそして総長も銃剣等で虐殺されました。それがここです。」

　やっと，英語での授業から開放され，またみんなと打ち解けられてきた時であっただけに，余計，震度8なみの衝撃を受けた。またその日の夕方，大学の近くにある，行きつけの食堂のおばちゃんに，夕飯がてら帰国の挨拶をしに訪れた。当時，50代後半と思われる彼女は，「（日本軍による）占領当時は，若い女性は乱暴されないよう，親から坊主頭にさせられて男の格好をさせられたし，私も泣きながら髪を切られたよ。」私はただあやまるしかなかった。

　現地の人たちと本音で話しあえるようになると，結局かれらが最後に伝えようとしていた思いは共通していた。「私たちは同じアジアの友人仲間どうしではなかったのか！！」。中国や韓国を訪問した際に味わってきた苦い想いをまたここでも味わうことになった。

まえがき　iii

　そして 2011 年，久しぶりに同じラサール大学を訪問してみた。正門前にはもうそうした子供たちは見当たらなかったし，また車道での花売りの子供たちにも出くわさなかった。そのことを現地の NGO の人に伝え，さらに「以前に比べて，道路も舗装され，また経済的にも改善されたようですね」と話したら，こう指摘された。「いや，政府がスラムの住民や違法占拠者を郊外に強制移転させて，外から見えなくしただけで基本的な貧困問題は変わってませんよ。」
　私の友人で，同じく国際経営を担当しているコロラド大学の優秀な教員がいるが，彼はフィリピンの名門大学アテネオ大学出身のフィリピン人である。彼はたまたま裕福な家の出身であったから，米国の大学院で引き続き教育を受ける機会を活かして自らの能力の向上につなげたといえる。しかしながら，フィリピンの現状況下ではおそらく現地の多くの人たちが潜在的能力を有しながらその能力を活かせずに，また活かせる場もなく人生を終えていくことになる。

ソーシャル・ビジネスとしての BOP 戦略
　2012 年 6 月に米国ワシントンで開催された AIB（Academy of International Business＝国際経営学会）大会のメインテーマは，"Rethinking the Roles of Business, Government and NGOS in the Global Economy"，であった。いま，世界的に社会的諸課題の解決のためには，NGO と民間のビジネスとの協働によるソーシャル・ビジネスモデルの開発が喫緊の課題となってきている。フィリピンの憲法では，日本と異なり，社会的諸課題の解決には，NGO との協力が明文化されており，フィリピンはアジア最大の NGO 大国ともいえる。
　いま，先進国企業によるいわゆる BOP（Base of the Pyramid＝新興経済国での所得階層の底辺にいる貧困層）市場の開発が注目を集めてきている。そうしたなか，筆者は，訪問するたびにフィリピンをはじめアジアの多くの人たちが日系企業に対して願っていることは，現地 NGO との草の根レベルでの協働を通して，社会的諸課題の解決を目指すソーシャル・ビジネスとしての BOP 戦略であると認識せざるを得なくなってきた。

グラミン銀行ユヌス氏との出会い
　2008 年に，筆者は立教大学経営学部に所属していた。当時，立教大学では，

AIIC（The Asian Institute for the Intellectual Collaboration）という組織を設立し，グラミン銀行（バングラデシュ）の M. ユヌス氏（2006年ノーベル平和賞受賞）を招待して，AIIC 関係教員とのワークショップを開催した。

その場で，ユヌス氏はつぎのように述べ始めた。「私はアメリカの大学で学び，経済学の博士を取得し，そして米国の大学で教鞭をとったのち，本国のバングラデシュに戻り，チッタゴン大学で経済学を教えていました。しかし，目の前の悲惨な貧困にある人たちの問題解決には何の役にも立ちませんでした。そこで大学の学生たちと始めたのが，銀行からお金を借りられない貧しい女性の人たちを相手に，担保なしでわずかなお金を貸し出すいわゆるマイクロファイナンスです。」

そして NGO のグラミン銀行によるいわゆるマイクロファイナンスを活用した「ソーシャル・ビジネス」の方式が多くの経済的に貧しい人たちを貧困ラインから開放し，ノーベル平和賞の受賞へとつながったことはいうまでもない。

筆者をはじめこのワークショップに参加していた教員の多くは，彼が先進国で開発された従来型の開発経済論や国際経済論とは異質の新たな経済理論や経営学の必要性を訴えているように受け止めざるをえなかった。

国際経済の理論と現実

たしかに，国際経済の理論では，本来，先進国からの進んだ技術やマネジメントの知識が，資本の移動，とりわけ多国籍企業の進出によって移転され，現地生産の拡大とともに雇用の拡大と輸出の増大により，所得や税収が高まり，それとともに国内市場も拡大する。そして産業連関的に多くの現地企業が創出され，産業と経済は拡大均衡に入り，貧困はそれなりに解消されていくはずであった。

それでは，なぜ，21世紀に至ってなお，世界の人口の4割弱の人たちが，1日2ドル以下の生活を余儀なくされているのか。特に，新興国や発展途上国では表向きはたしかに消費水準や GNP が上昇しているように見えるにもかかわらず，なぜ多くの人たちが貧困状態に置かれているのだろうか。

この間，訪問機会の多かったフィリピンの場合をみると，同じくスペインやポルトガル統治下に置かれてきた中南米諸国と同様に，大土地所有制の影響が

いまだに色濃く残っている。貧富の格差を示す指標としてよく使われるジニー係数でみると，たしかにこれらの国々の指標の上位国をアフリカ諸国と分け合っている。

大土地所有制が根強く残っているということは，一部の大地主と多くの土地なし農民が存在し続けていることを意味する。そしてこれらの諸国では，この問題を背景に，依然として土地改革が叫ばれ続けている。

発展途上国サイドからの政治経済学

大土地所有制の下では，現地の一部の富裕な大地主は，食糧費以外に余裕をもって，高級衣料製品，家電製品，さらには自動車をも購入できる。他方，大多数の貧農は，当然，エンゲル係数も高く，食料品を買うので精いっぱいで工業製品を購入するまでには経済的余裕がない。その結果，工業製品市場の発達は限定的となり，農業から工業への労働の移動も限定的となる。こうした構図の上に，海外からの企業が現地に進出してきた場合，現地市場が限定的であるために，進出企業は，現地生産では採算があわず，本国や海外拠点からの輸入で対応しようとする。仮に規模の大きい工場を設置するとすれば，低賃金労働力を活用して生産し，その大部分を海外市場に輸出し，一部を現地市場用にあてることになる。こうした低賃金労働力をあてに進出する企業は，当然，他のより低賃金国が利用可能であれば，そちらを優先することになる。その結果，自律的工業基盤はなかなか育成されず，農業に大量の低所得層が滞留せざるをえない。フィリピンのように人口成長率が2％近い国では，こうした人たちは農村からも押し出され，都市に来るが定職はなく，インフォーマル・セクターに滞留する。

これら諸国は，植民地化された時代が長く，しかも第二次大戦の敗戦国ではないために，根本的な政治改革は外部からも内部からも十分なされてこなかった国々で占められている。そのため，こうした植民地時代の遺制が形を変えながら残存し続けている。その結果，フィリピンのアヤラ財閥のように，スペイン統治下からマニラの主要地の実質的大地主であり続けることにもなる。しかも，ジェトロ・マニラでお聞きしたら，相続税がないとのことであった。ちなみに，2015年版フォーブズ誌が発表しているフィリピンの富豪50名によると，

同国の財閥系一族の名前がHenry Sy氏の144億ドル（約1兆5,500億円）を筆頭に，50名合計731億ドル（約7兆9,000億円）となっている。この額は2015年の同国の名目GDPのほぼ25％に相当する。このように同国には多数の貧困層が存在すると同時に，日本でもめったにお目にかかれないとんでもない大金持ちの家族が存在する。この点については，本書の第6章でも紹介されているが，GDPの規模の割にはこうした大富豪が存在するのは相続税をはじめとする徴税のシステムが機能していないことの別の表現でもある。こうなると，問題の解決は経済学や経営学の問題ではなく，政治の問題であるということもできよう。

しかし，経済学や経営学が学問的に確立して以来，一体何年の月日が流れてきたのだろうか。貧困，失業，所得格差，企業内のうつ病，そして多くの不祥事等々，本来，経済学や経営学で理論的に解決すべき課題が何も解決されてはこなかったのではないだろうか。

本書は，以上に述べてきた経緯と，経営学を基盤に研究・教育に当たってきたことを踏まえて，新興国の貧困問題の解決に「開発経営学」という視点から挑戦していくことを最大の狙いとしている。本書のタイトルを，「新興国市場の特質と新たなBOP戦略―開発経営学を目指して―」とした理由は，以上の背景によるものである。

謝辞

国士舘大学および同大学経営学部から専任としての2010年4月からの5年間，さらに定年退職後も引き続き客員教授として，研究環境を整えて頂いている。私にとっては，研究室をはじめとする研究環境がなければ，この本の完成はほぼ絶望的であった。本書の上梓に際しては，同大学，ならびに同学部関係者の方々には感謝の気持ちでいっぱいである。

また，この間の海外への調査研究が経済的に可能になったのは，科学研究費助成事業からの助成によるところが極めて大きかった。筆者が代表となったのは，挑戦的萌芽研究（B）「日系企業とNGOとの協働によるビジネス生態系モデルの研究」（2011－2012年度，課題番号：2365100)，「新興国の自律的ビジネ

ス生態系と日系企業のソーシャル・ビジネスモデルに関する研究」(2014－2016年度，課題番号：26590064)，基盤研究(B)「日系企業のBOP戦略とビジネス生態系モデルに関する研究」(2011－2014年度，課題番号：23402038)，「NGOと日系企業の協働的BOP戦略と新興国の自律的ビジネス生態系に関する研究」(2015－2018年度，課題番号：15H5185)，以上である。

そして当然のことながら，これらの研究に分担者として参加してくれた下記の研究者の方々には心より感謝している次第である。

荒井将志（亜細亜大学），星野裕志（九州大学），井口知栄（慶応大学），伊藤道雄（立教大学），金綱基之（南山大学），三浦秀之（杏林大学），中山厚穂（首都大学東京），根岸加奈子（宇部高専），関智一（立教大学），高橋俊一（立正大学）（A,B,C,順。および助成期間中の所属機関）。さらに，今回のBOP関連の研究に際しては，下記の研究代表者の科研費事業にも分担者として参加させて頂いた。浅川和宏（課題番号：15H03384，慶應義塾大学），菰田文男（課題番号：15H03383，埼玉学園大学），内田康郎（課題番号：20330113，富山大学）。

特に，フィリピンのNGOのPBSPとCARD MRI，およびバングラデシュのグラミン銀行ソーシャル・ビジネス各社とユヌス氏を訪問調査の際には，ご尽力頂いた伊藤道雄および星野裕志両氏に感謝の意を表する次第である。

また，ほぼ6年間にわたるこれら研究調査期間のすべての海外調査に，ご多忙にもかかわらず，ともに参加してくれた井口知栄・荒井将志両氏には公私にわたりご協力を頂いた。さらに，本書第4章は，両氏との共著であるが，本書を単著扱いにしていただいた。両氏のご厚意に感謝すると同時にさらなる研究成果を心より願っている。

たびたび訪問した日本貿易振興機構（JETRO）マニラ・センターの鎌田桂輔氏（Director for Research：訪問当時）をはじめ，貴重な時間を割いて訪問に応じて頂いたJETRO，JICA，そして多くの現地日系企業の関係者の方々には厚く御礼を申し上げたい。

また，文眞堂の前野隆代表取締役社長には，出版事情が厳しくなる中，刊行を快くお引受けいただいたことに感謝を申し上げる次第である。

なお，本書の最終原稿を仕上げ，そして最終点検の最中に，私の長きにわたる院生時代とオーバードクター時代以来ご指導いただいた野口祐先生（慶応大

学名誉教授）が 5 月 7 日の朝，急逝された。結局，先生からは単著としての「2 冊目はまだか〜」と催促されながら，この本をお渡しすることなく，墓前に捧げることになってしまった。野口祐先生がしばしば口に出されていた，「だから言ったじゃないか」という声に当分悩まされそうである。先生のご冥福を心よりお祈り申し上げたい。

　最後に，本書は単著として刊行されてはいるが，事実上は，上記の方々や家族，そして中学 2 年の時に科学者を夢見ながら他界した長男，卓司との共著である。

目　　次

まえがき·· *i*

第1章　多国籍企業のBOP戦略とソーシャル・ビジネスの分析視角
　　　　―フィリピンのインフォーマル・セクターとフォーマル・
　　　　セクターの視点から― ··· *1*

1．はじめに ·· *1*
　⑴　BOP論の登場 ··· *2*
　⑵　開発経済論の視点 ··· *3*
　⑶　M. ユヌス氏のソーシャル・ビジネス論 ·· *3*
　⑷　ソーシャル・ビジネス論とインフォーマルセクター ····················· *4*
　⑸　BOP戦略とソーシャル・ビジネス論の再検討 ································ *5*
　⑹　BOP論への新たな視点 ··· *6*
2．インフォーマル・セクターとインフォーマル・エコノミー ············ *7*
　⑴　インフォーマルセクターの概念整理 ·· *7*
　⑵　インフォーマル・セクターと就業の諸形態 ··································· *8*
3．所得別人口構成とインフォーマル就業者（IFEM）······················· *11*
　⑴　世界の所得別人口構成とBOP ·· *11*
　⑵　フィリピンの所得別人口構成とBOP ··· *12*
4．フォーマル・セクター（FS）の就業構造と家族支配型企業集団 ····· *14*
　⑴　フィリピンのFS企業群の特質 ··· *14*
　⑵　フィリピンの家族支配型企業群の支配構造
　　　―AyalaグループとLopezグループ ··· *15*
　　⑵-1　Ayalaグループの産業支配の構図 ··· *15*
　　⑵-2　Lopezグループの産業支配の構図 ·· *16*
5．まとめ ·· *18*

第2章 多国籍企業のBOP戦略論の再検討
―フィリピンにおけるフォーマル・セクターと外資系企業の位置づけを中心に― …… 21

1．はじめに …… 21
2．フォーマル・セクターにおける主要企業群の構成 …… 23
　⑴　フォーマル・セクター（FS）とインフォーマル・セクター（IFS）の構成 …… 23
　⑵　売上高上位1,000社の企業構成 …… 24
　　⑵-1　売上高上位1,000社と外資系企業の位置 …… 24
　　⑵-2　売上高上位1,000社と現地企業の位置 …… 26
3．フォーマル・セクター就業者（Formal Sector Employment）と多国籍企業 …… 27
4．まとめ …… 30

第3章　フィリピン貧困層消費市場の構図と海外送金 …… 34

1．はじめに …… 34
2．フィリピンのBOP市場の構図と個人消費 …… 34
3．海外フィリピン人労働者の給与所得額と送金額 …… 35
　⑴　海外フィリピン人労働者の給与所得額とGDP …… 35
　⑵　海外出稼ぎ労働者（OFW）と本国送金額 …… 37
　　⑵-1　NSCBデータによる本国送金額の規模 …… 37
　　⑵-2　World Bankのデータによる本国送金額の規模 …… 40
4．海外出稼ぎ労働者（OFW）の職務構成と出稼ぎ地域 …… 41
　⑴　海外出稼ぎ労働者（OFW）の職務構成 …… 41
　⑵　海外出稼ぎ労働者（OFW）と出稼ぎ地域 …… 43
　⑶　出稼ぎ地域と送金地域との相違 …… 43
5．送金額と輸出額，直接投資額との対比 …… 47
　⑴　送金額と輸出額との対比 …… 47
　⑵　送金額と直接投資額との対比 …… 47

6．海外からの送金と現地での使途 ……………………………… *48*
　7．まとめ …………………………………………………………… *48*

第4章　BOP層の経済的自立化と自律的ビジネス生態系 ……… *52*
―フィリピンCARDのマイクロファイナンスとサリサリストアの事例分析を中心として― …………………………………… *52*

　1．はじめに ………………………………………………………… *52*
　2．CARDの貧農女性の経済的自立化戦略とサリサリストア …… *53*
　　⑴　CARD設立経緯とそのミッション ………………………… *53*
　　⑵　CARDのマイクロファイナンスと貧農女性 ……………… *55*
　　⑶　サリサリストアの営業実態とCARDの発展戦略 ………… *56*
　　　⑶-1　サリサリストアの営業実態とCARD ………………… *57*
　　　⑶-2　サリサリストアの営業品目の推移と外資系ブランドの浸透 … *60*
　　⑷　CARD Inc.のサリサリストアの発展戦略とハピノイ・ブランド …… *66*
　　　⑷-1　ハピノイ・ブランド（Hapinoy Brand）の製造・販売 ………… *67*
　　　⑷-2　Micro Producer（零細小規模生産者）システムの構築 ……… *67*
　　　⑷-3　Medicines（医薬品部門）システムの構築 …………… *67*
　　　⑷-4　Solar（太陽光発電）システムの構築 ………………… *68*
　　　⑷-5　SMART Money（携帯電話を通じた送金）システムの構築 …… *68*
　3．まとめ …………………………………………………………… *70*

第5章　新興国のビジネス生態系とNGOのBOP戦略
―フィリピンCARD MRIの事例を中心として― ……………… *73*

　1．はじめに ………………………………………………………… *73*
　2．新興国の位置づけ ……………………………………………… *75*
　3．多国籍企業のBOP戦略論の登場とその背景 ………………… *76*
　4．多国籍企業のBOP戦略とM.ポーターの5フォーシズ分析の
　　限界性 ……………………………………………………………… *80*
　　⑴　5フォーシズ分析の前提と新興国の市場構造 …………… *80*
　　⑵　新興国市場の階層性とBOP市場 ………………………… *81*

(3) BOP 市場とセグメンテーション ………………………………… 83
　5．M. ユヌス氏のソーシャル・ビジネス戦略 ………………………………… 87
　　(1) プラハラードの HLL モデルの限界性 ………………………………… 87
　　(2) M. ユヌス氏のソーシャル・ビジネスと自己雇用の戦略的意味 …… 88
　6．CARD MRI の戦略とビジネス生態系 ……………………………………… 90
　　(1) CARD Inc. のマイクロファイナンスとサリサリストアの位置 …… 91
　　(2) CARD MRI の戦略と自律的ビジネス生態系 ……………………… 93
　7．まとめ ………………………………………………………………………… 96

第6章　新興国の BOP 層の位置づけと自律的ビジネス生態系 …… 101

　1．はじめに ……………………………………………………………………… 101
　2．先進国と新興国の資産・所得の集中と貧困層
　　　　―米国とフィリピンを中心に― ……………………………………… 102
　　(1) 米国における資産・所得の集中と貧困層 …………………………… 102
　　　(1)-1　富裕層への富の集中 ……………………………………………… 102
　　　(1)-2　米国における貧困層 ……………………………………………… 104
　　(2) フィリピンにおける資産・所得の集中と貧困層 …………………… 106
　　　(2)-1　富裕層への富の集中 ……………………………………………… 106
　　　(2)-2.1　フィリピンにおける貧困層 …………………………………… 108
　　　(2)-2.2　フィリピンにおける貧困層の貧困ライン動向 ……………… 109
　　(3) 米国貧困層とフィリピン貧困層の共通性と異質性 ………………… 112
　3．新興国フィリピンの BOP 層とインフォーマル・セクター …………… 113
　　(1) フィリピン貧困層の相対的減少と絶対数の増大 …………………… 113
　　(2) インフォーマル・セクターにおける雇用創出のメカニズム ……… 113
　4．BOP 層の経済的自立化と持続的ビジネス生態系の基本的要件 ……… 114
　　(1) 自己雇用（self-employment）の戦略的重要性 …………………… 114
　5．まとめ ………………………………………………………………………… 116

第7章　多国籍企業と NGO の新興国 BOP 戦略の有効性と限界
　　　　―ハイブリッド・バリューチェーンの視点から― ……………… 119

1．はじめに ………………………………………………………………… 119
2．多国籍企業のソーシャル・イノベーションとしてのBOP戦略の
　　有効性と限界 …………………………………………………………… 121
　⑴　多国籍企業のソーシャル・イノベーションとしてのBOP戦略の
　　　有効性 ………………………………………………………………… 121
　⑵　多国籍企業のソーシャル・イノベーションとしてのBOP戦略の
　　　限界 …………………………………………………………………… 122
3．現地NGOのBOP戦略の有効性と限界 ……………………………… 124
　⑴　現地NGOのBOP戦略の有効性 …………………………………… 125
　⑵　現地NGOのBOP戦略の限界 ……………………………………… 126
4．多国籍企業と現地NGOのBOP戦略の発展プロセスとハイブリッ
　　ド・バリューチェーン ………………………………………………… 128
　⑴　BOP戦略とバリューチェーン ……………………………………… 128
　⑵　現地NGOによるBOP層の経済的自立化戦略 …………………… 131
　　⑵-1　グラミン銀行のBOP戦略-Version 1 ………………………… 131
　　⑵-1.1　Version 1.1 …………………………………………………… 131
　　⑵-1.2　Version 1.2 …………………………………………………… 131
　　⑵-2　グラミン銀行のBOP戦略-Version 2 ………………………… 132
　　⑵-3　CARD MRIのBOP戦略 ……………………………………… 136
5．まとめ …………………………………………………………………… 138

第8章　新興国の台頭とリバース・イノベーションの分析視角
　　　　　―破壊的イノベーションとソーシャル・イノベーションの
　　　　　　視点から― …………………………………………………… 143

1．はじめに ………………………………………………………………… 143
2．新興国の登場とリバース・イノベーションの史的プロセス ……… 144
　⑴　イノベーションとリバース・イノベーションの国際的フロー…… 144
　⑵　アジアにおける人の移動とリバース・イノベーション ………… 146
3．多国籍企業による技術の国際的移転と逆移転のメカニズム ……… 149
4．リバース・イノベーションの2つの側面 …………………………… 152

⑴　破壊的イノベーションとしてのリバース・イノベーション …… 152
　⑵　ソーシャル・イノベーションとしてのリバース・
　　　イノベーション ………………………………………………… 154
　　⑵-1　ソーシャル・イノベーションと Grassroots Innovation ……… 155
　⑶　リバース・イノベーションと Grassroots Innovation ………… 156
5．まとめ ………………………………………………………………… 157

第9章　新興国の BOP と貧困解消の戦略
　　　　―開発経営学を目指して― …………………………………… 163

1．はじめに ……………………………………………………………… 163
2．新興国の経済開発体制モデル
　　―速水論の経済開発体制モデルを中心として― ………………… 166
3．新興国における社会的課題解決型ビジネスモデル ……………… 170
4．新興国におけるミクロの経済開発モデルと開発経営論 ………… 172
　⑴　グラミンモデルと開発経営 ……………………………………… 172
　⑵　グラミン・ユーグレナ社のソーシャル・ビジネスモデル …… 174
5．新興国における貧困解消のビジネスモデル ……………………… 177
6．まとめ ………………………………………………………………… 179
　⑴　新興国におけるソーシャル・ビジネス型合弁企業の位置づけ… 179
　　⑴-1　営利企業サイド ………………………………………………… 180
　　⑴-2　現地 NGO サイド ……………………………………………… 180
　　⑴-3　合弁企業サイド ………………………………………………… 180
　⑵　新たな開発経営学の必要性と貧困削減の BOP 戦略 ………… 181

あとがき…………………………………………………………………… 184

初出一覧…………………………………………………………………… 186

参考文献…………………………………………………………………… 188

人名索引…………………………………………………………………… 199

事項索引…………………………………………………………………… 201

第 1 章

多国籍企業の BOP 戦略とソーシャル・ビジネスの分析視角
―フィリピンのインフォーマル・セクターとフォーマル・セクターの視点から―

1. はじめに

　世界が抱える社会的諸課題のなかでも，新興国における貧困と資産・所得格差の問題は，国連が 2015 年－2030 年にかけて SDGs（Sustainable Development Goals）として設定した最大の解決課題の 1 つとなっている。こうした諸国では，所得税，法人税，相続税等の税制が整備されていないか，適切に運用されておらず，その結果，富の再分配機能が働いていない傾向が強い。例えばフィリピンでは，世界銀行の国際基準で見た「極度の貧困ライン（1 日 1.90 ドル：購買力平価 2011 年基準）」以下の人たちが 2012 年現在，人口の 13.1％，7－8 名に 1 人が極度の貧困ラインにある。フィリピン政府の統計でも，2012 年現在，貧困ライン以下の人たちの割合は，25.2％であり，4 名に 1 人は貧困ライン以下ということになっている。なお，極度の貧困ラインである 1 日 1.90 ドル以下の人たちの推移は，2000 年の 1,433 万人（人口の 18.4％）から 2012 年の 1,258 万人（13.1％）へと絶対数として減少してきている。
　しかし，世銀方式によるこの 1 日 1.90 ドル（2011 年の PPP: 購買力平価基準）は，最低限の栄養補給も不十分な「極度の貧困（extreme poverty）」を基準としている。そこで，同じ世銀のデータベースを基に，1 日 3.1 ドル以下の「貧困ライン」以下の数値をフィリピンでの事例で吟味してみよう。同国における 1 日 3.1 ドル以下の貧困ラインの人たちは，2000 年基準で人口の 43.1％から

2012年の37.6%へと減少してきた。しかし，この間，人口は7,790万人から，9,600万人へと増加してきた。したがって，貧困層の人たちは，3,357万人から3,610万人へと絶対数としては増加してきたことを意味する。換言すれば，1日3.1ドル以下でみた「貧困ライン」の人たちは相対的には減少してきたが，絶対数としては増加してきたことを意味する。

　他方，主要企業はいまや多くの人口を抱える新興国ないし発展途上国市場へのアプローチを模索してきた。その典型的戦略の1つがBOP戦略といえる。本章の最大の論点は，事業戦略を国際的に展開している多国籍企業によるBOP戦略が，ターゲットとする新興国ないし発展途上国における市場を獲得できるかどうかではなく，これら諸国の最大の社会的解決課題となっている貧困解消にどの程度貢献しうるかに置かれている。貧困の問題は，単に経営学や経済学の学問的領域だけで解決しうる課題ではもちろんなく，所得の再分配や多岐にわたる産業政策を含む政治的課題として認識すべき課題でもある。ここでは，C. K. プラハラードによるBOP論の意義の確認，発展途上国の貧困のメカニズムを主張してきたS. アミン等の開発経済論の視点，およびM. ユヌス氏が批判的に提起してきたソーシャル・ビジネス論の論点を整理の焦点を合わせて，これらの主張点に対する本章の疑問点を提起していく[1]。

(1) BOP論の登場

　C. K. プラハラード（2002）が提起したBOP（Base of the Pyramid）論は，端的に言えば，従来の経営戦略論（Strategic Management）や開発経済論（Development Economics）では，発展途上国の貧困問題を事実上，解消できなかったことを指摘している。特に留意する必要がある彼の指摘の第1点目は，従来MBA等々で展開されてきた経営戦略論は結果的には，一部の富裕層に価値のある製品やサービスをいかに提供し，その市場領域でいかに勝ち組となり企業価値を高められるかに貢献してきたにすぎないという指摘に求められよう。そして第2点目に，発展途上国は，本来，購買力に乏しい層から構成されており，したがって魅力のない市場として位置づけられてきたが，基本的にこうした視点は間違いであることを論じている点にある。

(2) 開発経済論の視点

　また，発展途上国からの視点から提起されてきた開発経済論の分野において，かつて S. アミン（1970），G. フランク（1978），T. D. サントス（1978），C. ケイ（1989）等によって主張されたいわゆる従属論者の論点は，先進国に有利に作用する国際的メカニズムのもとでは，発展途上国は構造的に価値収奪されるいわゆる「中心―周辺（Center-Periphery）」という世界的システムのもとに従属的に置かれている点に求められる。その論理的帰結の1つは，発展途上国がこの従属的構図から抜け出すためには，何らかの形を採った先進国を中心とした国際経済のシステムやネットワークから切り離されたクローズドな経済システムを目指さざるをえない。その中でも緩やかな政策は，輸出促進型や輸入代替型産業政策をはじめとする外資規制であり，他方，もっとも極端な否定的政策の1つはカンボジアのポルポト政権による悲劇的結末となって現れた。他方，OECD が 1970 年代から 1980 年代に提起したように，多国籍企業の直接投資を活用しながら国際市場との連結を図ることによって経済的に台頭してきた諸国・地域が NIES（Newly Industrializing Countries）および NIES（Newly Industrializing Economies）として脚光を浴びるようになってきた。

(3) M. ユヌス氏のソーシャル・ビジネス論

　こうしたなかで，最貧国の1つとされていたバングラデシュの M. ユヌス氏の貧困層に対するソーシャル・ビジネス論（Yunusu；2007, 2010）は，こうした従属論者の主張を取り入れつつ，同時に国際経済システムへの連結を通して貧困解消を図っていくことを目指す内容を含んでいる。彼の論理のエッセンスは次の点にある。すなわち，(1) 貧困層に対してマイクロファイナンスの機会を提供することを通して，貧困層の経済的自立化を図る，さらに (2) 多国籍企業との合弁会社を設立して，多国籍企業がグローバルな規模で保有する経営資源を活用して社会的課題の解決につながる商品を開発，製造，販売し，貧困層（BOP）に就業機会と所得の向上を図る。この M. ユヌス氏のソーシャル・ビジネスの定義は，ビジネスである以上，収益（Surplus）を得ることを追及はするが，その収益は出資額以上は出資者には還元されることなく，あくまで事業に再投資されることを前提としている。彼の問題提起において理論的に新鮮な点

は，従来の経済学や経営学の諸理論においては，人間が利潤の最大化を目指す企業目的に沿って経済合理性に則って行動する一次元的視点から扱われていること。しかし，人間は，本来，社会的存在として社会的利益に沿って行動する側面も有する多次元的存在でもある。したがって，人間がそこに存在価値を見出す存在でもある以上，社会的諸課題の解決を目指すビジネスとしてのいわゆる「ソーシャル・ビジネス」も事業組織体としての存続理由が見いだされる。

こうした彼の主張する「ソーシャル・ビジネス」は，彼がノーベル平和賞（2006年）を受賞したという点からも，バングラデシュをはじめとする発展途上国ないし新興経済圏を中心に構成されるBOPの人たちを貧困等の社会的諸課題から解放させるための有効な事業として注目を浴びてきた。彼が，1970年代後半以降開始したNGO組織，グラミン銀行によるマイクロファイナンス事業の詳細は，すでに多くの書物で紹介されているので，ここでは以下の彼の最近の論点だけを述べてその他は割愛する。

彼の最近のソーシャル・ビジネス論（Yunus：2010）は，マイクロファイナンス事業を通した現地の貧困層の経済的自立化だけでは，1国的規模で貧困から脱却して豊かな国へと移行することは困難であること。そのためには，多国籍企業がグローバルな規模で保有する技術やマーケティング資源を活用することによって，自国の現地資源を活用した産物と国際経済システムに連結させていく視点にある。

(4) ソーシャル・ビジネス論とインフォーマルセクター

ユヌス氏の提起する，ソーシャル・ビジネスの定義は，現地NGOと外資，特に多国籍企業との50％出資の合弁形態をベースに，社会的諸課題の解決をミッションとする事業（ビジネス）を，収益（Surplus）の確保を前提に行い，収益が得られた場合には，出資者には出資額を超えた額を配当形態で支払われることはなく，あくまでソーシャル・ビジネスに再投資されることとなる。

この方式の場合，多国籍企業がグローバルに保有する経営資源が投入されることによって，現地の社会的諸課題がより効率的に解決されうる可能性が高まり，またグローバルな規模で事業を展開している多国籍企業にとっても，同国で得た新興国独自の知識を他国での事業にも移転しうるという意味でこうした

政策は現実的可能性を有している。同時に，現地で産出された産物が多国籍企業の国際的ネットワークを通して輸出され，同国の経済が国際的経済システムに連結されていく可能性も高まる。

ただし，このソーシャル・ビジネスのシステムは，あくまでパートナーがグローバルに経営資源を有する多国籍企業であるからこそ可能なシステムであり，逆に，限られた経営資源しか保有しない中小規模の企業にとっては，たとえ外国籍企業であっても収益が継続的に還元されないためにビジネスとして成立することは極めて困難となる。

ユヌス氏をはじめ従来の BOP 論者の指摘は，基本的には，農村の貧農と都市の貧困層を対象とする新たな「BOP ビジネス」論および「ソーシャル・ビジネス」論と言えるが，そこでは発展途上国，および新興国固有の社会構成体の一部をなす「インフォーマル・セクター (Informal Sector)」(以下，IFS) および「インフォーマル・エコノミー (Informal Economy)」(以下，IFE) の分析とそれを踏まえた理論体系となっているとは言えない。本章は，こうした「BOP ビジネス」論および「ソーシャル・ビジネス」論を発展途上国固有の IFS，IFE の位置づけを踏まえたうえで，再構成することを意図している。換言すれば，ここでの中心的論点は，発展途上国固有の貧困問題の解消との関連から，「BOP ビジネス」論および「ソーシャル・ビジネス」論を再構築することにある。

(5) BOP 戦略とソーシャル・ビジネス論の再検討

ここではさらに，留意すべき点として従来の既存市場における企業間の競争において，どのようにポジショニングを図り，競争優位性を創出していくかに関して無視しえない位置を占めてきた，M. ポーター (1980) (1985) や J. バーニー (2002) をはじめとする経営戦略論の再検討をも意図している。

こうした理論はいわゆるフォーマル・セクター (以下，FS) を中心とする先進国型マーケット・エコノミーを前提として始めて成立しうる論理構成となっている。それに対して，政府，党，軍隊等によるいわゆる国家権力が，企業や産業の開発，生産数量，販売数量，価格，等の諸政策に無視しえない干与をしてくるだけではなく，土地所有制をはじめ前近代的様式が残存している発展途上国型社会構成体においては，M. ポーターの 5 Forces 論をはじめとする経営

戦略論は，理論的存在基盤そのものの大幅な修正を余儀なくされることになる。本来，BOPで生きている数十億の人たちの切実なニーズ（需要）が存在しても，彼らのニーズと購買能力に答えうる製品やサービスが提供されておらず，したがって先進国型市場構造が存在しない場合には，そのマーケットをめぐる基本的競争要因（Generic Forces）そのものが機能しえないことになる。ここでは，市場をめぐる競争ではなく，むしろ現地の知識（knowledge）や知恵（wisdom）の活用によるあらたな市場の創造が不可欠となる。その際，多くの発展途上国，特に農村や一部大都市に集中する貧困層の多くは，本書で扱う「インフォーマル・セクター」（IFS）および「インフォーマル・エコノミー」（IFE）に属している。IFSが無視しえない位置を占めている発展途上国，新興国型の経済システムにおいては，マーケット・エコノミーが多くの阻害要因によって必ずしも十分に機能しないことを意味している。

⑹ BOP論への新たな視点

　従来の経営戦略論や台頭してきたBOP論の再検討のためには，こうしたIFS&IFEの分析と本質的理解が不可欠となる。その際，発展途上国のIFS&IFEの理解のためには，それら諸国の植民地下時代以来の歴史的遺制との関係性を踏まえた発展途上国固有の社会構成体[2]の分析の中で位置づけられる必要がある。ヨーロッパ諸国のなかでも産業革命と市民革命を経て，近代資本主義体制と市民社会が形成されてきた一部諸国による植民地化政策とはことなり，16世紀にはそれ以前の封建的遺制を内に抱えながら植民地化を進めてきたスペイン統治下に置かれてきたフィリピンの社会構成体は，明らかに先進資本主義国とは異質の前資本主義的生産様式や社会構成体を抱え込みながら資本主義的構造へと変容せざるを得ない。商品経済への歴史的移行は，先進的ヨーロッパの歴史においては封建制から資本主義への進歩を意味していたのに対して，永らく植民地化されてきた発展途上国においては，自給自足的経済，半封建的土地所有制が温存された前近代的様式を抱えたままでの商品経済への移行を辿らざるをえない。とりわけ重商主義的政策が重要な歴史的役割を果たしてきたスペインによる植民地貿易下に置かれてきた南米やフィリピンの場合には，商品経済化の歴史的プロセスは進歩というよりも「従属的発展」というタームのほうが

より適合的といえる。

　この視点からは，マーケット・エコノミーが有効に機能することを前提としたマクロとミクロの経済学や経営学よりも経済・政治が基本的に不可分の関係として機能している発展途上国の場合には，社会経済構成体としての分析枠組みをベースに従属資本主義論や周辺資本主義論を提起してきた，S. アミン（1970）をはじめとする既述の論者たちの指摘のほうがより適合的と言える[3]。

　本章は，以上の諸点，特にフィリピンにおける IFS および Informal Employment（IFEM）に留意しながら，「多国籍企業の BOP 戦略とソーシャル・ビジネス」を同国の貧困解消をはじめとする社会的諸課題の視点から分析枠組みの構築を試みていく。

2. インフォーマル・セクターとインフォーマル・エコノミー

(1) インフォーマルセクターの概念整理

　"Informal Sector"（インフォーマル・セクター），"Informal Employment"（インフォーマル・エムプロイメント），および "Employment in the Informal Sector"（インフォーマル・セクターにおける雇用）の概念規定。

　ここでは，Hussmans（2004）[4]，Heintz（2010）[5] の ILO の規定にしたがってみていく。インフォーマルセクター（IFS）は企業（enterprise）ベースを算定基準としており，したがって IFS とはインフォーマル企業で構成されるセクターということになる。そしてインフォーマル企業とは法人化されていない（法人登録されていない）民間企業（private unincorporated enterprises）として定義されている。この IFS において雇用者（employer）および被雇用者（employee）として働く就業者は Employment in the Informal Sector（以下，EMIFS）　と規定されている。ここで就業する人たちは法的，社会的保障の対象とはなっていない。

　つぎに，"Informal Employment"（インフォーマル・エムプロイメント）（以下，IFEM）とは，前述の informal enterprises で働く就業者のみならず，法人登録化されている Formal enterprises において，法的，社会的保障の対象とはなってい

ない雇用状態で就業している人たちも含むより広義の概念である[6]。

(2) インフォーマル・セクターと就業の諸形態

フィリピンにおける IFS で働く人たちの具体的就業形態は，廃品回収，露天商（行商，屋台等），靴磨き，メイド，家事労働者，警備員やその補助者，トライシクル運転手，家内工業従事者，サリサリストアをはじめ零細規模の自営業者と家族従業員，さらには風俗業従事者，等々多岐にわたる[7]。そして，こうした IFS およびフォーマル・セクター（FS）においてインフォーマル・エンプロイメント（IFEM）の状況下で就業する人たちを総括する概念としてインフォーマル・エコノミー（IFE）が用いられている。

つぎにフィリピンのこうした IFS，IFEM，EMIFS の実態を Heintz（2010）に沿って確認していこう（図表 1-1 参照）。図表 1-1 の数値には，15 歳未満は含まれていない。したがって，以下の数値には，児童労働は含まれていない。失業者は 428 万名（失業率 11.3%），残りの就業者数は 3,354 万名となっている。そのうち，IFEM（Informal Employment）の数は，2,271 万名，すなわち就業者数の 67.7% が IFEM，したがって残りの 32.3% が FEM の就業形態となっている[8]。

図表1-1　フィリピンの就業構造と IFSEM（2009 年）（単位：万人・%）

総人口	9,002		
経済活動人口	3,781（100.0）		
失業者	428（11.3）		
就業者数	3,354	100	
農業部門	(1,045)	31.2%	100
（農業部門の IFEM）	(942)	(28.1%)	90.1%（男性：88.3，女性：95.1）
非農業部門	(2,308)	68.8%	100
（非農業部門の IFEM）	(1,328)	(39.6%)	57.5%（男性：58.0，女性：57.0）
（IFEM 合計）	(2,270)	(67.7%)	（男性：63.2）（女性：36.8）
（非農業部門の IFEM）	(1,328)	100.0	（男性：57.6）（女性：42.4）
（うち，都市部の IFEM）	(746)	(56.2%)	（男性：56.7）（女性：43.3）
（うち，農村部の IFEM）	(582)	(43.8%)	（男性：58.8）（女性：41.2）

出所：Heintz, J.（2010）より算出。

さらに，それを農業部門と非農業部門に分けてみると，農業部門の90.2％（男性：88.3％，女性：95.1％），非農業部門で57.5％（男性：58.0％，女性：57.0％）がIFEMである。

都市部の非農業部門におけるIFEMは51.8％。非農業部門のIFEMに占める最大の部門は商業取引（Traders）で29.7％，建設部門が11.8％，製造業が11.2％，および輸送業が9.4％となっている。その商業取引のうち，約20％が行商や露天商等のStreet Tradersによって占められている。

最後に，法人登録化されていない企業，すなわちIFSに属する企業群のうちで，家内企業（household enterprise）の数は，約630万であるが，その内訳を確認してみよう（図表1-2参照）。

同図表に示されているように，就業者数2名以下の家内企業数は約614万（97.4％）を占めている。そして，これらIFS家内企業群に従事している人たちの数は，1,060万名におよび，そのうちの1,010万名，すなわち95.3％が給与支払い就業者2名以下の家内企業で占められている。換言すれば，フィリピンでの雇用者総数（就業者総数）3,354万名の約32％が家内企業での就業者であり，しかもほぼ30％が給与支払い数2名以下の家内企業で働いていることになる。

つぎに，これらIFS家内企業群の95.3％を占める就業者2名以下の企業群が属する産業別区分を図表1-3でみてみよう。これらのIFS家内企業群の部門別内訳は，51.2％が商業取引（Trade Activities），輸送通信が19.3％，そして製造業が11.2％で3大部門を構成している。

最大のシェアを占める商業取引部門は，行商，露天商，サリサリストアの類によって構成されていることが想定される。また，輸送通信の部門は自転車に

図表1-2　IFS企業群規模別内訳（単位：万，カッコ内：％）

就業者数規模	0 to 2	3 to 5	more than 5	Total
企業数	613.6	11.8	4.8	630.2
（割合）	(97.4)	(1.9)	(0.7)	(100.0)
就業者数	1,010.0	29.1	20.7	1,059.9
（割合）	(95.3)	(2.7)	(2.0)	(100.0)

出所：図表1-1に同じ。

図表1-3 就業者2名以下のIFS企業の部門別構成比

商取引	51.6％
輸送通信	19.3％
製造業	11.2％
建設	4.5％
ホテル・レストラン	2.4％
不動産業	1.8％
健康社会福祉	1.5％
鉱山採掘	1.3％
その他	6.4％
総計	100.0％

出所：図表1-1に同じ。

座席を付けたいわゆる輪タクによる運転手業が多くを占めていると思われる。また，製造業部門の場合は，家族従業員2名以下で下請け的に業務を行っている家内工業が中心となる。その他にも，首都圏のスラム住民による主要就業形態となっている廃品回収業（廃棄ごみからの金属，ビニール袋等々の回収，等々）は図表1-3の商業取引部門ないし健康社会福祉の部門に入っていることが想定される。

同国の非農業部門の雇用者数合計およそ2,300万人のうちの43.9％，そして非農業部門のIFEM（1,330万人）のうちの75.9％が，給与支払い就業者数2名以下の家内企業に従事していることを意味する。

以上，IFS（Informal Sector）におけるIFEM（Informal Employment）の就業状況についてみてきた。つぎに，FS（Formal Sector）において法的社会的に保障が確立されていない不安定就業層としてのIFEMも存在することを確認する必要がある。既述の通り，2009年，農業部門（1,045.0万人）においてIFEMの状況下におかれている人たちは942.2万人（90.2％）であった（図表1-1参照）。したがって，残りの102.8万（9.8％）がFEMということになる。IFSに属する層のなかでもそれなりに収入が安定している層はFEMとみなされており，その層はIFSの0.8％に該当する。他方，この農業部門のFSとして統計的に扱われている就業層（102.8万人：9.8％）の中にも，約10％強（12万人）がIFEM

として存在する。同様に，非農業部門のIFS（982.5万人＝100.0％）の中にもFEMが56.8万人（5.8％）存在し，またFS（1,206.5万人＝100.0％）のなかにもIFEMが312.6万人（25.9％）存在している。図表1-1のIFEMの数値は，したがって，農業，非農業部門のFS全体に存在するIFEMの層をも含んだ数値である。

3. 所得別人口構成とインフォーマル就業者（IFEM）

(1) 世界の所得別人口構成とBOP

図表1-4は，世界の所得別の人口構成を示したものである。同図表に示されているように，WEF（2009）の定義に従うと，年所得3,000ドル以下の約37億人，換言すれば世界人口の55％がBOPということになる。また，Prahalad（2002）のように，年所得730ドル以下（1日2ドル以下）としても，約26億人（世界人口の39％）がBOP，さらに21世紀に至ってもなお，年所得365ド

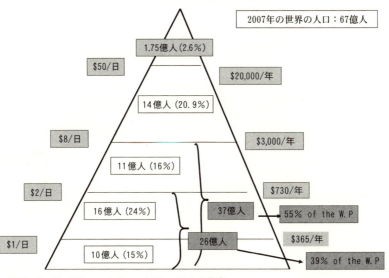

図表1-4：世界の所得別の人口構成

出所：The World Economic Forum 2009, p.39より作成。

ル（1日1ドル以下）の人たちは10億人，世界人口の15％の人たちがBOPとして存在する。この所得基準とBOPとの算定に関しては，多様な見方が存在する。そのなかでも留意すべき主張点は，年所得3,000ドル以下をBOPとした場合には，発展途上国の大部分の人たちがBOPとしてみなされてしまい，実態に即していないという点である[9]。そこで，この点を，フィリピンに当てはめて確認してみよう。

(2) フィリピンの所得別人口構成とBOP

図表1-5は，フィリピンの所得別人口構成を示したものである。同図表に示されているように，同国の2006年の所得別人口構成からは，人口の約33％（2,760万人）が年所得360ドル以下（1日1ドル以下）であり，さらに年世帯所得1,825ドル以下（1日5ドル以下：1世帯数5名換算）が全世帯人口の約27％（460万世帯）となる[10]。

図表1-5 フィリピンの所得別人口構成

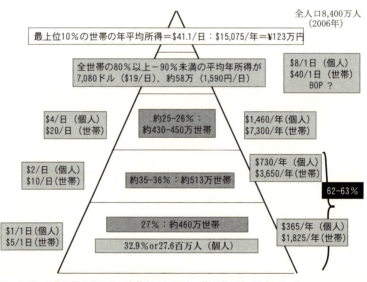

注：フィリピンの貧困層のその後の動態については，第6章で述べられている。
出所：フィリピンNational Statistical Coordination Board，およびNational Statistical OfficeのWebsiteデータより作成。インフレ調整済の数値。ただし，PPP（購買力平価）基準ではない。

また，1日10ドル（世帯ベース：1人平均2ドル）の世帯が全世帯数の約35−36％（513万世帯）と推定される。したがって，1日2ドル以下（個人ベース），ないし1日10ドル以下（世帯ベース）の層だけで，約62−63％を占めることになる。仮に，WEFの定義に従って，1日8ドル以下（個人ベース），ないし1日40ドル以下（世帯ベース）をBOPと規定すると，フィリピンの場合にはどうなるのだろうか。同国政府発表の官制データに基づいて作成した場合でも，図表1-5の最上層（所得階層上位90％−100％層）の世帯所得クラスの平均所得に示されているように，最上位層10％の世帯平均所得でさえも，1日41ドル（世帯ベース：個人ベースで1日8ドル）である。
　換言すれば，全人口ないし全世帯数のわずか一桁の数パーセントの人たちを除く90％以上の人たちがBOPに所属してしまうことになる。
　しかもここで留意すべき点は，Ayala家，Lopez家あるいはCojuangco家一族をはじめとするいわゆる一握りの特権階層がいずれも大規模な不動産所有を基礎に多くの部門に進出しそれぞれの業界の上位を占めている点である[11]。仮に，既述の最上位階層からこれらの例外的一族の世帯を除外すると，全世帯数の99％強の世帯層が年所得3,000ドル（1日40ドル：個人ベースで1日8ドル）以下となることが想定されうる。政府統計局の発表では，全世帯数の26.9％が貧困ライン以下とみなされてはいるが，自らを貧困者として認識している世帯は全世帯数の50−70％に及んでいる[12]。
　このことは，フィリピン政府発表のインフレ調整済の数値と各国購買力平価との間に大きな差異が見られないとすれば，多くのミドルクラスの人たちでさえも，所得水準だけから単純に類型化した場合には，BOPの範疇に属することになる。しかしながら，同国のFSに就業するミドルクラス（中産階級）の人たちもBOPに参入してしまうと，同国の政治，経済，文化，教育において重要な位置を占めている全就業者数の約4割を占めるこれらの層を，IFEMに属する層と同列に論じてしまうことになってしまう。このことは，FEMとIFEMとの区別と関連を理論的に明確に論じることを困難にしてしまう危険性を有している。

4. フォーマル・セクター（FS）の就業構造と家族支配型企業集団

(1) フィリピンの FS 企業群の特質

　非農業部門の就業者数約 2,300 万人のうち，フォーマル・セクター就業者（FSEM）が 42.5%（980 万人）インフォーマル・セクター就業者（IFSEM）が残りの 57.5%（1,328 万人）であった（図表 1-1 参照）。この FSEM のうち，軍，警察等を含む政府関係の公的部門としての FSEM は約 200 万人（FSEM の約 20%）を占める。したがって，非農業部門の就業者のうち，こうした公的部門に雇用されている FSEM を除いた民間部門の FSEM 者数は約 780 万人（FSEM の約 80%）ということになる。

　つぎに，これら FSEM が主として雇用されている企業のうち，上位 1,000 社のなかで明確に所有形態によって分類されうる 898 社の内訳と比率は以下のようになる。上場企業（73 社：8.1%），非上場民間企業（606 社：67.5%），外資系企業（196 社：21.8%），および政府系企業（23 社：2.6%）[13]。これら企業群の総売上高に占めるそれぞれの割合は，上場企業 73 社が 17.8%，非上場民間企業 606 社が 42.8%，外資系企業 196 社が 27.9%，そして政府系企業 23 社が 11.5% であった（ibid., p.161）。ここで留意する必要がある点は，非上場民間企業の大部分は家族支配に基づいた企業集団によって占められており，そしてこれら非上場の民間企業，とりわけ持ち株会社（holding companies）による株式所有を通して大部分の上場企業が支配されている点である[14]。1997 年の調査によると，上位 1,000 社の売上高の 33.4% がこうした家族支配型企業集団によって占められている（ibid., p.178）。また同年にフィリピンの民族系商業銀行 31 行のうち，16 行は家族支配型企業群の支配下にある関連銀行である（ibid., p.178）。

　換言すれば，上位 1,000 社から外資系企業と政府系企業を除くと，実質的には家族支配型企業が 1,000 社の総売上高の大部分を占めていることを意味している。それでは，上記 3 形態の企業を含む上位 50 社は上位 1,000 社の総売上高の何パーセントを占めているのであろうか。1997 年の同比率は，53.6% に及

んでいる。上位50社のうち,25社が家族支配型企業に属していた。そしてそのうちの3大企業群が,Cojuangco, Lopez, Ayala家関連企業による家族支配型企業である[15]。これら3大家族支配型企業が支配している企業集団の中核的企業と銀行(および産業)は,それぞれ San Miguel Corp. と UCPB (飲食料),MERALCO[16] と PCIBank (電力とマスコミ), Ayala Corp. と BPI (不動産, 銀行, 食糧, 自動車)である。そしてこれら上位50社の所有形態別内訳を再度確認してみると,外資系企業が14社,政府系が7社,残りが家族支配型企業29社となっている (ibid., pp184-185)。

(2) フィリピンの家族支配型企業群の支配構造―Ayala グループと Lopez グループ

(2)-1 Ayala グループの産業支配の構図

図表1-6に示されているように,Ayala 一族による非上場の純粋持ち株会社 (Mermac Inc) を通して,上場持ち株会社 (Ayala Corporation) を設立し,一般株主からの資金を集めながら,過半数株を保有している。そしてこの Ayala Corporation が Ayala 企業集団の中核的位置を占めている。同図から少なくともつぎの2点が確認できよう。

すなわち,1点目はマニラ首都圏への水道水の供給を担う子会社の Manila Water Company を通して,さらに Laguna 地域への水の供給を行う Laguna AAA Water Corp. を Laguna 地方政府との合弁で設立している点。および政府機関の Tourism Authority との合弁で同国の著名な観光地域への水の供給を担当する Boracay Island Water Co. を設立している点である。また Ayala Land は,セブの開発を行う政府系機関 Cebu Holdings の民間最大の出資会社でもある。これらの点から,Ayala グループは政府系機関に対しても相当な影響力を有していることが指摘されうる。

そして第2の点は,三菱商事との連携や,さらにはホンダやいすゞのような外資系企業が現地市場向けに進出する際には,マイノリティー出資であるにせよ同グループが一定の利権を確保する構図となっている点である。

図表1-6 Ayala 家による産業支配の構図

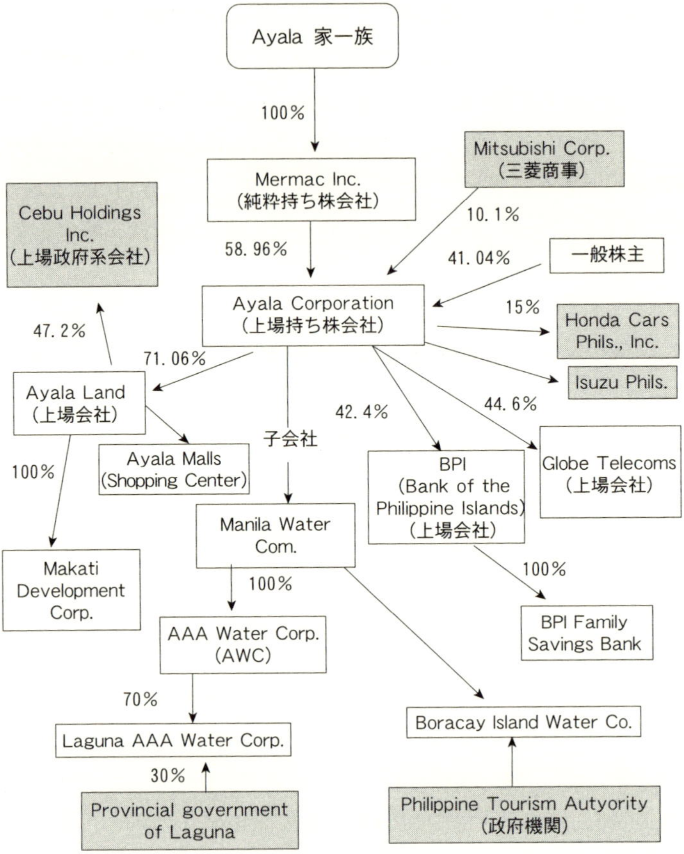

```
                    Ayala 家一族
                         │
                      100%│
                         ▼
                   Mermac Inc.              Mitsubishi Corp.
                  (純粋持ち株会社)              (三菱商事)
                         │  58.96%    10.1% │
 Cebu Holdings           │                  │
    Inc.                 │         41.04%   │     一般株主
 (上場政府系会社)           ▼                  │
            47.2%   Ayala Corporation ◄─────┘      15%
              ▲     (上場持ち株会社) ──────────────► Honda Cars
              │                                     Phils., Inc.
              │    71.06%          44.6%          Isuzu Phils.
              │              42.4%        
         Ayala Land                    
         (上場会社)       子会社          BPI          Globe Telecoms
              │                    (Bank of the      (上場会社)
         100% │    Ayala Malls    Philippine Islands)
              │   (Shopping Center)  (上場会社)
              │                │           │
              ▼           Manila Water    100%
          Makati              Com.         │
        Development        100%│           ▼
           Corp.              ▼         BPI Family
                         AAA Water Corp. Savings Bank
                            (AWC)
                          70%│
                             ▼
                      Laguna AAA Water Corp.    Boracay Island Water Co.
                          30%▲                          ▲
                             │                          │
                      Provincial government    Philippine Tourism Autyority
                         of Laguna                    (政府機関)
```

出所：Saldana(2000：p.195)，Batalla(1999：p.42) および Ayala Corporation と Manila Water のウェブサイトを参考に作成。

(2)-2 Lopez グループの産業支配の構図

Lopez 一族による企業集団の支配形態も純粋持ち株会社の「Lopez Inc」が上場持ち株会社株のマジョリティーを所有することによって，同社が企業集団の戦略的ポジションに位置している。同図表の左下に示されているように，持ち株会社 (First Philippine Holdings) と住友商事との合弁会社 (First PHL industrial Park)，住友電工との合弁会社 (First Sumiden Circuit, Inc)，および

4. フォーマル・セクター (FS) の就業構造と家族支配型企業集団　17

図表 1-7　Lopez グループの産業支配の構図

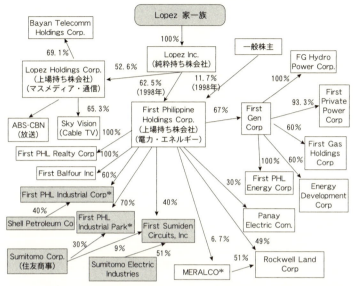

注：MERALCO* は前 Manila Electric Company。同社はフィリピン最大の電力配給会社であり，同国売り上高最大 5 社に入る。ただし，Lopez 家と FPH Corp による持ち分は，2000 年代後半の裁判により 10％台にまで低下し，逆に Cojuangco 一族が支配する San Miguel 社とその関連会社が MERALCO 社株の 43％を保有している（http://en.wikipedia.org/wiki/Meralco）。
出所：Saldana (2000), p.197 および Lopez Inc., First Philippines Holding Corp, First Sumiden Circits, Inc のウェブサイトを参考に作成。

Shell　Petroleum との合弁会社（First PHL Industrial Corp）によってそれぞれ工業団地，半導体，石油パイプライン等の部門への進出と権益の確保を図っている。

　以上の Ayala グループと Lopez グループによる持ち株会社を通した産業支配の構図から，家族支配型企業群が，持ち株会社を通して政府系企業と外資系企業との連携を図りながら，同国の産業におけるドミナントなポジションを占めていることをみてきた。なお，図表 1-6, 1-7 に示した両グループによる産業支配の構図は，これら企業集団全体の中核的部分のみを表示しているに過ぎない。たとえば，Ayala 一族が関連する企業群は，1998 年の上位 1,000 社に 27 社存在する（Saldana, p.179）。そしておそらくこれら企業群が支配権を有する企

業群が上位200社，あるいは上位1万社中にさらに多数存在することは否定しえない。ただし，一族によるビジネスグループの産業支配の構図は固定的なものととらえるべきではなく，ビジネスグループ間の角逐とその時代の政権との関係性を通して，動態的にとらえていく必要がある。しかしながら，こうしたビジネスグループによる産業支配の構図は基本的には変わっていない。しかし，本章では，かつての従属資本主義論で主張されてきた，発展途上国経済は多国籍企業による一方的支配下に置かれているとする見解に対しては否定的である。むしろ，フィリピンの産業は，家族支配型企業集団が多国籍企業や政府系企業との連携を図りながら主導する構図となっているといえよう。

5. まとめ

　以上の諸点を端的にまとめると，多国籍企業が同国で展開するBOP戦略は，あくまで家族支配型企業集団のコントロール下にある産業の構図を基本的に維持し，彼らの権益を保証しながら市場を獲得する方向に制限されることになると結論付けざるを得ない。そうした意味において，S. Amin (1970) が主に主張した従属資本主義論で指摘してきた多国籍企業による発展途上国経済の支配のメカニズム論はこれら諸国内部の支配のメカニズムを軽視した論理ということになる。発展途上国における一族支配の構図が支配的であるほど，それらの権益を阻害するようなイノベーションは阻害され，逆に彼らの権益を保証する競争制限的メカニズムが維持されることになる。

　フィリピン就業層の圧倒的部分を占める貧困層の多くは，インフォーマルセクター (IFS) に属していた。そしてこのIFSを構成する圧倒的部分は，露天商，廃品回収，トライシクル運転手等を含む就業者数2名以下の家内企業群である。他方，非農業部門の民間フォーマル・セクターにおいては，有力家族による持ち株会社を媒介とした企業集団による産業支配の構図が成立している。したがって，こうした構図の中で，多国籍企業が展開するBOP戦略が発展途上国における貧困解消をはじめとする社会的諸課題の解決に直結することに関しては，本章の結論は極めて否定的とならざるをえない。換言すれば，この点に関

しては，M. ユヌス氏のソーシャル・ビジネス論のほうがあきらかに有効性を保持していることになる。したがって，現時点においては，現地 NGO の CARD MRI を始めとするマイクロファイナンスをベースとしたソーシャル・ビジネス（林, 2012）のほうが，多国籍企業による BOP 戦略よりも貧困削減をはじめとする社会的課題に対しては有効性を有している。

なお，本章の課題として残されている，「インフォーマル・セクターとフォーマル・セクター間の断続と連関のメカニズム」，そして「多国籍企業と現地企業，および NGO との共生的ビジネス生態系の構築とソーシャル・ビジネス」の視点からの分析は次章以降において検討していく。

注
1　本章は，拙論文（2012）において分析が不十分であった，「発展途上国のインフォーマル・セクターとフォーマル・セクター，および家族支配型企業集団による産業支配の特性」の視点に焦点を当てたものである。
2　本章では，フィリピンの BOP 分析を意図していることから，16 世紀後半以降植民地化に置かれてきた同国の植民地遺制との関係性を通して「インフォーマル・セクター」を明らかにしていくことを念頭に置いている。
3　こうした論点は，ILO の各種レポートによっても指摘されている。すなわち，発展途上国の IFS において不安定就業状態にある多くの女性が，グローバルにオペレーションを展開する小売業から製造業に至る外資系企業のバリューチェーンの末端に組み込まれることによって，国際的な経済動向の安全弁として低賃金な不安定就業の度合いを強めている点である。現地の麻，綿，製油用・薬用植物，果物，魚類等の伝統的農水産物の採集，加工によって生計を維持してきた現地の人たちは，分類上は IFS&IFE に属する。こうした分野に外資系企業が現地のバイヤーを通して入り込むことによって，IFS のかれらはグローバルなバリューチェーンの末端に単なる採集収集のための低賃金の労働に押し込められる構図となってくる（ILO 2002, pp.36-37）。
4　Hussmanns, R.（2004），pp.3-5
5　Heintz, J.（2010），pp.4-10.
6　インフォーマルセクターに関する日本語文献としては，遠藤（2003）（2011），木曾（2003），松園（2006），中西（1991）が参考になった。
7　都市インフォーマル部門の就業形態と職業構成については，中西（1991），中西・小玉・新津（2001）が参考になった。また筆者も，1970 年代以降，10 度ほどの訪問を通して首都圏のインフォーマル部門の就業実態について確認してきた。
8　他のアジア諸国の，「非農業部門就業者に占めるインフォーマルセクター就業者の比率は，下記の通りとなっている。インド（61.1％：1990 年），バングラデシュ（67.7％：1995-96 年），インドネシア（77.9％：1998 年），タイ（76.8％：1994 年）（ATM N, Amin:2010, p.20）。
9　Karnari（2009），pp.6-7. Karnari はここで，Hammond（2007）が述べているように，年 $3,000（PPP）以下を BOP の基準としてしまうと，インド人口の 98.6％を Bottom of the pyramid にしてしまうと批判している。
10　フィリピン政府の 2006 年の貧困ラインは，個人ベースで 1 日 41.26 ペソ（1US ドル，81.4 円），年 1 万 5,057.57 ペソ（365US ドル，2 万 9,705 円），世帯ベースで 1 日 206.29 ペソ（5US ドル，408 円），

年 7 万 5,287.85 ペソ（1,825US ドル，14 万 8,526 円）となっている（NSCB データ）。
11 フィリピンの財閥に関しては，梅津（1992），井上（1994），Batalla（1999），大貝（2001），Saldana（2000）を参考にした。
12 アテネオ大学（Ateneo de Manila University）Development Studies Program, School of Social Science, 提供資料。
13 C. G. Saldana（2000), p.161
14 フィリピンの会社法では，純粋持ち株会社の設立が認められているため，一族による多数の企業がこの純粋持ち株会社を通して支配可能となっている（ibid., 193）。
15 Ibid., p.179.
16 MERALCO の株式所有については，2000 年以降，政権の移り代わりとともに San Miguel 社に影響力を有する Cojuangco 一族による持ち株比率の増大がなされてきている。これについては図表 1-7 の注，および http://en.wikipedia.org/wiki/Meralco も参照されたい。

第 2 章

多国籍企業の BOP 戦略論の再検討
―フィリピンにおけるフォーマル・セクターと外資系企業の位置づけを中心に―

1. はじめに

　本章で解明を試みている研究課題は，多国籍企業の BOP 戦略と発展途上国の最大の社会的解決課題である貧困削減問題との整合性の吟味，およびそこに内在する諸理論の再検討にある。従来の経営戦略論では，先進国の富裕層にフィットした製品やサービスをどのように開発し，どのようにロイヤルカスタマーにしていくかに論点が置かれてきた。しかしながらこうした経営戦略は結果的には世界の所得別人口構成をピラミッド型にし，しかもその底辺に数十億人の人たちからなるいわゆる BOP（Base of the Pyramid）の問題を解決できなかったし，逆にその問題を拡大再生産させてしまったともいえる。
　C. K. Praharad（2002）は，こうした状況を踏まえて，グローバルビジネスを展開する企業は，こうした人たちが真に望んでいる財やサービスを開発し，そこに市場と富を創造するような戦略としての BOP 戦略の開発を提起した。また，同じように，S. Hart（2007）も，単に BOP 層向けの製品・サービスを開発して売るだけの BOP 戦略をバージョン 1 と位置づけ，さらに現地の NGO はじめいわゆる民衆知の参加による現地に適した製品・流通・販売の開発を行う BOP 戦略バージョン 2 を提起している。ここでもこうした論点を踏まえながら，従来の BOP 戦略論において残されている最大の解決課題としての発展途上国，新興国における貧困解消への課題を明らかにしていきたい。
　本章では，多くの BOP 層を保有し続けているフィリピンのインフォーマル・

セクター(以下,IFS)とフォーマル・セクター(以下,FS)の内容を,後者に軸足を置いて分析していく。そこでは,同国の売上高上位 1,000 社の構成分析を通して外資系企業,財閥系企業およびその他現地企業を区分し,それぞれの位置づけを検討していく。そしてそれらの分析を通して,従来の BOP 論の意義と限界を明確にし,貧困解消につながる新たな BOP 論の提起を試みる。逆に言えば,従来の BOP 論の特徴は,新興国特有の IFS と現地財閥系家族支配型企業による産業支配の分析抜きに論じているために,先進国型のマーケット・エコノミーを前提とした戦略論的アプローチが前提となってしまっているともいえよう。本章はしたがって,先進国の産業組織・市場とは異なる新興国固有の産業組織・市場の異質性を明らかにすることをも意図している。ここでは,そうした産業組織上の異質性を明らかにしていく試みとして,主要な FS における多国籍企業と現地の財閥系一族支配型企業の位置づけ,そしてそこにおける不安定就業層(Informal Employment)を検討していく。その主たる理由は,BOP 層の実態解明のためには,その対象として IFS 就業者を分析するだけではなく,FS 就業者層の中の不安定就業者層にも目を向けることによって,潜在的 BOP 層の存在を検討することが不可欠であることによる。そして同国における BOP 層と IFS の拡大再生産のメカニズムを解明するためには,FS における新たな産業と雇用創出のメカニズムが機能していないことの諸要因を分析することが必要となる。

　本章において使用されている主要データは,基本的に ILO 所属研究者の発表データをベースとしている。その基本的理由は,フィリピン政府が発表している各種データ,特に企業規模や労働統計に関する指標や数値はいわゆる FS をベースとしており,したがって同国の大多数を構成する IFS とそこに就労する人たちの実態を必ずしも正確に反映しているとは言えないことにある。たとえば,政府統計(2011, Philippine Statistical Yearbook)によると,全就業者に占める追加的就労時間や追加的ジョブないし,より長い就労時間のジョブを希望する就労時間の短い就業者の比率(Underemployment Rate[1])は,2007-2010 年にかけて 20.1%-18.7%となっている。

　後述するように,FS に就労する人たちの中にも不定期雇用・有期雇用の不安定就労者の人たちが約 25-26%存在する。言い換えれば,政府統計が示す

Underemployment Rate の数値は，IFS に就労する人たちを除いた，FS に就労する人たちの比率により近い。しかも，本章においても指摘しているように，同国全就業者数に占める不安定就業者比率は約 70％弱となっていることから，この政府の数値は実態を反映しているとは言えない。

また同国に進出している多国籍企業（外資系企業）と財閥的一族支配型企業の売上高に関するデータは，BusinessWorld Publishing Corporation 発行の"BusinessWorld Top 1000 Corporations in the Philippines 2011"に依拠している。

2. フォーマル・セクターにおける主要企業群の構成

(1) フォーマル・セクター（FS）とインフォーマル・セクター（IFS）の構成

図表 2-1 は，同国の民間部門就業者数を FS と IFS に区分している。この区分の基準は，事業体として法人登録されているかどうかに置かれている[2]。同図表は 2000 年代中ごろの事業所数と就業者数をベースに作成されたものを加工したものである。

これによると，民間部門就業数は合計約 2,600 万人，そのうち未登録の IFS 就業数が約 75％の約 2,000 万人，そして登録されている FS 就業者数が約 25％の約 600 万人という構成となっている。前者の IFS の概要に関しては，すでに前章で提示したので，ここでは，後者の FS の概要を吟味していく。

図表 2-1 では同時に，FS に属する約 600 万人の就業数をさらに，事業所の就業者数規模別に分類して示している。FS の全事業所数の約 91.4％が従業員数 1－9 名規模の事業所から構成されており，この層が FS 全体の就業者数の 36％（220 万名）を抱えている。

次に全事業所数の 8.2％が 10－99 名の就業者数規模であり，全就業者数の 25.8％（155 万名）を抱えている。さらに，全事業所数の 0.04％が 100－199 名規模であり，全就業者数の 7.1％（42 万名），そして残りのわずか 0.03％が就業者数 200 名以上の規模であり，この層が FS 全就業者数の 30.4％（180 万名）を抱えている。

図表 2-1　フィリピン民間部門就業者数別インフォーマル・セクターとフォーマル・セクターの区分

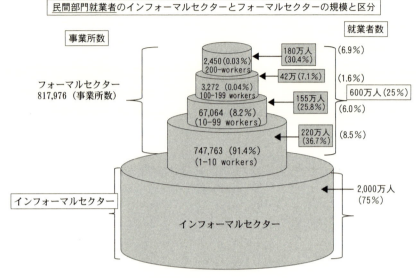

出所：Gust, G. A, (2006), p.18 を参考に作成。

　本章では，この FS の最上位に位置する就業者 200 名以上を抱える 2,450 の事業所の大部分を擁している売上高上位 1,000 社の内訳について吟味していく。

(2)　売上高上位 1,000 社の企業構成

　ここではフィリピンの BusinessWorld 誌が発行している 2011 年"Business World Top 1000"のデータ[3]を参考にして，FS においてもっとも影響力のある売上高上位 1,000 社の中身を吟味していく。

(2)-1　売上高上位 1,000 社と外資系企業の位置

　まずはじめに，売上高上位 1,000 社の中に外資系企業がどれくらいランクインしているかを確認してみよう。図表 2-2 は，同資料から作成した多国籍企業（Multinational Corporations）として社名が載っている企業の業種別・国籍別内訳である。

2. フォーマル・セクターにおける主要企業群の構成

図表 2-2　フィリピン進出外資系企業の国籍と業種別内訳

	農林・水産業	鉱業・砕石	製造業	Electricity, Gas Steam & Air conditiong supply	建設	Wholesale & retail; Repair of Vehicles	輸送・倉庫	Accommodation & Food Service	情報通信	金融	不動産	Professional, Science &Technical Activities	管理サポートサービス	Arts, Entertainement & Recreation	Total	
Total	2	5	196	7	8	43	18	7	7	23	1	11	24	1	353	100
JPN	0	2	93	0	3	6	4	0	0	3	0	1	0	0	112	31.7
US	2	1	32	2	0	12	4	0	1	5	0	4	16	0	79	22.4
DEU	0	0	9	2	0	1	2	0	0	1	0	1	0	0	16	4.5
SGP	0	0	9	0	0	3	0	0	0	0	0	3	0	0	15	4.2
CHE	0	0	10	0	0	2	1	0	0	0	0	0	0	0	13	3.7
KOR	0	0	7	1	1	2	1	0	0	0	0	0	0	0	12	3.4
UK	0	0	3	0	0	0	0	0	1	4	0	0	0	0	12	3.4
FR	0	0	5	0	0	4	0	0	0	1	0	0	1	0	11	3.1
NL	0	0	7	0	0	1	0	0	0	1	0	1	0	0	10	2.9
TWN	0	0	5	1	0	1	2	0	0	1	0	0	0	0	10	2.9
HK-CHN	0	0	0	0	2	2	0	2	0	0	0	1	1	0	8	2.3
MLY	0	0	0	0	1	2	1	1	0	1	0	0	0	1	7	2.0
CAN	0	1	0	0	0	0	0	0	0	4	0	0	1	0	6	1.7
British Virgin Islands	0	0	3	0	0	0	0	0	0	1	0	0	2	0	6	1.7
Cayman Islands	0	0	3	1	0	0	0	0	0	0	0	0	1	0	5	1.4
BMD	0	0	0	0	0	0	1	3	0	0	0	0	0	0	5	1.4
Thai	0	0	1	0	0	2	1	0	0	0	0	0	0	0	4	1.1
Others	0	1	9	0	1	1	1	1	5	2	0	0	0	0	21	5.9

出所：Business World Top 1000 より作成。

　これによると，1,000 社中，353 社が多国籍企業であり，そのうち最も多い業種は全体の 56％を占める製造業の 196 社である。ついで小売・卸修理部門が約 12％で 43 社であるが，これには自動車の補修にになうディーラーも含まれている。国籍別には，日本が最も多く，全体の約 32％の 112 社，ついで米国が約 22％の 79 社，さらにドイツ，シンガポール，スイス，韓国，イギリス，フランス，オランダ等の順になっている。

　これら多国籍企業 353 社による 2010 年の売上高合計額は，2 万 4,968.4 億ペソであり，これは，上位 1,000 社売上高合計額の 7 万 1,640.5 億ペソの 34.9％に相当する。

　したがって，この割合は 1,000 社に占める多国籍企業数 353 社の割合である全体の 35％にほぼ等しい。

(2)-2　売上高上位1,000社と現地企業の位置

　さらに，政府系企業数が1,000社中，25社（2.5%）存在し[4]，これら政府系企業の合計売上高3,962.5億ペソは1,000社の同数値の5.7%を占めている。上位1,000社からこれら多国籍企業（353社）と政府系企業数（25社）合計の378社を除いた622社（62.2%）が現地の大手企業ということになり，これら現地大手企業の売上高は1,000社合計の58.2%を占めていることになる。しかも重要な点は，外資系，政府系，現地民間大手企業の区別を問わず，50%以上の株を保有する企業を連結対象企業に含めた連結企業群として再構成した売上高上位100社の売上高合計は5万3,003.8億ペソとなり，これら連結企業群上位100社で1,000社売上高合計額の76.5%に及んでいる。

　しかも，ここには，グループ全体では持ち株比率が50%以上ではあるが，単独では50%未満の連結対象とはなっていない関連会社は含められていない。たとえば，連結された上位100社のリストの中には，San Miguel Corporationとその子会社以外に，San Miguelグループの企業の4社が掲載されている[5]。またAyalaグループの場合にも，Ayala Corp.とその子会社以外にグループ企業が4社[6]，またLopezグループの場合には，First Philippine Holdings Corpその子会社群以外にグループ企業が4社[7]，さらにHenry Sy氏が実権を握るSMグループの場合には，SM Investments Corpとその子会社群以外に3社[8]が連結100社以内にランクインしている。また，Gokongwei一族が保有する持ち株会社　JG Summit Holdinsとその子会社以外に2社[9]，またAboitiz一族が保有するAboitiz Equity Venturesとその子会社，およびAboitiz Power Corpとその子会社，さらにUnionBank of the Philippinesとその子会社がそれぞれ同じく同100以内にランクインしている。

　したがって，こうしたグループ関連会社を企業集団ごとにまとめていくと，上位1,000社の中に含まれている現地大手民間企業622社はさらに，事実上，少数の現地財閥系企業グループに集約されてくることが想定されうる。

3. フォーマル・セクター就業者 (Formal Sector Employment) と多国籍企業

　つぎに，こうしたフォーマル・セクター就業者（以下，FSEM）に占める多国籍企業を中心とした外資系企業による就業者数の割合がどれくらいであるのかを検討してみよう。外資系企業が現地で雇用している大多数の人たちの最終教育歴は，Office Work および設計開発を含む技術系の場合は大卒，そして工場での切削，研磨，溶接および組立等々の現場労働の場合は高卒が一般的である。

　したがって，外資系企業が雇用している正規（長期）雇用現地従業員の大多数は FSEM に該当しているとみなすことができる。ただし，外資系の製造業を中心とした工場就業者の中にも，派遣労働者を含む短期契約の不安定就業者数，すなわち FS の中のインフォーマル・エンプロイメント層（以下，IFEM）の割合も無視しえない程度に存在する可能性がある[10]。

　これについては，すでに前章および図表 2-3 においても示しているように，非農業部門の IFS 就業者（982.5 万人 =100.0％）の中にも FEM が 56.8 万人（5.8％）存在し，また FS 就業者（1,206.5 万人＝100.0％）のなかにも IFEM が 312.6 万人（25.9％）存在している[11]。仮にこの比率が有効であるとすれば，民間部門 FS に従事する 600 万人のうちの約 26％，150－160 万人が IFEM ということになる。同様に，この比率を就業者数 200 名以上の事業所で雇用されている 180 万人に適応すると，そのうちの 46－47 万人が IFEM ということになる。

　つぎに，外資系企業，特に日系企業の現地での雇用者数を見ていこう。東洋経済新報社による海外進出企業調査によると[12]，2010 年現在，フィリピンに現地法人を設立している日系企業 329 社による現地法人 425 社（うち製造業 218 社）が雇用している従業員数は，約 11 万 7,000 名（うち，製造業約 10 万 6,000 名）となっている。それに対して，現地のフィリピン日本人商工会議所（マニラ）のデータ（2009 年版）によると，494 の事業所が登録されており，従業員数は合計 16 万 5,253 名となっている。そのうち，従業員数 200 名以上の事業所は 156 あり，これら従業員数 200 名以上の事業所による従業員数は合計 14

万7,508名となる。ここに，セブ等の同商工会議所の地方支部に登録されている事業所と現地従業員数，さらに同会議所に非登録の日系企業による同従業員数とを加えて単純合計すると，従業員数200名以上を雇用している日系企業事業所による雇用者数合計は約20万名となることが想定されうる。

したがって，図表2-1のフィリピンFSの事業所のうち，雇用者200名以上の事業所2,450による合計従業員数は約180万名であるから，そのうち，日系企業事業所によって雇用されていると推定される割合は，約11％になる[13]。

また，図表2-2に示されているように，フィリピンに進出している売上高上位1,000社にランクインしている外資系企業は353社であった。そのうち，日系企業は全体の約32％を占めている。したがって残りの68％がその他国籍の外資系企業となる。日系企業現地雇用者数約20万人で外資系企業全体の32％を占めていると想定すると，これら日本国籍以外の国籍を本社とする外資系企業による現地雇用者数は概算で約42.5万名となる。さらに，これら外資系企業は売上高上位1,000社にランクインする規模を有していることから，従業員数も200名以上であることが想定されうる。このことは，これら200名以上の従業員数を雇用していると思われる353社の合計現地従業員数は62.5万名となり，図表2-3の従業員数200名以上の事業所が雇用している従業員数約180万名の約35％を占めていることになる。換言すれば，残りの約65％が主として現地の政府系企業と所有と経営が未分離の財閥系家族支配型企業によって雇用されていると想定されうる（図表2-3参照）。

同様に，Heintz（2010）が用いているILOのデータによると，図表2-4に示

図表2-3　200名以上の雇用者事業所の雇用者数に占める外資系企業による雇用者数の推定

（単位：人）

	200名以上の雇用者事業所の雇用者推定数	
外資系企業	625,000	34.7％
（日系企業）	(200,000)	(11.1％)
（その他国籍外資系企業）	(425,000)	(23.6％)
現地企業	1,175,000	65.3％
合計	1,800,000	100.0％

注：Heintz（2009），Gust（2006）および"2010 BusinessWorld Top 1000"より算出。

3. フォーマル・セクター就業者（Formal Sector Employment）と多国籍企業

図表 2-4 非農業部門における就業者の IFS と FS の規模と区分（2009 年）

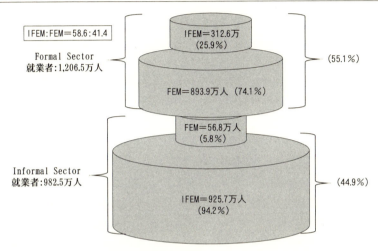

出所：Heintz（2010），NSCB データを参考に作成。

されているように，非農業部門の就業者数（2,189 万人）のうち，FS 就業者数は 1,206.5 万人，そして IFS 就業者数は 982.5 万人であり，したがって，非農業部門就業者のうち FS 就業者が全体の約 55％，IFS 就業者が残りの 45％ということになる（Heintz 2010, p.28）。

しかも同時に留意すべき点は，非農業部門 IFS の中にも FEM（Formal Employment）が存在し[14]，また同様に非農業部門 FS のなかにも IFEM（Informal Employment）がそれぞれ 5.8％と 25.9％を占めている点である。そこで，非農業部門の就業者数を FEM（安定就業層）か IFEM（不安定就業層）かによって編成しなおすと，IFEM が全体の 58.6％（1,238 万人），FEM が 41.4％（951 万人）という構成になる。

また非農業部門 FS 就業者数（1,206.5 万人）から，公的部門就業者数約 200 万人[15]を差し引いた 1,006.5 万人が民間部門の FS 就業者数となる。さらに，図表 2-3 に示されていたように，その約 30％が就業者数 200 名以上の事業所によって雇用されているとすれば，この層には約 302 万人が就業していることになる。

そのうち，外資系企業現地雇用者数約63万人は約21％を占めることになる。

4. まとめ

以上の諸点をまとめると，外資系企業は，企業数および売上高において売上高上位1,000社のそれぞれ35％を占めている。また外資系企業による現地雇用者推定数約60−65万人は，フォーマル・セクター（FS）の就業者数200名以上の民間事業所によって雇用されている約180−300万人の就業者のうち，約20％−36％を占めていると推定されうる。

そして非農業部門民間FS就業者数のうち，約25−26％が不安定就業層（IFEM）と想定されうることから，200名以上の民間事業所に就業している180−300万人のうちの45−78万人がIFEM，および多国籍企業に就業している60−65万人のうち，約15−17万人がIFEMということになる。また非農業部門安定就業層（FEM）の約980万人に占める外資系企業FEM雇用者推定数45−48万人の比率は5％弱（4.6−4.9％）となる（図表2-1，2，3，4，5参照）。

つぎに，同上位1,000社に占める現地企業の構成をみると，政府系企業が25社，残りが現地民間企業622社となっている。これら現地民間企業は上位1,000社の売上高の60％を占めているが，それら企業の多くは，財閥系一族支配型企業が持ち株会社を通して支配しているグループ企業群によって占められている。したがって，200名以上の民間事業所に就業している180−300万人のうち，外資系を除いた120−235万人が政府系と財閥系企業に就業していることになる。そのうちの約25−26％，すなわち30−61万人がIFEMと推定される。

図表2-5に示されているように，この全就業者の32％を占めるFEM層の中でもより安定的就業層は主要産業の中心的ポジションを占めている財閥系企業群と外資系企業および一部の政府系企業によって雇用されている。そして農業部門を含むフィリピン産業全体では，全就業者3,354万人のうち，FEMが1,083万人で全体の約32％，そしてIFEMが2,270万人で全体の約68％という

4. まとめ　*31*

図表 2-5　就業者の IFEM と FEM の規模と区分（2009 年）

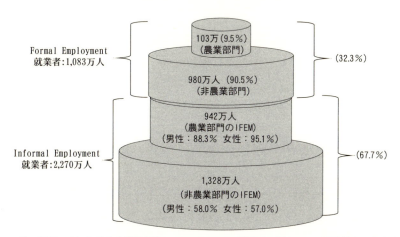

注：図表 2-5 における非農業部門の IFEM と FEM の数値は，図表 2-3 の同数値よりも多くなっている。その理由は，FS と IFS の区分以外に「自ら作り，自ら消費するための業務を行っている人々」が図表 2-4 に含まれていることによる。この層の非農業部門全体の就業者数に占める比率は，6.8％（約 120 万人）となっている。この層のうち，FEM が 25％，IFEM が 75％の構成となっている（Heintz 2009, p.4, p.28 および NSCB データ）。
出所：Heintz（2010），NSCB データを参考に作成。

構図となっている。

　このことは，就労基盤が不安定な 2,270 万人の IFEM 層，および完全失業者の 428 万人を加えた合計，2,698 万人が同国の BOP 層の中核をなしていることを意味する。

　換言すれば，同国の経済活動人口 3,781 万人のうちの 71.4％が BOP 層もしくは潜在的 BOP 層として存在していることと想定されうる[16]。そしてこの構成比は，前章で指摘した 1 人当たり所得 1 日 2 ドル以下の層の人口比にほぼ一致する。

　つぎに，次章において，同国人口の約 10％に相当する約 1,000 万人と推定される海外で就労するフィリピン人が同国に送金する額がこうした不安定就業層（IFEM）を中心とする BOP 層ないし潜在的 BOP 層の生活基盤にどのように関

係しているかを検討していく。

注
1 National Statistical Coordination Board (2011), pp.11-4, 11-5, Appendix-17.
2 同国における事業法人としての登録は，Security & Exchange Commission への申請によってなされている。
3 フィリピンの Business World Publishing Corporation 発行の"Business World Top 1000 Corporations in the Philippines 2011"。
4 *Business World Top 1000* のデータによると，政府系企業は 25 社紹介されているが，そのうちの 14 社の財務データは，他のデータとは別の出所先（Department of Budget and Management）から得られているため，1,000 社リストからは除外されている。本章では，これら 14 社を 1,000 社にランクインさせると同時に，逆に 1,000 社の下位 14 社を除外して，総合計売上高を算出して再計算している。
5 San Miguel Pure Foods Company, Inc とその子会社，San Miguel Brewery, Inc. とその子会社，San Miguel Foods, Inc., および San Miguel Energy Corp.。
6 Globe Telecom, Inc.とその子会社，Bank of the Philippine Islands とその子会社，Ayala Land, Inc.とその子会社，および Manila Water Co., Inc.とその子会社。
7 First Philippine Holdings Corp.とその子会社，First Gen Corp.とその子会社，First Gas Power Corp., および ABS-CBN Corp.とその子会社。
8 SM Investments Corp.とその子会社，Banco de Oro Unibank, Inc.とその子会社，および China Banking Corp.とその子会社。
9 JG Summit Holdings とその子会社以外に，Universal Robina Corporation とその子会社，および Cebu Air とその子会社，さらに単独売上高上位 1,000 社の 366 社にグループ企業の JG Summit Petro Chemical 社が入っている。
10 たとえば日系企業現地子会社 A は現地で約 8,000 人雇用しているが，そのうちの 4,000 人が正社員，残りの 4,000 人が期間工であった。これら 4,000 人の期間工は，最長 11 か月の雇用期間ということであった。これら期間工 4,000 名のうちの 2%（80 名）のみが正社員へ昇格できる。したがって残りの 98%（3,920 名）は短期雇用の不安定就業層という意味で，前章で述べたフォーマル・セクターの中のインフォーマル・エンプロイメント層ということになる。
11 この数値には公的部門も含まれていることを考慮すると，非農業民間部門就業者数にしめる IFEM の割合はさらに高まることが考えられうる。
12 『海外進出企業 CD-ROM 2011 年版』東洋経済新報社。
13 ただし，図表 2-1 の数値の対象年次は 2000 年代初めと思われるため，比較対象年次が数年異なる。
14 たとえば，サリサリストアの多くは法人登録されておらず，統計上は IFS にカウントされているが，それらのなかにはそうしたサリサリストアに対する卸販売（wholesale）を担っている少数のより規模の大きく安定的に高収益力を保持しているサリサリストアが存在する（林倬史・井口知栄・荒井将志，共同現地調査，2012 年 3 月）。こうしたサリサリストアに就業している人たちは，非農業部門 IFS の中の安定就業層（FEM=Formal Employment）に該当する。
15 公的部門の就業者数については，前章および Heintz, J. (2010) を参照のこと。
16 IFEM 層，ないし完全失業者層がそのまま BOP 層であるとは限らない。同国の政府統計においても示されているように，家族構成人数は 5 名構成が多くを占めている。しかし，ここでは，多数の親戚関係が比較的経済的に余裕のある家族を頼って一緒に生活をしているいわゆる世帯ベースでみる必要がある。この場合，世帯の 1 人が不安定就業状態ないし失業状態であっても世帯全体で生活

基盤を支えあう構図となっており，個人ベースでは BOP 層であっても世帯ベースでは BOP 層とは言えないケースも存在する。

第 3 章

フィリピン貧困層消費市場の構図と海外送金

1. はじめに

　本章での主たる研究課題は，以下の点にある。すなわち，前章で見てきたように，フィリピンにおける貧困層，いわゆる BOP（Base of the Pyramid）層は同国人口の 6 割以上を占めている。しかも経済活動人口の約 7 割が不安定就業層であった。このことは可処分所得能力が低位に限定されてしまうために，購入品の範囲も生活必需品に限定され，その結果，最終消費市場の規模も低位に限定されることになる。

　他方，近年，同国の中間階層の台頭と個人消費市場の順調な拡大も指摘されている。本章における最大の論点は，したがって，一方での大きく深い BOP 層の存続と，他方での個人消費市場の拡大という矛盾しあう現象をどのように理解すべきなのかという点に置かれている。そしてその鍵となっている海外からの送金額の推移と同国経済に占める位置，および海外出稼ぎ労働者と海外移民の実態[1]を検討していく。

2. フィリピンの BOP 市場の構図と個人消費

　フィリピンの BOP 層の絶対的・相対的規模については，すでにみてきた通りである。そこから生じてくる疑問は，国民の大多数が BOP 層として位置づけられうるにもかかわらず，なぜ個人消費額は拡大基調にあり，一見，多くの大衆の購買意欲が高いのだろうかという点にある。そこで，まずはじめに日本

とフィリピンの GDP（Gross Domestic Product：国内総生産）に占める家計最終消費支出の割合を比較してみよう。日本の GDP に占める家計最終消費支出額の比率は，1990 年代から 2010 年にかけてほぼ 54－58％台で推移している[2]。他方，フィリピンの場合には，2010 年，2011 年，2012 年第 1 四半期の同数値とも，71％－76％台となっており，GDP に占める家計最終消費額の比率はかなり高い[3]。この個人消費額の伸び率は約 6－7％で堅調に推移している。この数値からは確かに同国個人消費市場の規模と拡大が同国 GDP の規模と成長に大きなインパクトを与えていることになる。逆に，経済活動人口に占める BOP 層の比率が高く，個人消費の絶対的規模が低位に抑えられているとすれば，この BOP 層全体の低所得水準が同国の GDP を低位に押し込めてしまう最大の要因であるともいえる。この両者の矛盾を理解するための基本的要因を，本章では海外からの送金額の視点から検討していく。

3. 海外フィリピン人労働者の給与所得額と送金額

(1) 海外フィリピン人労働者の給与所得額と GDP

フィリピンの National Statistical Coordination Board（以下，NSCB）が 2012 年に公表したデータをもとにこの点について検討してみよう[4]。

図表 3-1 は，同国の GDP（A）とその中でも最大の項目である家計最終消費支出額（Household Final Consumption Expenditures：A1），および海外で得た所得額（Net Primary Income：B）およびその中でも最大の項目である海外での労働の対価として得た給与所得額（Compensation：B1），そして国民総所得（Gross National Income：C）の 1960 年以降の数値の推移を表している。GDP に関しては，従来通り，家計最終消費支出額，政府最終消費支出額，資本形成額，輸出額，および輸入額のマイナス分の総計から構成されている。GDP のうち，家計最終消費支出額が最大の構成項目で，1960－1990 年までは 60％台，2000 年以降は 70％台で推移している。

つぎに，Net Primary Income（以下，NPI）は，海外で働くフィリピン人労働者（Overseas Filipino Workers：以下 OFW）が海外で受け取った「従業員給与額

図表 3-1 フィリピンのGDP, NPI (海外純所得), GDI 推移 (通常価格：百万ペソ)

	1960年	1970年	1980年	1990年	2000年	2005年	2010年	2011年	2012年(第1四半期)
国民総所得(C=A+B)									
A. 国内総生産	14,933	43,771	270,063	1,193,528	3,580,714	5,677,750	9,003,480	9,735,521	2,419,980
A1. 家計最終消費額	10,080	27,866	164,341	812,654	2,585,276	4,259,131	6,442,033	7,177,046	1,838,341
(A1/A)	0.675	0.637	0.609	0.681	0.722	0.750	0.716	0.737	0.760
B. 海外からの純要素所得	-608	-2,190	-5,187	-18,006	616,162	1,472,565	2,992,597	3,142,606	832,580
B1 (海外で得た労働の対価としての給与所得)							3,210,993	3,347,150	940,356
(B/A)					0.172	0.259	0.332	0.323	0.344
(B/A1)					0.238	0.346	0.465	0.438	0.453
(B1/A)							0.357	0.344	0.389
(B1/A1)							0.498	0.466	0.512
C. 国民総所得	14,325	41,581	264,875	1,175,522	4,196,876	7,150,315	11,996,077	12,878,127	3,252,560
(A1/C)	0.704	0.670	0.620	0.691	0.616	0.596	0.537	0.557	0.565
(B/C)					0.147	0.206	0.250	0.244	0.256
(B1/C)							0.274	0.260	0.289

注：Net Primary Income (海外での純給与所得) がプラスになるのは1991年。
出所：NSCB, *National Accounts* (http://www.nscb.gov.ph/sna/)

(Compensation of employees)」と「有形・無形資産所得 (Property income)」の合計額から，海外に支払った「従業員給与」と「有形・無形資産所得」の合計額を差し引いたネットの海外からの所得である。この「従業員給与所得」は海外への支払額はゼロであるため，「B1」に示されている「従業員給与所得 (Compensation)」額は OFW が海外で得た従業員給与受取額に等しい。そして，ここで留意する必要がある点は，この NPI (B) の額よりも OFW が海外で得た従業員の給与額 (Compensation：B1) のほうが大きい点である。それは海外への従業員給与支払額がゼロであることと，有形・無形資産の保有に伴う所得の海外への移転がネットでプラスとなっていることにある。

最後に，国民総所得 (Gross National Income：以下，GNI) は上記の GDP と NPI との合計額である。再度，それらをまとめると，GNI=GDP+NPI として表される。

そして，図表 3-1 に示されているように，GNI の最大の構成項目が家計最終支出額であるが，1960 年から 2011 年にかけて，70.4%から 55.8%へと低下基調となっている。その最大の要因は，NPI が 1991 年以降プラスに転じ，以降，GNI に占める割合が，2000 年の 14.7%から，2011 年の 24.0%へと上昇傾向を示したことに求められる。その結果，GDP (A) と NPI (B) との対比の推移を見てみると，後者は前者に対して 2000 年の 17.2%から 2011 年の 31.5%の規模へと高まっている。特に，GDP (A) と OFW が海外で得た従業員給与送金額 (B1) との対比でみてみると，2010 年が 35.7%，そして 2011 年が 33.7%，そして 2012 年第 1 四半期が 38.9%の水準となっている[5]。

そして，GDP の最大構成支出項目である家計最終消費支出額 (A1) と OFW が海外で得た従業員給与額 (B1) とを対比してみると，2010 年，2011 年の前者に対する後者の割合は 49.8%と 46.0%であり，さらに 2012 年の同四半期の同数値は 51.2%の水準にまで及んでいる。

したがって，海外で得た従業員給与額の規模は同国の家計最終消費額の約半分の規模にまで及ぶことを意味する。言い換えれば，海外での給与額の増大によって家計最終消費支出額が増加傾向を示してきたとすれば，同国の個人消費市場の拡大は同国内の就業機会の増大と安定就業層の拡大によってもたらされたものではないことを意味する。

(2) 海外出稼ぎ労働者（OFW）と本国送金額

(2)-1　NSCB データによる本国送金額の規模

図表 3-2 に示されているように，compensation (B1) が「OFW が海外で得た給与所得」を示すのに対して，remittances by OF (Overseas Filipinos) (B2) はそのうち，本国に銀行を経由して送金された額を示している。ただし，この Remittance（送金額）は OFW および海外移民労働者からの送金額も含まれている（図表 3-2 参照）。

そこで，この本国に送金された額 (B2) が GDP (A) と家計最終消費額 (A1) に対してそれぞれどれくらいの規模に匹敵するのかを確認してみよう。図表 3-3 に示されているように，2010 年と 2011 年の (B2/A) は 9.4%と 8.9%，および (B2/A1) がそれぞれ 13.1%と 12.1%の規模に及んでいる。

図表3-2 Compensation（給与所得）と Remittance（送金額）との相違点

	Compensation	Remittance
範囲	OFW が得た給与，賃金。時間外支払い，賞与，衣服手当て，旅費手当て等を含む。	OFW が海外から送金した額。主に給与，賃金，その他手当て類。海外滞在中の諸経費を除く。
居住期間	地上勤務者の場合は，2年間の居住者，海上勤務者は1年間の居住者	OFW は地上，海上とも1年の居住期間
算定（推定）値	スキルと国ごとの月間配属と平均給与を考慮した OFW 数をベースに推定	銀行の報告額をベースに推定。銀行を経由していない送金は含まれない。OFW と移民労働者とはここでは区分されていない。

出所：V. R. Ilarina 氏（Chief, Expenditure Accounts Division, NSCB, Economic Statistic Office）提供資料。

　この送金額はいわゆるキャッシュとして生活用品その他を直接購入しうる貨幣額を意味するため，個人消費に対してより強い直接的影響を持ちうる。ここでさらに留意する必要がある点は，すでに述べたように，こうした送金額はあくまで銀行を経由して送金された額を示している。それでは，銀行を経由しないで，本国に持ち込まれた額は，本国に持ち帰った総額のどれくらいを占めているのであろうか。

　この点に関しては，NSCB が毎年行っている「Survey on Overseas Filipinos（以下：SOF）」のデータが参考になる。最新の「2012 SOF」の調査結果に関する報告によると[6]，2011 年に OFW が海外から本国に持ち込んだ額のうち，銀行経由が 71.9%，その他（直接本人による持ち込み，等々）が 28.1% となっている[7]。このことは，銀行を経由しない額を含めた，OFW（および移民労働者）が本国に持ち込んだ推計額は，B2 の 1.28 倍ということになる。図表 3-3 の B3（2011 年）はこの OFW によって実際に持ち帰られた額の推定額を示している。また，2010 年の B3 の同数値は，2008 年の銀行経由以外からの送金比率が 24%，2011 年の同比率が 28% となっていることから，2010 年の同比率を 27% と推定している。

　それでは，銀行経由や直接持ち込み等々，多様なチャネルを通して本国に持ち込まれた海外での労働の対価としての持ち込み推定額（B3）は，GDP（A），家計最終消費額（A1），および GNI（C）それぞれに対してどれくらいの規模となっているのであろうか。まず，GDP（A）に対しては，2010 年が 11.7%，2011

図表 3-3　NSCB と World Bank データとの比較による送金額の規模（2010 年，2011 年）
（通常価格：百万ペソ）

国民総所得（C=A+B）	通常価格（百万ペソ）		
	2010 年	2011 年	2012 年（第 1 四半期）
A. 国内総生産	9,003,480	9,735,521	2,419,980
A1. 家計最終消費額	6,442,033	7,177,046	1,838,341
(A1/A)	0.716	0.737	0.760
B. 海外からの純要素所得	2,992,597	3,142,606	832,580
B1（海外で得た労働の対価としての給与所得）	3,210,993	3,347,150	940,356
B2（OFW からの送金額）	846,398	871,267	
(B1/A)	0.357	0.344	0.389
(B1/A1)	0.498	0.466	0.512
(B2/A)	0.094	0.089	
(B2/A1)	0.131	0.121	
B3 (=B2*1.28:2011)　B3 (=B2*1.27:2010)	1,074,925	1,115,222	
(B3/A)	0.119	0.115	
(B3/A1)	0.167	0.155	
(B3/B1)	0.335	0.333	
B4 (World Bank Data)	966,572	998,945	
(B4/A)	0.107	0.103	
(B4/A1)	0.150	0.139	
(B4/B1)	0.301	0.298	
B5 (B4*1.28:2011)　B5 (B4*1.27:2010)	1,227,546	1,278,650	
(B5/A)	0.136	0.131	
(B5/A1)	0.191	0.178	
(B5/B1)	0.382	0.382	
C. 国民総所得	11,996,077	12,878,127	3,252,560
(B1/C)	0.274	0.260	0.289
(B2/C)	0.069	0.068	
(B3/C)	0.090	0.086	
(B4/C)	0.081	0.776	
(B5/C)	0.102	0.099	

注：(1) SOF 調査では，2011 年の銀行経由以外の送金額が送金額全体の 28％であったことから，B3（2011 年）の数値は，B2×1.28 として算出。同様に 2010 年の B3 は，2004 年の同比率が 24％であり，徐々に増加傾向となっていることを想定して，B3（2010 年）の数値は，B2×1.27 として算出してある。
　　(2) 2010 年と 2011 年の為替レートは，フィリピン中央銀行の年間平均レートの 1 ドル 45.11 ペソと 43.31 ペソを使用。
出所：NSCB および World Bank データより算出。

年が 11.0％，家計最終消費額（A1）に対しては，16.4％と 15.0％，さらに GNI（C）に対しては，9.0％と 8.6％となっている。そして OFW が海外で得た労働報酬額（B1）の約三分の一が本国に送金されていることになる。

ここで留意しておく点は，送金額が本国での家計最終消費額の約 15－16％ほどを占めている点である。

(2)-2　World Bank のデータによる本国送金額の規模

つぎに，図表 3-3 に示されている B4 は World Bank（2011：以下，WB）が公表しているフィリピンに送られた海外からの送金額を示している[8]。この WB のデータをベースに同じように同国の GDP（A），家計最終消費額（A1），および海外給与（B1）とを対比してみよう。2011 年には対 GDP 比で 10.3％（2010年：12.0％），対家計最終消費額が 13.9％（同 15.0％），そして対海外給与比で29.8％（同 30.1％）となる。さらに WB のデータも基本的には銀行経由での送金額をベースとしていることから，SOF の調査に基づく B3 の算出方法と同じように，銀行経由の送金額が全体の 72％となると仮定し，2011 年の送金額合計（B5）を B4×1.28 として算出している。この方式によって算出された 2011 年の送金額（B5）は，同国の対 GDP（A）比で 13.1％（2010 年：13.6％），対家計最終消費額（A1）比で 17.8％（2010 年：19.1％），対海外給与比で 38.2％（2010 年：38.2％），そして対 GNI 比で 9.9％（2010 年：10.2％）に及ぶことになる。

ただし，この算出方式でも WB（2011）が指摘しているように，銀行経由以外の informal なチャネルによる多様な送金方法がとられているためにデータに表示されている送金額は過小評価されているものとして認識する必要がある（WB：2011, xvii-xviii）。換言すれば，実際の海外からの送金額はさらに多くなることを意味することから，送金額の対家計最終消費額に対する比率は上記の17.8％－19.1％より高く，少なくとも 20％以上となると推定しうる。

4. 海外出稼ぎ労働者（OFW）の職務構成と出稼ぎ地域

(1) 海外出稼ぎ労働者（OFW）の職務構成

つぎに，海外での給与所得者の労働，職務内容を概観することによって，これら海外送金者の多くがいわゆる安定就業層か不安定就業層か，さらには高度専門職を中心としたいわゆる中間層なのかをみていこう。

NSCBが毎年行っている「海外フィリピン労働者に関する調査」（"Survey on Overseas Filipinos"：略称［SOF］）の2011年版の概略がNSCBのウェブサイト上に紹介されている。同資料によると，2011年の4月から9月の期間に海外で勤務していた同国籍労働者（勤務者）は推定220万人，そのうち男性が52.2％，女性が47.8％。彼らの年齢構成は約半数（46.2％）が25-34歳となっている。

さらに，2007年，2008年とも，25歳以下の層が10.0％を占めており，その結果，34歳以下の層が全体の56.7％と過半数を構成している[9]。したがって，2011年版においても，25歳以下の層が10％前後を占めていることが想定されることから，34歳以下のOFWが全体の55％-60％を構成していることが想定されうる。

こうした年齢からも推定しうるように，OFWの職務構成のうち，単純労働者・未熟練労働者が全体の32％台で最も多くを占めている（図表3-4参照）。

図表3-4　OFWの職務構成比（単位：％）

	2008年	2011年
(1) 労働者・非熟練作業者	32.4	32.7
(2) サービス・店舗販売関連労働	14.3	15.5
(3) 工場・機械設備関連のオペレーター・組立作業	13.0	13.6
(4) Trade & Related Workers	15.7	12.8
(5) 専門職	9.6	10.6
(6) その他	15.0	28.8
合計	100.0	100.0

出所："2008 SOF Press Release"および"NSCB Renews Clearance of the Overseas"より作成。

OFW の約 47－48％台を占める女性労働の多くは家政婦（household services, domestic worker）によって担われているが，この種の労働はこの同図表(1)の職務分野に含まれている。また，professionals（専門職）のなかでは看護婦が最多の約 30％を占めており[10]，そのなかでもサウジアラビアだけで約1万人（2009年）が勤務している。こうした点を考慮して，上記図表 3-4 をさらに職種別上位 10 職種でみたのが図表 3-5 である。同図表は Philippine Overseas Employment Administration（フィリピン海外雇用管理局）発表の 2010 年版からのデータである。

同図表によると，圧倒的に多いのが，1番目の"Household service workers"であり，さらに9番目の"Housekeeping and Related Service Worker"の両職種で全体の約 30％を占めるに至っている。また，2番目の雑役，掃除関連の労働者（Charworkers, cleaners and related workers）と5番目のウェイター，バーテンダー等の労働者が図表 3-4 の(2)サービス・店舗販売関連労働の多くを構成し，そして(5)の専門職種の中身も図表 3-5 の3番目に多い看護婦（Nurses

図表 3-5　海外出稼ぎ労働者（OFW）の人数別上位 10 職種（2010 年）（名）

		Male	Female	Total
1	Household service workers（家事労働）	1,703	94,880	96,583
2	Charworkers, cleaners and related workers（雑役・掃除関連労働）	2,612	9,521	12,133
3	Nurses Professional（看護婦）	1,828	10,254	12,082
4	Caregivers and Caretakers（介護関係労働）	543	8,750	9,293
5	Waiters, Bartenders and Related workers（ウェイター・バーテンダー等）	4,393	4,396	8,789
6	Wireman and Electrical Workers（電信・電気関係労働）	8,576	30	8,606
7	Plumbers and Pipe Fitters（配管・パイプ取り付け）	8,391	16	8,407
8	Welders and Flame-Cutters（溶接工・切断）	5,037	22	5,059
9	Housekeeping and Related Service Workers（家政婦関連労働）	701	4,098	4,799
10	Bricklayers, Stonemasons and Tile Setters（レンガ職人・石工・タイル職人）	4,478	29	4,507
	合計	154,677	185,602	340,279

出所：Philippine Overseas Employment Administration, *Overseas Employment Statistics* 2010。
http://www.poea.gov.ph/stts/2010-ofw

Professional) であることが想定されうる。

さらに，OFW による同図表の (1) ～ (4) にかけての職務内容が比較的未熟練労働とみなされる理由の 1 つに，彼らのフィリピンでの出身地がある。専門職の多くが集中するマニラ首都圏出身者が OFW 全体の 14.0 － 16.0％（2007 年，2008 年）に過ぎないのに対して，逆に地方出身者が多くを占めていることにもある。

(2) 海外出稼ぎ労働者（OFW）と出稼ぎ地域

つぎに，これら OFW が送り込まれている海外の国別・地域別構成比を確認してみよう。2011 年 SOF データによると，中東のサウジアラビア（22.6％），UAE（14.6％），カタール（6.9％）だけで全体の 44.1％を占めている。これにクウェート，バーレーン，およびレバノン，ヨルダン，等を加えると 50％以上に及ぶことが想定される（2008 年データではこれら中東諸国の合計が 49.1％）。さらに，家政婦労働者（household service workers, housekeeping& related workers）として働く国，地域として，香港（2008 年：5.9％），シンガポール（2008 年：6.2％），マレーシア（2008 年：2.6％）を加えると，明らかに高度な教育を必ずしも必要としない職務内容を中心とする地域が多くを占めていると言える。

(3) 出稼ぎ地域と送金地域との相違

ここでさらに留意する必要がある点は，上記の送金額にはこの OFW 以外に海外に移住した海外在住のいわゆる移民したフィリピン人からの送金がどの程度含まれているかという点である。

問題は，フィリピン中央銀行が提示している海外からの送金国の表示はその送金者が実際に働いている国であるとは言えない点にある。

図表 3-6 に示されているように，2010 年現在，海外フィリピン人在住者の人数別上位 13 か国（永住，テンポラリー計 10 万人以上）を見ると，米国が最も多く，カナダも 3 番目に位置している。

しかしながら，図表 3-2 においても指摘されていたように，OFW が海外での労働から給与を得ている場合，その居住の定義は，地上勤務者（Landbased

図表 3-6 海外在住フィリピン人（OF）の居住条件別・国別人数（2010 年）（単位：1,000 名）

	国・地域	Permanent	Temporary	Irregular	合計（単位：千人）
1	米国	2,882	128	156	3,167
2	サウジアラビア		1,482	30	1,513
3	カナダ	581	80	6	667
4	アラブ首長国連邦	2	606	28	636
5	オーストラリア	302	40	3	346
6	マレーシア	26	90	200	316
7	カタール		290	15	305
8	日本	150	127	13	290
9	英国	93	94	10	197
10	香港	24	141	5	170
11	クウェート		161	8	169
12	シンガポール	44	67	49	160
13	イタリー	33	77	13	123
	世界合計	4,424	4,324	705	9,453
		46.8%	45.7%	7.5%	100%
	（中近東地域）	6	2,717	128	2,851
			62.8%	18.2%	30.1%

注：永住権保有者とテンポラリー在住者の合計人数が 10 万人以上の国に限定した。なお，フィリピン人が在住している国・地域は，アフリカ 52 か国，アジア（東・南アジア）31 か国・地域，中東 13 か国，ヨーロッパ 51 か国，北米・中南米 53 か国，オセアニア 17 か国，総計 217 の国・地域となっており，ほぼ全世界に在住している（Commission on Filipinos Overseas，上記資料参照）。図表 3-6 の Temporary と Irregular 形態での在住者数合計が OFW の合計数にほぼ等しい。

出所：Commission on Filipinos Overseas, *Stock Estimate of Overseas Filipinos*.

workers）が 2 年間，海上勤務者（Seabased workers）で 1 年間となっている。POEA（フィリピン海外雇用管理局）の統計データによると，2010 年の OFW による海外在住人数別上位国は，図表 3-6 のテンポラリー在住者数の順位にほぼ一致している。また，前項で述べたように，中東諸国が OFW 全体の 50%前後を占めている。

つぎに，銀行経由によるフィリピンへの送金元の国を，送金額順位で確認してみよう（図表 3-7 参照）。

4. 海外出稼ぎ労働者（OFW）の職務構成と出稼ぎ地域

図表 3-7 海外在住フィリピン人 (OF) から本国への送金元の国別順位 (2010年)（単位 US1,000ドル）

				地上勤務	海上勤務
1	米国	7,862	41.9%	5,927	1,935
2	カナダ	2,023	10.8%		
3	サウジアラビア	1,544	8.3%		
4	英国	889	4.7%	626	263
5	日本	882	4.7%	572	311
6	アラブ首長国連邦	775	4.1%		
7	イタリー	551	2.9%		
8	ドイツ	448	2.4%	216	233
9	ノルウェー	373	2.9%	50	323
10	香港	363	1.9%		
11	カタール	247	1.3%		
12	オーストラリア	201	1.1%		
13	バーレーン	157	0.8%		
14	台湾	122	0.7%		
15	クウェート	106	0.6%		
16	マレーシア	97	0.5%	75	21
	Total	18,763	100.0%	14,957	3,806
	（中東合計）	(2,964)	15.8%		

出所：Bangko Sentral NG Pilipinas, Overseas Filipinos' Cash Remittances in Thousand US Dollars.

　図表 3-6, 図表 3-7 に示されているように，OFW が多数勤務し居住している国別順位と送金額別送金元の国別順位とが一致していない。この点をどのように理解すべきであろうか。

　それに対する理由の第 1 は，多くの OFW の居住先国であるサウジアラビアや UAE をはじめとする中東諸国から銀行経由でフィリピンに送金する場合，直接，フィリピンに送金されるのではなく，中継銀行，いわゆるコレスポンデント銀行（略称：コルレスバンク）を経由することに起因していると推定されうる。ちなみに，図表 3-5 の出所先の POEA による"Overseas Employment Statistics 2010"の図表 3-7 に示されている OF による送金元の国名データにおいても，その脚注において下記のように注記されている。

"Data are not truly reflective of the actual source of remittance of OFs due to the common practice of remittance centers in various cities abroad to course remittances through correspondent banks mostly located in the United States. Since banks attribute the remittance to the most immediate source, US, therefore appears to be the main source of OFs remittances."

　上記の脚注の文に記載されているように，送金者はOFWではなく，OF (Overseas Filipino) になっており，海外に永住権を有する移民フィリピン人も考慮の対象となっている。さらに米国に所在するコルレスバンクの存在も明記されている。

　そこでつぎにOFWが多数居住している国別順位と送金額別送金元の国別順位とが一致していない2点目の理由を検討してみよう。図表3-7のSeabased workers（海上勤務者）による送金額と送金元をみると，アメリカ，イギリス，日本，ドイツ，ノルウェーのようにOFWが少ないにもかかわらず，送金額が多い国名が存在する。これは，フィリピン人船員が送金する際，かれらが働く船の所有会社本社所在地から送金した可能性が想定されうる。ただし，この場合にも上述のドル，ユーロおよびポンドでの送金を中継する米英およびドイツや香港系コレスポンデント銀行の所在国の影響を受けていることが想定されうる。

　最後に，OFWが多数居住している国別順位と送金額別送金元の国別順位とが一致していない第3点目の理由は，2年以下のテンポラリーな居住条件となっているOFWが送金する以外に，永住権を保有する移民フィリピン人が家族や親戚に送金している事実も否定しえない。特に，米国，カナダ，オーストラリア，日本の場合には，テンポラリーな出稼ぎ労働者よりも移住したフィリピン人のほうが多数生活している。

　以上の諸点から，海外からフィリピンへの送金額はいわゆる海外出稼ぎ労働者としてのOFWからの送金額を中心に，海外に移民した海外移住者をも含めた**海外在住フィリピン人（Overseas Filipinos：OF）からの送金額の総額**として理解されうる[11]。

5. 送金額と輸出額，直接投資額との対比

(1) 送金額と輸出額との対比

これらの海外からの送金額を同国の輸出額と対比してみよう。2010年の輸出額は514.3億ドルであったから，同年の海外からの送金額（World Bankベース：214.3億ドル）はその約41.7％の規模に相当し，同様に2009年の送金額（同197.7億ドル）は同年の輸出額（383.4億ドル）との対比でその約51.6％の規模に及ぶ。同国の2010年の輸出額を輸出項目別に見ると，最大の輸出品目が「特殊品目（委託加工用に輸入された原材料で製造した完成品輸出項目：149.7億ドル）で輸出全体の29％，つづいて電気機器・同部品の項目が，142.0億ドルで輸出全体の27.6％となっている。したがって，仮に，海外出稼ぎ労働者からの送金額を労働力輸出と置き換えた場合には，輸出品目的には，この海外からの送金額として表現される労働力輸出額が圧倒的に第1位となる。そしてすでに図表3-3で見てきたように，銀行経由以外の送金ルートで持ち込まれた送金推定額を示す同図表のB5（World Bank推定の送金額×1.27倍＝272.1億ドル）ベースで換算してみると，2010年の送金額はフィリピン総輸出額の約53％にも及ぶことになる。

(2) 送金額と直接投資額との対比

つぎに，認可された直接投資額と送金額との対比を検討してみよう。2008年，2009年，2010年および2011年の直接投資額（認可ベース）はそれぞれ1,827億ペソ，1,218億ペソ，1,961億ペソそして2,561億ペソであった[12]。したがって，2010年の対比でみると，本国への送金額は同国への直接投資額の実に4.9倍，2011年の対比で3.9倍に相当する。また，前項で指摘したように，銀行経由以外の送金ルートで持ち込まれた送金推定額を示す同図表のB5（World Bank推定の送金額×1.27倍＝272.1億ドル）ベースで換算してみると，2010年の送金額は同年のフィリピン対内直接投資額の約6.3倍，そして2011年の同比率も5.0倍に及んでいる。

6. 海外からの送金と現地での使途

　こうした海外出稼ぎ労働者（Overseas Filipino Workers）からフィリピン現地へと持ち込まれたお金は，主に衣食住関連の生活必需品の購入を中心とした生活費の補填，および子供の教育費の補填，等に充当されると理解されうる。こうした生活関連に必要な経費が送金からの支出額の 80-90％を占めていることが指摘されている[13]。こうした送金の使途については他の諸国においても基本的には同じような傾向を示している。たとえば，中南米移民による世帯向け送金の使途別構成については，内多（2005）（2009）が UN および IDB のデータをベースに紹介している。これによると，使途別構成比のなかで日常的生活費がメキシコで 78％，中米平均で 77％，エクアドルで 61％となっており，さらに教育費と医療費も残りの多くを占めている（内多，2005, p.32, 2009, p.25）。

7. まとめ

　2009年のフィリピンにおける経済活動人口は，前章ですでにみてきたように，約3,780万人となっている。また海外で働く OFW の総数は Temporary と Irregular を合わせた公的ベースでは約500万人（図表3-6参照），さらに海外に移住して永住権を有するフィリピン人を含めると950万人が海外に在住する。実際には，推定実数ベースでは1,000万人以上とされている（ジェトロ　マニラ 2012）。したがって，フィリピン国内の経済活動人口との対比でみると，OFW の公的ベースでの比率では約13％，OF としての公的ベースで約25％，推定実数ベースで約26％の規模に相当することになる。

　同国経済活動人口の約26％に相当する推定約1,000万人以上の海外で就労，および在住するフィリピン人が2010年および2011年同国に送金した額は，図表3-2に試算されていたように，同国の同年名目 GDP の約11％と約10％に相当する（図表3-2,［B4/A］参照）[14]。さらに，銀行経由以外の送金ルートで持

ち込まれたと推定される送金額ベースで対 GDP 比率を算出すると，それぞれ約 14％と約 13％にも及ぶ（図表 3-2 の［B5/A］参照）。しかも，GDP の最大構成項目である家計最終消費額に対する送金額（図表 3-2 の［B5/A1］参照）の規模は，2010 年，2011 年にそれぞれ約 19％と 18％の水準に及んでいる。しかも統計上把握されていないいわゆる informal sending channel で送金された実際の送金額は 20％を大幅に上回ることも想定されうる。

他方，インフォーマルセクターを中心とした不安定就業層と完全失業者数を合わせたいわゆる BOP 層は経済活動人口の約 7 割を占め続けている。そして，海外在住の OFW の職種と職務内容の多くも，短期契約の不安定就業形態での高度のスキルを要しないもので構成されている。

したがって，海外 OF（OFW と移民）から家族や親族に送金されてきたお金は，当然のことながらこうした不安定就業層の家族に経済的に大きく貢献し，BOP 層ないし潜在的 BOP 層の生活基盤を大きく支えていると推定されうる。

また，海外出稼ぎ労働者や移住者からの送金額が単に個人消費レベルでの市場拡大のみならず，同国の輸出額や対内直接投資（認可ベース）との対比においてもそれぞれ 50％以上と 5－6 倍の規模に及んでいるということは，もはや海外からの送金が 1 国の再生産基盤に不可欠の位置を占めていることを意味する。

換言すれば，海外での不安定就業形態での労働の対価でもある海外からの送金が同国経済にとって重要な位置を占めているということは，逆に国内での自律的ビジネス生態系を通した価値創出体系が脆弱であることの裏返しの表現であるといわざるを得ない。

したがって，本章の結論を集約すると，以下のようになる。

国内個人消費市場が拡大基調にあることの経済的背景には，こうした海外 OFW や移民からの送金が重要な役割を果たしていること。彼らは基本的には，国内での自律的ビジネス生態系の脆弱性に規定されて，国内での就業機会を制限され，その結果，海外で就業し，その労働の対価を本国に送金し，家族や親族の生活費を補填するメカニズムとなっていること。しかもそうした海外での就業形態の多くは高度な職種や職務内容ではなく，むしろスキルを要しない不安定な就労形態であること。本章はしたがってフィリピンにおける個人消費の

拡大基調を，つぎのように結論付けざるを得ない。

　同国の個人消費市場の拡大の経済的基盤は，「高学歴層と専門職層の台頭を背景とした安定就業層ないし，フォーマル・セクターの拡大と都市中間階層の台頭が，こうした層の比較的高い所得水準と可処分所得能力の向上を可能とし，最終個人消費の拡大をもたらしているメカニズムによるものであるとは言えない。むしろ，国境を超えた 217 の国と地域（図表 3-6 注参照）にまたがる全世界的規模に及ぶ OFW による不安定就業形態での労働の対価の多くを占める送金がフィリピン本国の個人消費市場を下支えするメカニズムとなっている」。

注
1　従来，いわゆる発展途上国からの海外出稼ぎや移民の問題，および送金に関する問題は，主として"Brain Drain"（頭脳流出）との関連や，マネーロンダリング等々の観点化から指摘されてきた（Özden, Ç. And Schiff, M. eds., 2006, Adamas, R. H, Jr. 2003, Jefrey Robinson 1996, 櫻井公人, 2006）。
2　内閣府発表の国民経済計算より算出。http://www.esri.cao.go.jp/jp/sna/data/data_list/sokuhou/files/2012/toukei_2012.html
3　フィリピンの GDP の詳細については，National Statistical Coordination Board のウェブサイト（http://www.nscb.gov.ph/）に紹介されている。フィリピン国内での価値創出型ビジネス生態系が極めて脆弱であるために，GDP に占める家計最終消費支出比率が逆に高くなっていると想定されうる。この観点からすれば，日本企業が日本国内での生産を縮小し，逆に海外生産比率を高めた場合には，国内での雇用・付加価値生産の連関メカニズムが以前よりも機能しなくなり，可処分所得がその分低下して，エンゲル係数が逆に高くなる分，家計最終消費額比率も高まる可能性も否定しえない。
4　NSCB（2012）が従来の国民経済計算の修正・見直しを図って発表した，Technical Paper。
5　2009 年以前の海外からの海外従業員給与受取額（送金額）は，Net Primary Income（NPI）の項目ではなく，Net Factor Income（NFI）の項目として表示されている。名称は同じ Compensation 額として示されているが，2010 年以降の NPI としての表示額とに大きなズレが生じているので，ここでは，正確を期すため 2010 年以降の数値に限定した。ちなみに，2009 年の NPI の値は 2 兆 6,263 億 2,300 万ペソであるのに対して，同年の NFI ベースでは，1 兆 1,310 億 6,700 万ペソとなっており，倍以上の差異となっている。
6　ここでは，NSCB Renews Clearance of the Survey on Overseas Filipinos（NSCB website）を参考にしている。
7　NSCB による"2008 Survey on Overseas Filipinos"では，銀行経由で送金された割合は，76.1％となっており，したがって 2011 年のデータでは，銀行経由以外の送金チャネルが増えたことになる。
8　World Bank の WEBSITE の Migration and Remittance Data による。
9　NSCB, 2008 Survey on Overseas Filipinos, Press Release より。
10　POEA, Overseas Employment Statistics 2010.
11　いずれも NSCB データ。2011 年の最新版は，NSCB（2012），Foreign Direct Investments in the Philippines. Fourth Quarter. http://www.nscb.gov.ph/fiis/2011/4q_11/fdiapp4_11.asp（2012 年 9 月 26 日アクセス）。なお，フィリピンへの FDI の額は，Board of Investment（BOI），Clark Development

Corporation (CDC), Philippine Economic Zone Authority (PEZA), Subic Bay Metropolitan Authority (SBMA), Authority of the Free Port Area of Bataan (AFAB), および Board of Investments Autonomous Region of Muslim Mindanao (BOI-ARMM) の機関によって認定された額の合計である (NSCB：2012, p.1)

12　IFAD (2006), Sending Money Home, p.7. (http://www.ifad.org/remittances/maps/brochure.pdf)
13　World Bank (2011)。
14　銀行系用での送金コストは国際的競争の結果，低下傾向を示しているが，低下するほど informal sending channel から公的金融機関経由での送金方法を利用する程度は多くなる。フィリピンの場合，現地の主要財閥は自らの銀行を保有している。したがって，送金がこうした銀行を通して行われるほど，現地財閥系銀行は送金されたお金を預金として保有することになり，系列の財閥系企業への有利な安定的貸付資金として活用しうることになる。

第 4 章

BOP 層の経済的自立化と自律的ビジネス生態系
―フィリピン CARD のマイクロファイナンスとサリサリストアの事例分析を中心として―

1. はじめに

　本章では，フィリピン NGO の CARD MRI によって行われている貧農女性を主な対象とするマイクロファイナンス事業が，BOP 層の経済的自立化にとって極めて重要な役割を果たしてきた点に注目し，こうした現地での NGO（特に CARD）を核とした BOP 層の経済的自立化に向けた動きとそこに作り出されてきた現地独自のビジネス生態系に着目してきた。

　ここでは，まずはじめに，CARD の紹介とその事業活動の社会的意義を述べ，続いてその主要な事業内容となっているマイクロファイナンス事業とサリサリストアとの関係性について検討していく。第 1 章，第 2 章で見てきたように，フィリピンのフォーマル・セクターにおける現地財閥系と多国籍企業との共存のメカニズムは同フォーマル・セクターの拡大発展につながらず，その結果，フォーマル・セクターによるインフォーマル・セクターの吸収が阻害されてきた。逆に，こうしたインフォーマル・セクターにおいて重要な位置を占めているサリサリストアのフォーマル・セクターへの発展戦略を展開しているのが NGO 組織 CARD である。

　いわゆる主要先進国における就業人口に占める農業部門の比率が一けた台であるのに対して[1]，フィリピンにおける農業部門の就業者比率は，第 2 章（図表 2-5）に示されているように，約 31% となっている。そしてこれら農業部門就業者層の 90% 強が不安定就業層として貧困層に位置づけられている。した

がって，農村に滞留する多くの不安定就業層を抱えるこうした発展途上諸国ないし新興国においては，農村における「自律的ビジネス生態系とそのサステイナビリティー」が，先進国とは本質的に異なって極めて重要な意味を有している。そしてフィリピンの農村コミュニティにおいて零細小売業として低所得層に生活必需品を販売しながら生計を維持しているのがサリサリストアである。農村コミュニティにおいてこうしたサリサリストアが「地産地消のシステム」を維持，発展できれば，現地でのサステイナブルな自律的ビジネス生態系の構築と維持が可能となり，子供の健康と教育水準の維持，強化が保障され，その結果，農村の崩壊と都市への人口の流出，そして都市でのインフォーマル・セクターの拡大も阻止されうることになる。

2. CARDの貧農女性の経済的自立化戦略とサリサリストア

(1) CARD設立経緯とそのミッション

フィリピン最大のNGOであるPBSP (Philippine Business for Social Progress)[2]のスタッフとして，同NGOの貧困解消プログラムを中心とした社会開発プロジェクトに参加してきたJ. A. Alip氏は，PBSPを離れ，1986年，貧困者のなかでもとりわけ苦しい生活を余儀なくされている「農村の土地無し農村女性 (Landless rural women)」の自立化をミッションとする銀行の設立を目指して，NGO組織，CARD (Center for Agriculture and Rural Development) を立ち上げた[3]。そして1989年に，CARDは，ユヌス氏のグラミン銀行を手本に，フィリピン農村に適合的なマイクロファイナンスによる貧農女性層の自立化を図るNGOに特化してきた。CARDは同国における最初のマイクロファイナンス業務を始めたNGO組織である。現在，フィリピンでは，CARDは同国における最大規模のマイクロファイナンス業務をおこなうNGOである。そこでの基本的視点は「地域社会への奉仕 (outreach) と持続可能性 (sustainability)」に置かれている。このNGO組織のCARDは1997年に貯蓄業務も可能にする銀行としてCARD Rural Bankとして認可され，さらに2009年にCARD Development Bankに改名された。銀行業務が認可されたことは，貧農女性がマイクロファ

イナンスの業務利用から得た収入の一部を貯蓄させ，経済的安定化を促進させる要因となっている。マイクロファイナンス業務を行ってきた CARD NGO の名称も，CARD NGO Microfinance に変更され，現在は CARD Inc.となっている[4]。

　CARD によるマイクロファイナンス業務は実質的には 1989 年に開始されているが，14 年後の 2013 年 3 月現在，CARD Inc.からマイクロファイナンス・ローンを受けている人数は約 62 万 5 千人，そしていままでマイクロファイナンス・ローンを受けた人数は，82 万 9 千人となっており，全体の返済率は 99.4％である[5]。この返済率は，グラミン銀行の 97％よりもかなり高い数値である。すでにこれまで融資を受けてきた約 50 万以上の女性の世帯は貧困世帯であることから，フィリピンの貧困ライン以下の世帯数 460 万世帯の約 11％がその恩恵を受けてきたことになる。設立の主目的が「貧農女性」の自立化に置かれていることから，融資対象も女性が基本である。この点は，グラミン銀行のマイクロファイナンス対象者の 97％が女性となっていることと基本的には同じである。フィリピンにおいても，貧困ライン以下の世帯の男性の多くが，一般的傾向として，収入が入ると，アルコール，ギャンブル，喫煙，等に消費してしまう傾向にあるのに対して，女性の場合には，就業環境の改善と経済的自立化のみならず子供への食事，教育，貯蓄，等に回す傾向にある（CARD 本部でのヒアリング[6]。ちなみに，ルソン地方での共同調査（著者・井口知栄・荒井将志：2013 年 3 月）の際にも，午前 10 時ごろに 30 名ほどの男性ばかりの人だかりができていたが，この集団は蜘蛛を戦わせて勝ち負けを賭ける，ギャンブル目的のいわゆる非生産的消費の男性集団であった。その間，女性たちは，マイクロファイナンスを活用した各種零細ビジネスや内職活動により家族の生活の糧を稼ぐ光景が見られた。Grameen Bank にせよ CARD Bank にせよ，マイクロファイナンス対象者の 98％を，子供や家族の健康，教育，住環境等の改善にマイクロファイナンスを活用する貧困女性に限定せざるを得ないのはこうした男性側の負の側面にも起因している（こうした点については，Karnari [2007, 2009] においても指摘されている）。

　Karnari（2009）が指摘するように，貧困ライン以下の層で暮らす人たちの多くは，厳しい生活環境のもとで，一般的には低いレベルのスキル，ビジネスを

新たにデザインしていく創造性の欠如，および微々たる資金，等の結果，多くは参入が容易な規模の経済性に欠けた低生産性のサービス部門で就業している。その結果，低コスト化を強いられる激しい競争のもとで，結果的には低収入とならざるをえないのが現状である。

マイクロファイナンスを利用する女性の主な業態もサリサリストア，農作物や魚の行商，飲食料の販売（主に露天商)，および家畜（鶏，豚等）の飼育，等の不安定な就業形態が多くを占めている（T. Amenomori, 1993)。しかしながら，他方でこうした CARD のマイクロファイナンスによる活用を通して，現地女性の就業機会の開発と自立化や子供への就学機会の拡大，等は貧困家庭に対して貧困ラインから抜け出すための大きな可能性を付与している。さらに，1999 年にマイクロインシュアランス（Micro Insurance）業務を行う CARD MBA（共済組合：CARD Mutual Benefit Association）が設立され，2001 年にはマイクロインシュアランス業務のライセンス認可を受け，2013 年 4 月現在，約 165 万世帯（約 825 万人）が保険対象となっている[7]。これによって，低収入のうちのわずかな額でも保険料として支払うことによって（週に 31 セントの支払いで，42 ドルから 2,000 ドルの受け取り）（Alip and Amenomori 2011, p.71)，病気，葬儀，自然災害，等々に対する経済的抵抗力が付き，その結果，サステイナブルな経済的自立化を促進させる要因になっている[8]。

(2) CARD のマイクロファイナンスと貧農女性

すでに第 1 章においても指摘されているように，2009 年現在，フィリピンの就業者数 3,354 万人のうち，農業部門に就業する人たちは 1,045 万人，構成比は約 31% となっている。そのうち，不安定就業層は，942 万人で農業部門就業者の約 90% を占める。同時に，農業を行っていない農村部の不安定就業層は 582 万人となっている。都市部の不安定就業層が生活の糧としている主要な就業形態は，露天商，輪タク，ごみ収集，小規模零細店舗小売業（サリサリストアも含む）等であるのに対して，農村部の不安定就業層が生活の糧にしている主要な就業形態の 1 つは，主に女性店主によって運営されているいわゆる伝統的零細小売店のサリサリストアとなっている。2009 年現在，同国の食品日用品雑貨業態売上高シェアでみると，いわゆる財閥系スーパーマーケット，ハイ

パーマーケットが大都市中心に近代的大型ショッピングセンター内に開設され，店舗と業務を急速に拡大してきており，これら都市部でのサリサリストアは次第に厳しい状況下に置かれつつある[9]。しかしながら，サリサリストアは，たばこ1本，小分けのシャンプー1袋，炭数個，等々の販売形態で，多くの低所得者層を抱える農村部を中心に，依然として重要な生活基盤を支える社会的役割を果たしている。こうしたサリサリストアの数は同国全体で約70万－75万と言われている[10]。したがって，こうしたサリサリストアで就業・就労している人たちは1店舗当たり1－2名で運営されていることからおよそ100万人以上と推定されうる。このことは，サリサリストアで就業就労している人たちは，1,328万人の都市部と農村部の不安定就業層合計の10％弱，そして582万人の農村部不安定就業層のこれらの農村部で農業を行っていない582万人の不安定就業層の15％前後を占めていることが想定されうる。

　CARDが融資したマイクロファイナンス・ローン融資総額のうち，サリサリストアの女性向け融資の比率は，以下のサリサリストアの実態分析にも示されているように，2012年現在，10－15％前後であることが想定される。ちなみに，2011年（1月－12月）のGrameen Bankの事例では，バングラデシュの貧困女性が小売零細店舗の運営（Shopkeeping）向けにマイクロファイナンス・ローンの融資を受けた比率は，業態全体の11.3％となっている（Grameen Bank Annual Report, 2011）[11]。ただし，同国のこうした小売零細店舗の女性営業主のうち，どれくらいがマイクロファイナンスの融資を受けているかは明らかではない。

(3) サリサリストアの営業実態とCARDの発展戦略

　つぎに，CARD Inc.によるマイクロファイナンシングを通したサリサリストアの自律化と発展戦略を見ていく。現在，CARDによるマイクロファイナンス事業は，制度的にはCARD Inc.によって担われている。そして，マイクロファイナンスの融資を受けている零細事業家（Micro Entrepreneur）は事業運営と新たな事業開発に関して，CARD Inc.とは別法人組織となっているCARD BDSFI（Business Development Service BDSFI Inc.；以下，BDSFI）とMICRO Venturesから現地独自のビジネスコンサルティングサービスを受けている。

(3)-1 サリサリストアの営業実態とCARD

ここでは，CARD Inc.のマイクロファイナンスを利用する女性たちが営む伝統的零細小売店と，CARD Inc.と女性たちを仲介しているMicro Venturesの関係について述べる。Micro Venturesは8人[12]で2007年に設立されたビジネスモデルを女性たちに提供する団体である。Micro Venturesは設立当初からCARD Inc.との関係が強く，設立当初からCARD Inc.がMicro Venturesの30％の持分を所有している。全体の仕組としては，女性たちにCARD Inc.のマイクロファイナンスを通じて資金を提供し，Micro Venturesがビジネスモデルを提供して女性たちの事業運営を支援するという仕組みである。

フィリピンの各種企業組織の90％を占めているともいわれているインフォーマル・セクターに，多くの伝統的零細小売店は属しているが，Micro Venturesは伝統的零細小売店がフォーマル・セクターに属するようになることを設立と支援の目的としている。実際に，ここ数年の支援を通じて，いくつかの伝統的零細小売店はBIR（Bureau Internal Revenue）に登録し，納税（年間3万ペソを納税）するフォーマル・セクターに成長している。サリサリストアを経営するためには，バランガイ（Barangai：地域コミュニティ）の許可，Mayorの許可，Business許可の3つの登録が必要である。一般的なサリサリストアの資本金は，約2,000ペソと言われている。

一般的な伝統的零細小売店（サリサリストア）の特徴を説明しよう。サリサリストアはバランガイと呼ばれるコミュニティに数店舗あり，多くは水道も電気もないようなインフラの整っていない地域である。そのような環境でも，サリサリストアのおかげでコーラはどこに行っても飲むことができる，という特徴もある。

平均的なサリサリストアは，1日の売上高が，500－1,000ペソで，そのうちの15％－20％をマージンとして取られ，そこから仕入れ値を引くと，平均的な1日当たりの収入は100ペソとなる[13]。

サリサリストアで売られる主な商品は，タバコ，酒類，携帯用のSIMカード（SMARTなどの携帯電話用カード），ソフトドリンク，食べ物（ヌードル，米，パン，缶詰，スナック菓子），洗剤，食用油，等で，バランガイで必要とされる商品を取り扱っている，いわば，コンビニエンスストアのような位置づけであ

る。先ほど述べたように，多くのサリサリストアは税金を納めていないインフォーマル・セクターに属している。

女性たちがCARD Inc.のマイクロファイナンスから資金を借りられた場合，図表4-1のように，女性の起業の支援にBDSFIとMicro Venturesがかかわってくる。

CARD Inc.とMicro Ventures支援のビジネスモデルにおいて，重要な構成アクターとなるのが図表4-2に示されている　1）セントラルウェアハウス（Central Warehouse），2）コミュニティストア（Community Stores），3）スキストア（Suki Store）である。スキストアとは，CARDマイクロファイナンスの資金援助によるサリサリストアのことであり，2012年の時点で700-800店舗ある。このスキストアが商品を注文するのが，Community Storesであり，5-7村に1つあり，合計約200店舗ある。このCommunity Storesが商品を注文するのがCentral Warehouseであり，ハピノイデリバリー[14]がCentral WarehouseからCommunity Storesまで配達するという仕組みである。Micro Venturesがコーディネートをし，Community Storesは毎月ミーティングを行い，構成アクター同士におけるビジネス・プログラムを共有し，アップデートしている。CARD Inc.のメンバーは約6,000人おり，そのうち，12-13%（720-780人）がスキストアを経営している。

図表4-1　CARD Inc.のマイクロファイナンス，Micro Ventures，BDSFIと支援を受ける女性たちの関係

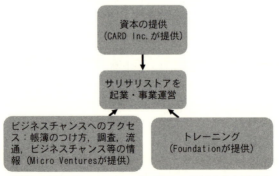

出所：MICRO Ventures, Managing DirectorのM. J. Ruiz氏からのヒアリング（注14参照）をもとに作成。

図表 4-2　CARD Inc. と Micro Ventures のビジネスモデルにおける構成アクター

出所：MICRO Ventures, Managing Director の M. J. Ruiz 氏からのヒアリングをもとに作成（数字は 2012 年 3 月時点）。

　Micro Ventures は 2012 年の時点で，全国的に流通網を拡大しようとするハピノイデリバリーとの役割を切り離し，スキストア間の情報網や調達などのネットワークを所有し，団体の名前のとおり，女性たちの起業と経営を支援し，"ミクロ"な組織間関係の発展に貢献しようとしている[15]。

(a)　ケース 1：コミュニティストア A

　　サリサリストアを 10 年間経営し，コミュニティストアを 2 年間経営しているEさんのケース（2012 年現在）

　Eさん（女性）は，サリサリストアの隣にコミュニティストアも経営している。Eさんが 1 回に 1,500 ペソのオーダーをし，Eさんのコミュニティストアへハピノイデリバリーセンターから月に 2 回配達される。Eさんは，周辺のサリサリストアから週に 2 回程度，Eさんの携帯のテキストメッセージ（フィリピンにおいて最も安価な方法）でオーダーを受け取り，それらを記録する。Eさんが卸売価格で販売する顧客（サリサリストアのオーナー）は 50 店舗，直接Eさんのサリサリストアで購入していく小売価格で販売する顧客（一般顧客）は約 100 人であり，Eさんのコミュニティストアは 10 バランガイをカバーしているとのことである。

(b) ケース2:コミュニティストアB
　　サリサリストアを23年間経営し,コミュニティストアを5年間経営している M さんのケース (2012年現在)

　Mさん (女性) がサリサリストアとコミュニティストアを経営するサンパブロには,6つのコミュニティストアがあり,そのうちの1つがMさんが経営するコミュニティストアである。Mさんは週に2回,3つのバランガイにある30から40のスキストアに卸売価格の商品をトライシクルでデリバリーしている。小売価格で販売する顧客は100-150人ほどである。また,この地域にスキストアではないサリサリストアは100店舗以上あるとのことである。この地域には200店舗ほどのサリサリストアがあるが,そのうちの20-30店舗がコミュニティストアと直接取引しているサリサリストアである。この20-30店はMさんたちと毎月ミーティングを持ち,新たな知識を身につけている。

(3)-2 サリサリストアの営業品目の推移と外資系ブランドの浸透
(a) 先行研究 (1988年のサリサリストアの商品)

　中西 (1991) は1988年8月20日におけるフィリピンのサリサリストア (アリン・リンダ・サリサリストア) を調査している。この調査時にサリサリストアで扱われていた商品は図表4-3のように示されている。

　さらに,当時の1日の売上高は,約400ペソであり,約30ペソが純利益と記されている。これを1か月 (31日) に換算すると,売上高は,1万2,400ペソであり,純利益は930ペソと算出され,利益率は7.5%となる。

図表4-3：アリン・リンダ・サリサリストア　価格表（1988年）

	個数	買値単価	売値単価	利益単価	利益率
【薬品類】					
Cortal	1	0.30	0.50	0.20	0.67
Medicol	1	0.30	0.50	0.20	0.67
Penicillin	1	0.40	0.60	0.20	0.50
Biogesic	1	0.65	0.85	0.20	0.31
Aspilet	1	0.25	0.25	0.00	0.00
【日用雑貨】					
Sunsilk（袋入りシャンプー）	12	0.88	1.25	0.38	0.43
Close-up（同上）	12	1.80	2.50	0.70	0.39
Pepsodent（同上）	12	1.80	2.50	0.70	0.39
CreamSilk（同上）*	12	1.17	1.50	0.33	0.29
Gard Shampoo（同上）	12	1.33	1.50	0.17	0.13
Lifebuoy（同上）	1	1.75	2.25	0.50	0.29
Palmolive（同上）*	1	1.75	2.25	0.50	0.29
Body and Bounce（同上）	12	0.46	1.25	0.79	1.73
Aloe Vera（同上）	12	0.88	1.25	0.38	0.43
Tender Care（石鹸）	1	1.75	2.25	0.50	0.29
Lux（同上）*	1	2.65	3.00	0.35	0.13
Ajax（食器用洗剤）	4	2.38	2.75	0.38	0.16
Tide Bar（洗濯棒石鹸）*	4	2.38	2.75	0.38	0.16
Mr. Cream（同上）	4	2.38	2.75	0.38	0.16
蚊取線香	10	0.68	1.00	0.33	0.48
マッチ	10	0.58	0.75	0.18	0.30
【文具】					
便箋	100	0.08	0.20	0.12	1.50
封筒（小）	1	0.25	0.50	0.25	1.00
封筒（大）	100	015	0.25	0.10	0.67
【煙草】					
Philip Morris*	20	0.46	0.60	0.14	0.30
Marlboro*	20	0.42	0.50	0.08	0.20
Hope*	20	0.35	0.40	0.05	0.14
Champion（大）*	20	0.28	0.30	0.02	0.09
Champion（小）*	20	0.21	0.25	0.04	0.19
Casino	20	0.18	0.20	0.03	0.14

第4章 BOP層の経済的自立化と自律的ビジネス生態系

	個数	買値単価	売値単価	利益単価	利益率
【食品】					
珈琲（袋入）	32	0.39	0.50	0.11	0.28
555 Sardines（缶詰）	1	4.20	5.50	1.30	0.31
Master（同上）	1	4.30	5.50	1.20	0.28
Ligo（同上）	1	5.30	6.00	0.70	0.13
卵	1	1.20	1.40	0.20	0.17
玉ねぎ	30	0.43	0.50	0.07	0.15
ココナッツ食用油	1	10.00			
ココナッツ酢	1	2.50			
魚醤	1	4.00			
醤油	1	5.00			
砂糖					
胡椒	30	0.23	0.25	0.02	0.07
化学調味料	32	0.20	0.50	0.30	1.46
【菓子類】					
菓子パン	6	0.33	0.50	0.17	0.50
Storck（飴）	25	0.19	0.25	0.06	0.32
Viva Candy（同上）	25	0.19	0.25	0.06	0.32
ビスケット	25	0.08	0.10	0.02	0.25
Po rice	10	0.20	0.25	0.05	0.25
Sampaloc	10	0.20	0.25	0.05	0.25
Ube（芋菓子）	10	0.20	0.25	0.05	0.25
（以下，袋入りスナック類）					
Baga	10	0.38	0.50	0.13	0.33
Dilis	10	0.20	0.25	0.05	0.25
Chicharon Shrimp	24	0.08	0.10	0.02	0.20
Chicharon Baboy	20	0.43	0.50	0.08	0.18
Expo Peanuts	25	0.22	0.25	0.03	0.14
Fried Chicken	24	0.46	0.50	0.04	0.09
Lechon manok	24	0.48	0.50	0.02	0.04
Nognog Curls	25	0.18	0.25	0.07	0.39
Cornick	20	0.23	0.30	0.07	0.33
Fish Cracker	20	0.23	0.50	0.28	1.22
Hansel	10	0.95	1.00	0.05	0.05

注：アスタリスクマーク（*）は日系を含む外資系企業の商品，中西（1991）に挿入。
出所：中西（1991），155-156頁（空欄は元データのまま）。単価はペソ表示。

(b) Eさんのコミュニティストア兼サリサリストア（スキストア）の商品

2012年3月，ラグナ県サンパブロ・シティにあるEさんが経営するコミュニティストア兼スキストアにて調査を行った。前述のように，Eさんのサリサリストアは Micro Ventures Inc. の支援により，コミュニティストアが隣接しており，10 つのバランガイをカバーしている。調査方法は，店内でこの店のオーナーである E さんに質問をしながら記録した。

この店で販売されている商品は図表 4-4 のようであった。よく売れる商品は，砂糖，米，卵，コーヒー，ミルクとのことであった。1日の売上高は，2万－3万ペソであり，1か月の売上高は，約 75 万ペソとのことであった。1か月に約1万 6,000 ペソ（週 4,000 ペソ）を CARD Inc. へのローンの返済に充てている。最終的に利益は約7万 5,000 ペソであり，利益率は約 10％とのことであった。なお，この店は，コミュニティストアになる前に普通のサリサリストアであった時は，1日あたりの売り上げが 5,000 － 7,000 ペソであった。

図表 4-4：E さんのコミュニティストア兼サリサリストア（スキストア）の商品（2012 年）

	個数	小売価格	卸売価格	備考
【薬品類】				
Biogesic (Paracetamol)	1	12		
BioFlu	1	10		
Alaxan (Ibprofen + Pracetamol)	1	6		
【日用雑貨】				
Tide（洗濯洗剤・粉）＊	2	10	8.5	
Campion（バータイプの洗濯洗剤）	4 ピース	20	19	長いものを割ると4ピースになる
コルゲート（歯磨き）＊	2 個入り	7	6	アメリカ企業
シャンプー		5	4.5	
P&G パンパース＊	サイズ M	9	8.5	
P&G パンパース＊	サイズ S	8	7.5	
マンダム Gatsby ワックス＊	1 小袋	5	4.5	
【文房具】				
ノート	1 冊	10	9	
封筒	1 つ	3	2	

【煙草】				
マルボロ*	20本入り	35	32	
マルボロ*	1本	2		
【食品】				
味の素*	40ピース	32		
味の素*	1袋	1ペソ		4.38g
ネスレ ミロ*	1袋	10	9.5	
ケチャップ	1袋	3	2.5	
スナック				
クラッカー	1袋	5	42(10袋)	
Voice（日清チョコビスケット）*	1袋	5	42(10袋)	
日清 ヌードル*	1袋	8	7.5	
サバ缶詰	1缶	15	13.5	
Palm Oil	1袋	7	6.5	
ハピノイ PB ヌードル	1袋	25	24	
ハピノイ PB ビネガー	1瓶	12	11.5	
ハピノイ PB コーンビーフ	1缶	34	32	
ハピノイ PB ケチャップ	1瓶	16	15	
UFCのケチャップ*	1瓶	20	19	
醤油 Super Snow	1瓶	15	14	
醤油 Datu Duti	1瓶	15	14	
Datu Duti	1袋（小）	1.5	1.0	
Datu Duti	110ml	5	4.5	
Parcit ガントン（ヌードル）	1袋	9	8.5	
米		33－35/kg		15kgを1,550ペソで購入し，小分けにして1,750ペソで売り，200ペソの利益を得る。
コカコーラ*	1本	12ペソ		24瓶で135ペソ

注：アスタリスクマーク（*）は日系を含む外資系企業の商品。
出所：2012年3月現地ヒアリング調査。価格はペソ表示。

(c) Mさんのコミュニティストア兼サリサリストア（スキストア）の商品

2012年3月にカンデラリア（ケソン県）にてMさんのハピノイ・ストアにて調査を行った。調査方法は，上記と同様に，店内でこの店のオーナーであるMさんに質問をしながら記録した。

Mさんのサリサリストアもコミュニティストアを兼ねている。この店で

図表4-5：コミュニティストア兼サリサリストア（スキストア）の商品（2012年）

	個数	小売価格	卸売価格	備考
【アルコール類】				
ココナッツワイン		160		
ココナッツワイン	1ガロン	150	120	
Emperador ブランデー	1リットル	95	87	ケソン市の企業
Emperador ブランデー	750ml	70	63	ケソン市の企業
サンミゲル ライト	20ボトル			520ペソ/ケース（24本）
Colt45 Malt Liquor	1ケース12本	230	211	よく売れる商品
【煙草】				
マルボロ*	5本パック	8	7.75	
マルボロ*	1本	2	1.55	
マルボロ*	1箱20本	34	31	
【日用雑貨】				
炭	1バッグ	20	230/sac	1sac=20kg 150パックできる
【食品】				
Kopiko社 インスタント珈琲*	小分け1袋	5	4.9	インドネシア企業

注：アスタリスクマーク（*）は日系を含む外資系企業の商品。
出所：2012年3月現地ヒアリング調査。

扱っている商品は，図表4-5のようであった。この店のベストセラー商品は，ココナッツワイン，ブランデー，ビール，タバコ，炭であり，売上高の60％を稼ぎ出している。1日の売上高は，2万-3万ペソである。1か月の売上高は，約90万ペソであり，そのうち31万9,000ペソをCARD Inc.へのローン返済に充てている。最終的に1か月当たりの純利益は約8万6,000ペソとなり，利益率はEさんと同様に約10％であった。

(d) 中西調査（1988年当時）と本調査（2012年）の差異

今回の調査からは，コミュニティストアの出現によって流通が発展したことにより，近年，多くのサリサリストアが容易に商品を調達できるようになっていることが確認された。

まず，日用雑貨は，種類が豊富になっており，インフレによる物価の上昇は考えられるが，価格が大きく上昇している。例えば，4ピースになるバータイプの洗濯洗剤は，1988年の2.75ペソであったが，2012年には20ペソと大きく

値上がりしている。さらに，商品パッケージの形態については，2012年では小袋に分けられているなどサリサリストアで売りやすい形態，顧客にとって購入しやすい工夫された商品パッケージの種類が増えていた。一方で，タバコを箱から出して1本ずつ販売する方法，米を計り売りをする方法など，1988年当時と変化のない販売方法の商品も多かった。米などのフィリピン産の商品はこのような伝統的な販売方法が継続されている。

利益率をみると，中西の調査では7.5％とあったが，今回の調査では約10％であったので，利益率の上昇が見られる。

1988年の時点でも特に日用雑貨における多国籍企業の製品が見られるが，2012年では日用雑貨や食品等において多国籍企業の製品がさらに増えており，サリサリストアでも多国籍企業の製品を入手できるようになっている。また，セントラルウェアハウスでも多国籍企業の製品を多く扱っているとのことであったが，日系企業の製品では，味の素，日清，マンダムしか見当たらなかった。なお，サリサリストアのオーナーの商品購入ルートはコミュニティストアに注文する方法と，ハイパーマーケットなどのモダントレードに直接買い付けに行く方法があり，コミュニティストアの在庫にないものでもサリサリストアで販売されている例が数多く見られる。

近年のサリサリストアの特徴のひとつは，多国籍企業の商品の多さが挙げられるが，コミュニティストアでは後述されるハピノイ・ブランドのPB商品や，CARD Inc.が資金援助をしたメンバーのビジネスによる製品（飴，パン，フルーツジュースなど）も販売されている。フィリピン産の製品（ハピノイ・ブランドのPB商品）や近隣のバランガイで生産された製品（CARD Inc.メンバーの起業ビジネスによって製造された製品）が売られていることは，2012年の特徴であろう。

(4) CARD Inc.のサリサリストアの発展戦略とハピノイ・ブランド

CARD Inc.とMicro Venturesは，サリサリストア（スキストア）を通じて女性たちの自立，起業，経営を支援している。Micro Venturesの持つ，サリサリストア（スキストア）のネットワークを活用し，Micro Venturesはサリサリストアの発展戦略とハピノイ・ブランドの構築を試みている。ここに挙げる

「Hapinoy + Road Map」の例は2012年3月の時点での事例であり，今後さらに発展させていく予定とのことである。

(4)-1 ハピノイ・ブランド（Hapinoy Brand）の製造・販売

コミュニティストアにハピノイデリバリーセンターから配達される商品の多くはフィリピン産でないものが多く，タイや中国などからの輸入品である。こうした警句に対して，Micro Venturesではフィリピンで製造された製品（2012年の時点でバナナケチャップ，酢，麺など）をハピノイ・ブランドのPB製品として製造しセントラルウェアハウスにストックすることを始めている。ハピノイ・ブランドを製造する生産者はCARD Inc.メンバーであることが多い。

(4)-2 Micro Producer（零細小規模生産者）システムの構築

このシステムは，サリサリストアの周辺に住むCARD Inc.のマイクロファイナンス顧客メンバーの人たちが，サリサリストアで販売する製品を製造するためのビジネスを起業する仕組みである。この仕組みでは，サリサリストアで需要のある製品を，ローカルのバランガイで製造し，セントラルウェアハウスに卸す方法であり，2012年の時点で既に行われている。例えば，2007年にCARD Inc.のMicroentrepreneur賞を受賞したD. Banaag氏の場合，フィリピン産である果物のタマリンドを原料とした飴とパンを製造するビジネスで成功し，22人の正規雇用と5人の季節雇用を実現している。また，同じく2007年に受賞しているV.Coronado氏の場合，フィリピン産の果物を原料としてフルーツジュースを製造し，20人の正規雇用を実現している[16]。このようなMicro Producerにはまだ市場の知識や製品知識が不足しているため，サリサリストアから発注される製品やバランガイの顧客のニーズにより適合した製品を効率的に製造できるように，Micro VenturesやBDSFIが支援をし，より多くの女性たちの自立を促すことにつなげている。

(4)-3 Medicines（医薬品部門）システムの構築

ユニラボ（Unilabはフィリピンで最大の製薬企業である）とコラボレーションし，小分けした薬を売ることのできるサリサリストアを増やし，バランガイ

でもより多様な薬の購入が可能となるように計画している。ユニラボとのコラボレーションにより，バランガイでのデング熱予防を，サリサリストアを通じて進めていくことを目的としている。現在，医薬品販売が可能なサリサリストアは約2,000店舗あり，将来的にはさらに2,000店舗増やし，地域に貢献していく予定である。サリサリストアで医薬品販売を可能にするためには，Philippine Pharmacists Association と Micro Ventures Inc.が協力して行っている研修を一定期間受け，その研修を修了し"Rational Drug Use Training"の認定証を受ける必要がある。この認定証を持つサリサリストアのみ，医薬品販売が可能となる。フィリピンで通常の薬局で購入できる「Over the counter（処方箋がなくても購入可能な薬）の薬」のみ，サリサリストアでの取り扱いが可能となる。また，1週間継続して服用し続ければいけないのに，資金がないので1日分しか買わないという問題が起こる可能性があるため，継続して摂取する必要のある薬や，抗生物質などのような処方箋が必要な薬品は研修を修了しても販売することはできない。

(4)-4　Solar（太陽光発電）システムの構築

MITとのコラボレーションにより，サイズの小さいソーラーパネルを開発し，100－300ペソで売る予定である。ソーラーパネルの導入により，インフラの整っていない地域でも電気が使えるようになる。現時点では，ソーラーパネルは中国製であるが，Micro Ventures は，いずれはフィリピン国内での生産を目指している。ランプ用のソーラーシステムが安く購入できれば，電気をつけて夜でも仕事や子供の勉強も可能となるという利点がある。ソーラーパネルは，常時サリサリストアにストックする製品ではなく，サリサリストアが顧客からオーダーを取り，コミュニティストアに発注をする仕組みとなる。

(4)-5　SMART Money（携帯電話を通じた送金）システムの構築

サリサリストアのネットワークと金融サービスを活用して，携帯電話から送金できるシステムを構築しようとしている。システムは中央銀行により管理される予定である。

以上の1-5の Micro Ventures と BDSFI の試みは，サリサリストアがバランガイの需要や社会の需要に応じた「地産地消のシステム」への発展に貢献している。特に，ハピノイ・ブランドの PB 製品を製造する生産者は CARD Inc.による資金援助とアドバイスを受けて起業したメンバーが関係しているため，ハピノイ・ブランドの PB 製品の生産や，セントラルウェアハウスに卸す商品を生産するこうした現地のマイクロビジネスの成功は，現地でのサステイナブルな自律的ビジネス生態系の構築と発展に貢献している。

フィリピンではどのような田舎でも，各バランガイに数店舗存在するサリサリストアであるからこそ，無視しえない独自の社会的役割も存在する。Micro Ventures は，図表 4-6 に示されているように，サリサリストアが地域に根付いた稠密なネットワークを構築することによって，新たな社会的役割を一層担っていくことを今後の戦略的課題としている。

図表 4-6 今後サリサリストアに期待される役割

	実際に起こりうる問題	期待される役割
災害緊急対応	洪水などで被害があった時に，急に不足するものが多々ある。	急に不足した生活必需品をサリサリストアのネットワークを用いて，コミュニティストアから調達したりすることにより，素早く補充ができるのではないか。
人身売買に対する注意警戒	フィリピンでは，マニラで仕事があると言われて子供がマニラに連れて行かれて，予期せず児童労働や売春させられたりするケースが実際にある。	バランガイのコミュニティに根付いているサリサリストアだからこそ，このような問題をサリサリストアのネットワークで防げ，Visayan Forum[17] との協力が可能になるのではないか。
Conditional Cash Transfer（暫定的現金振り込み）	高校4年間の食事の費用がかさむため，高校に進むことをあきらめる場合が多い。	サリサリストアを通じた Conditional Cash Transfer で一時的に食費を補助することにより，高校を続けることが可能になるのではないか。

出所：CARD 本社および MICRO Ventures, M. J. Luiz 氏とのヒアリング調査より作成。

3. まとめ

　本章は，新興国における BOP 層の貧困解消に向けた現地独自のビジネス生態系の開発の視点から，フィリピンにおける CARD Inc.によるサリサリストアの発展戦略を検討してきた。上述の調査分析結果に見られるように，農村でのサリサリストアのシステムは CARD Inc.によるマイクロファイナンスとビジネスサービスを背景に合理化され，収益力を高めてきた。そして一部のサリサリストアはインフォーマル・セクターからフォーマル・セクターへの発展を遂げてきた。しかしながら，他方では，こうしたサリサリストアの販売品目の構成を吟味すると，コカコーラやネスレ，さらには味の素のような多国籍食品企業やたばこ企業，またユニリーバを代表とするトイレタリー系の多国籍企業の製品が増加してきた。たしかにこれによって，これら多国籍企業の製品は，小分けで販売され，低所得の現地 BOP 層でも購入可能なように工夫されている。しかしながら，こうした製造業，小売業を問わず多国籍企業がグローバルな規模での生産と調達のネットワークを通して現地のインフォーマル・セクターに持ち込んできた商品群は，現地の「地産地消型のビジネス生態系」を無視しえない程度に侵食してきた。

　こうした傾向に対する CARD Inc.の対抗戦略は，現地独自の PB (Private Brand) 製品の開発や現地零細生産者による，「地産地消型のビジネス生態系」を基盤としたローカル・バリューチェーンの構築と強化を図ることにある。

　こうした試みが成功すれば，農村の崩壊と都市のインフォーマル・セクターの拡大のメカニズムから，農村におけるフォーマル・セクターの構築と安定就業層の拡大のメカニズムへの展望が切り開かれることにつながる。

　同時に，現地 NGO にとっても，多国籍企業との協働を通して，バランガイの貧困層を顧客や消費者としてだけではなく，彼らの知恵や起業家精神を取り込みながら，技術的により現地に適応した製品やサービスの開発と生産にパートナーとして参加させていく仕組み作りも必要性が増してきている。その際，重要な点は，こうした試みにおいてサリサリストアが重要な結節点としての役

割を果たしうることである。

　逆にここでの最大の課題は，現地でのCARD Inc.をはじめとするNGOの取り組みに対して，優れた経営資源を有する日系企業はもちろん外資系多国籍企業がどのように協働の仕組みを主体的に開発するのかという点にあり，まさにこの点において多国籍企業のソーシャル・ビジネスとしてのBOP戦略の真価が問われている。

注
1　日本の総人口に占める農家人口の割合は，2011年現在，4.8％，米国の2005年の全就業人口に占める農業部門就業者の比率は，2005年現在，の1.7％である（総務省統計局資料，およびジェトロ調査（http://www.jetro.go.jp/jfile/report/05001523/05001523_001_BUP_0.pdf,accessed 10 November 2011。
2　PBSPについては，林（2012，第11章）で紹介されている。
3　CARDのミッションは，1999年以降，下記のように更新されているが，下線に示されているように，あくまで貧しい女性とその家族の自立が基本にある。"Empower socially and economically challenged women and families through continuous access to financial, microinsurance, educational, livelihood, health and other capacity-building services that eventually transform them into responsible citizens for their community and the environment; Enable the women members to gain control and ownership of financial and social development institutions,; Partner with appropriate agencies, private institutions, and people and community organizations to facilitate achievement of mutual goals." (CARD MRIウェブサイトより）。
4　こうした活動が評価されて，アジアで傑出した社会貢献をした人に与えられるRamon Magsaysay賞が，2008年にJ. A. Alip氏に授与されている。
5　CARD, Inc.ウェブサイト（http://cardbankph.com/wp_cardbankph/ngo/）accessed 7 October 2012.
6　CARD MRI本部でのヒアリング（2009年3月，2011年8月29日，2012年3月24日）
7　CARD MBAウェブサイト（http://cardbankph.com/wp_cardbankph/mba/）accessed 3 September 2012.
8　林倬史（2012, 273-274頁）。
9　2009年時点における，食品日用雑貨業態別売り上げシェアに占めるスーパーマーケット，およびハイパーマーケットの比率は20％，そしてサリサリストアの比率は69％となっている（ジェトロ・マニラ事務所『フィリピンにおけるサービス産業基礎調査』2011年3月：http://www.jetro.go.jp/jfile/report/07000689/phil_serviceindustry_research.pdf）
10　CARD MDIでのヒアリングによると，約70万と言われているが，50－100万の範囲内にあることは確かであるとのことであった（2012年3月24日）。
11　マイクロファイナンスローンの分野別構成比は以下の通りとなっている。製造加工（23.2％），農林業（22.6％），貿易（21.1％），家禽・漁業（18.2％），小売店舗（11.4％），その他（3.5％）（Grameen Bank, Annual Report 2011）。
12　創業者の1人であるM. J. Ruiz氏はMicro Venturesを立ち上げる前にはユニリーバで勤務しており，ユニリーバのサプライチェーンを理解している人物である。
13　M. J. Ruiz氏からのヒアリングより（2012年3月25日）。
14　ハピノイデリバリーは，2010年から2012年までMicro Venturesの傘下であったが，2012年からはPartnerが経営している。デリバリーのエリアを拡大しており，40エリアにまで拡大している。

15 M. J. Ruiz 氏からのヒアリングより。
16 CARD 本部でのヒアリング調査より（注6を参照）。
17 Visayan Forum ウェブサイト（http://www.visayanforum.org/portal/), accessed 10 October 2012.

第 5 章

新興国のビジネス生態系と NGO の BOP 戦略
―フィリピン CARD MRI の事例を中心として―

1. はじめに

　フィリピンをはじめ，発展途上国ないし新興国においては現地（産業）資本が自生的（内発的）に生産・技術・固定設備の資金調達を整備して産業を育成しうる条件は極めて限定的といえる。政府も海外からの輸入製品や多国籍企業に対抗し，また輸出を促進しうる強力な現地産業を育成する必要上，財閥系一族支配型企業による独占的産業支配が成立しやすい構造となっている[1]。
　また現地資本の主流が商業資本であることもあり，技術開発基盤が脆弱な工業部門においては，外資系企業との合弁企業であっても，これら現地企業側のパートナーは名義貸し的存在である場合も多々見いだされる。
　こうした構図のもとでは，独禁法は有効に機能せず，また新規のイノベーション型現地企業は登場しにくく，そして主要産業部門は実態的には技術開発上の優位性と最適生産拠点での集中的量産体制を有する多国籍企業のバリューチェーンの影響下に置かれることになる[2]。換言すれば，このことは現地財閥系企業と多国籍企業の連合による市場支配に起因して，市場の集中度は高いまま固定化されやすい構造であることを意味する。
　その結果，工業部門の自律的成長は極めて限定的となり，農業部門からの余剰労働人口が有効に吸収されにくいメカニズムが固定化され，農業就業人口・農村人口の相対的低下と絶対的増大[3]，大地主制・テナント層と小農，等のフィリピン固有の構図がそのまま残存することになる。しかしながら，農村における商品経済化の浸透と現金収入の停滞は，農村での一家の生活を窮乏化させ，

都市への流出をプッシュさせる。他方，工業部門の雇用吸収力が脆弱であるために，同部門では十分なプル要因が機能しないにもかかわらず，農村からの人口のプッシュ要因は都市におけるいわゆる新興国固有の「サービス部門を中心としたインフォーマルセクター」の拡大とフォーマルセクターの非拡大のメカニズムを構造化させる[4]。こうして，農業部門就業者数は相対的には低下していくが，絶対数はむしろ増加することにもなる。フィリピンにおける全就業者数に占める農業部門就業者数の比率は2000年4月の時点でも37.3%であったが，12年後の2012年4月においても33.1%と依然高水準ではあるが傾向的に低下基調となっている。他方，農業部門就業者の絶対数は，同期間に，1,055.9万人から1,248.8万人へと約193万人も増加している[5]。

同国の就業構造とインフォーマルセクターとの関連についてはすでに見てきたように，就業者数全体（3,354万人）に占める「インフォーマルセクターの就業者層」および「フォーマルセクターの不安定就業者層」合計数[6]（2,270万人）の割合は，2009年時点で68%に及んでいた。さらに，この数値に完全失業者数を加えた数値を，同国の経済活動人口（2009年：3,781万人）比でみると，その割合は71.4%に及ぶ。

この発展途上国固有の失業者層と不安定就業者層が所得階層の底辺をなすいわゆるBOP層の中核を構成している。

こうしたフィリピンに見いだされる産業組織や市場構造は，大なり小なり，発展途上国ないし新興国に共通する構造的特質といえる。国連の2000－2015年の開発プログラムMDGs（Millennium Development Goals）およびそれに続く2015－2030年開発プログラムSDGs（Sustainable Development Goals）においても，貧困問題は引き続き世界的に解決すべき最重要課題の1つとして取り組まざるを得ない状況となっている。そのためには，BOPの構図を根本から変えていくことが不可欠となる。こうした21世紀においてもなお未解決の重要な課題に対して，先進国で発展蓄積されてきた従来の経営学や経営戦略論では，なんの解決もできないまま，あるいは逆に単に再生産しただけに過ぎなかったともいえよう。それでは，発展途上諸国固有の構図と経営学の視点に留意した新たな企業戦略プログラムとしてのBOP戦略をどのように構築すべきなのか。本章の問題意識はこの点にある。

2. 新興国の位置づけ

ここでは、第1章で触れた S. アミン（1970），G. フランク（1970, 1978），R. スタベンハーゲン（1991）等の従属論の視点から見た新興国の位置づけを中心に再検討していく。

本書では、新興国をいわゆる "Newly Emerging and Developing Countries" としてとらえ、従来の発展途上国および以下に述べる「従属学派」の人たちが主張した「周辺資本主義諸国」もこの範疇に入れて論じていく。1970年代，1980年代に台頭してきた発展途上国をベースとする「従属論者」の指摘を端的にいえば、発展途上国は先進国との貿易関係、そして特に多国籍企業の現地拠点を媒介項として、価値収奪が行われていること。したがって、両者の関係は、圧倒的生産力を有する一部先進国を中心に、その周辺に位置する多くの発展途上国で生産された価値が先進国に有利に移転する国際経済メカニズムを基底に、多国籍企業を媒介として収奪されていく「中心資本主義国（Center）と周辺資本主義国（Periphery）」との関係性として認識されうる、ということになる。こうした従属学派の見解は、確かに発展途上国の未発展の状況を、多国籍企業を媒介とした国際的システムから一定程度明らかにするという理論的貢献をしてきた。とりわけ、発展途上国固有の多様な生産様式が同時併存する独自の社会構成体の分析をベースに先進国を中心とした国際経済システムの矛盾を明らかにした点は極めて示唆に富む。ただし、こうした視点は、すでに山田（1934）や平野（1934）が、第二次大戦前、戦中の日本の再生産構造の分析を通して、農業部門での寄生地主制と工業部門での近代的大工業制を中心とした複数の生産様式の実態を明らかにしている。

こうした視点は、1970年代を通して、いわゆる「従属学派」として発展途上国の研究者や政治家、そして先進国の研究者にも多大な影響を与えてきた。しかしながら、この論点を教条主義的に解釈してしまった場合には、S. アミン自身がそうであったように、かつてのカンボジアでの悲劇を引き起こしたポルポト政権の閉鎖型一国社会主義路線への理論的根拠ともなってしまった。また、

従属学派の理論だけでは，かつては，従属的構図の中に位置されてきた韓国，台湾，香港，シンガポール等が多国籍企業を介在させながら国際市場との連結を促進し，発展途上国的位置から脱して，いわゆるアジア NIES（Newly Industrializing Economies）として歴史的に登場してきた理論的根拠を提示しえない[7]。

他方，国際経済論の視点から多国籍企業の投資行動を論じている米英の論者たちは，多国籍企業による発展途上国への投資と技術，管理ノウハウに関する知識の移転が，それら諸国に経済成長のための税収とインフラ整備，そして雇用の促進をもたらすという論点を展開してきた。さらに，1970 年代以降の OECD の多国籍企業に対する行動指針，1990 年代の国連の人権，労働，環境等に関する 10 か条から成る Global Compact，世界銀行の各種報告書もまた多国籍企業の発展途上国への投資活動に CSR 的視点からの行動指針の必要性を提示しながらも，基本的には，多国籍企業の投資の積極的側面をベースとしてきた。

3. 多国籍企業の BOP 戦略論の登場とその背景

つぎに，経営管理ないし，経営戦略論的視点から BOP の問題をはじめて提起したといえる C. プラハラードの BOP 論，および S. ハート等の基本的主張点を確認しておこう。

C. プラハラードがいみじくも指摘しているように，「世界中の最も貧しい人々に対して，我々は何をしているのだろうか？優れた技術や，経営のノウハウ，投資する力を持ちながら，世界中に広がる貧困や公民権剥奪の問題に少しも貢献できないのはなぜなのか？ あらゆる人々に恩恵をもたらす包括的な資本主義をなぜ作り出せないのか？」[8]。彼のこの疑問は，言い換えれば，彼自身がミシガン大学の MBA，等で教えてきた経営戦略論や CRM をはじめとするマーケティング論は結果的には先進国の一部富裕層のための製品やサービスを開発し，販売するためのものでしかなく，経済ピラミッドの底辺（BOP）にいる貧困層の人たちにはなんの役にも立たなかったということでもある。さらに

言えば，この指摘は，こうした類の経営学の理論が BOP を再生産させるものでしかなかったということの裏返し的表現でもある。

C. プラハラード（2002）をはじめ A. ハモンド等（2007），G. ロッジ（2006）等の論点は，発展途上国ないし新興国の貧困層に対して，彼らのニーズに沿ったものを，経済力に見合った価格で，そして適切なチャネルで提供すれば，魅力的な市場に変貌すること。そしてそれが可能なのは，優れた経営資源をグローバルな規模で保有する多国籍企業であり，それら多国籍企業が政府，国際機関，および NGO 等とパートナーを組むことによってそうしたことが可能となることを提起してきた。

彼の採りあげた模範的多国籍企業の事例であるユニリーバ（Unilever）社の場合には，図表 5-1 に示されているように，同社インド子会社（Hindustan Lever Limited: 以下，HLL 社）を中心に多様な機関を巻き込みながら，多くの子供たちの感染症を予防しうる低価格の石鹸を，現地教育機関中心に提供していく

図表 5-1　HLL 社の BOP ビジネスモデル

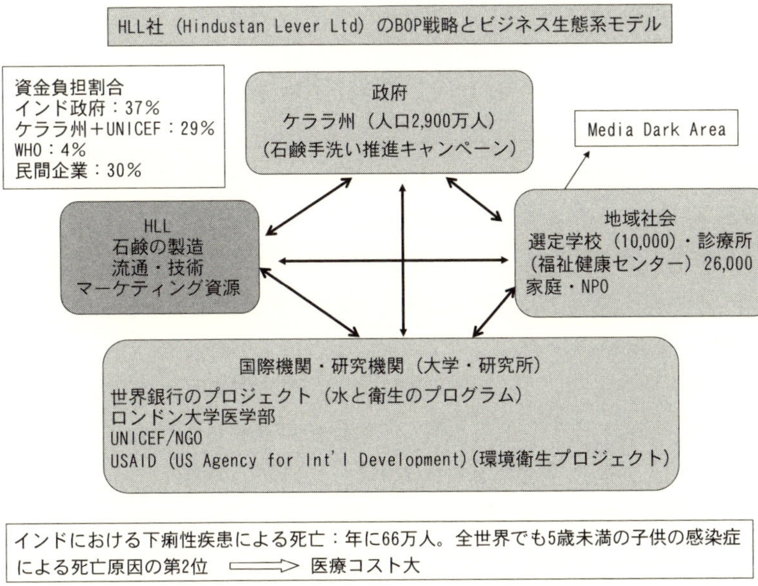

HLL社（Hindustan Lever Ltd）のBOP戦略とビジネス生態系モデル

資金負担割合
インド政府：37％
ケララ州＋UNICEF：29％
WHO：4％
民間企業：30％

政府
ケララ州（人口2,900万人）
（石鹸手洗い推進キャンペーン）

Media Dark Area

HLL
石鹸の製造
流通・技術
マーケティング資源

地域社会
選定学校（10,000）・診療所
（福祉健康センター）26,000
家庭・NPO

国際機関・研究機関（大学・研究所）
世界銀行のプロジェクト（水と衛生のプログラム）
ロンドン大学医学部
UNICEF/NGO
USAID (US Agency for Int'l Development)（環境衛生プロジェクト）

インドにおける下痢性疾患による死亡：年に66万人。全世界でも5歳未満の子供の感染症による死亡原因の第2位　⇨　医療コスト大

出所：林（2012，258頁），Prahalad（2002, pp.235-244）より作成。

ソーシャル・ビジネス型のシステムとなっている。このケースでは，ユニリーバ社は手ごろな値段（Affordability），製品・サービスへのアクセス（Access），および入手のしやすさ（Availability）の3つのA[9]に配慮しながら，自社が内外拠点に有する技術開発能力を活用しながら，現地HLL社が中心となってソーシャルニーズを満たす上記石鹸を生産，販売する仕組みを構築し，インドの医療コスト全体を引き下げる役割が強調されている。

　しかしながら，ここで留意すべき点は，従来から現地で石鹸を生産してきた現地の自律的産業基盤の向上に重要な役割を果たすべき現地の企業が消えてしまっている点である。この点においては，彼の主張は従来の競合相手を排除する競争戦略論的視点の延長線上にあるともいえる。

　換言すれば，彼の論点は，一方でソーシャル・ビジネス的視点を包含しているにもかかわらず，他方で多国籍企業のBOP戦略に基づく現地子会社の事業活動によって現地企業を排除してしまう論点をも内包している[10]。このことは，彼の論点には現地企業との共生の論理が排除されている側面をも有していることを意味する。この点については，次節のM.ユヌス氏のソーシャル・ビジネスの事例から比較検討してみる。

　さらにS.ハート（2007）の検討に値する主張をここで確認しておこう。彼は，企業サイドのミクロの視点から，環境と発展途上国の貧困というマクロ的諸問題の解決を検討している。この主張のキーワードは，「持続可能性」，「BOP」そして「破壊的イノベーション」である。以下，彼の主張を彼の著書の構成順にみていこう。まず，持続可能な経済への転換を図るには，世界経済が3つの経済から構成されていることを認識する必要があること。それらは，発展したマーケットエコノミーに典型的な「貨幣経済」，発展途上国の農村部に広くみられる「伝統経済」，そして再生可能資源と再生不能資源によって構成される「自然経済」である。これら3つの経済からなる国際的システムは戦後大きな変容を遂げてきた。すなわち，第二次大戦後の米国主導のブレトンウッズ体制，IMF-GATT体制と多国籍企業を媒介とした国際的開発は，いわゆる先進国型の価値基準を発展途上国に持ち込み，発展途上国において工業化，都市化を促進し，その結果，文化的多様性や自律的農村経済の破壊，そして所得格差の拡大と貧困層の創出をもたらしてきた。今日のいわゆるBOPは，この国際的

開発システムの産物である。

　彼がここで主張する「未来をつくる資本主義」とは,「第3世界における自然破壊,労働搾取,文化的主導権,地域の自治喪失をもたらしてきたグローバル資本主義ではなく,経済ピラミッドの底辺に大きなビジネスチャンスを作ることによってこれまでのエリート層を一掃し,既存企業の地位を奪う,新しいダイナミックなグローバル資本主義[11]」のことである。これまでの企業戦略も,先進国と発展途上国の一部富裕層向けのいわゆる付加価値の高い製品やサービスをいかに開発し販売していくかに焦点が当てられていた。それに対して,未来を作る資本主義のもとで成功する企業の戦略は,「持続可能性」,「BOP」そして「破壊的イノベーション」をベースとした戦略となる。

　その際,これら新たな資本主義を促進していく企業は,BOPに参入することによって,その地域で重要な役割を果たしている地域組織やコミュニティに及ぼすプラスとマイナスの影響を持続的に評価していくことが求められる。いわゆるトリプル・ボトム・ライン(Triple Bottom Lines:社会的側面,経済的側面,環境的側面)[12]の側面からビジネスのパフォーマンスをモニタリングする仕組み造りが必要である。なぜならば,経済的側面で大きなプラスの成果があっても,社会的には地域コミュニティや自然環境を崩壊させている場合も否定し得ないからである。

　そしてBOPに参入する企業は,低所得層に関する知識や経験の無い国家政府や現地大企業のような伝統的パートナーと提携しても失敗するケースが多く,逆に,現地のいわゆる民衆の知恵を認識している現地NGO,現地起業家,地域団体やコミュニティといったいわゆる非伝統的パートナーと提携したほうが成功するケースが多い。こうした非伝統的パートナーと協力して現地に適応した製品やサービスを開発する際にも,BOPの貧困層を単に顧客や消費者としてだけではなく,彼らの知恵を取り込むためにも彼らをパートナー,生産者,同僚として参加させていく仕組みが不可欠である。また彼は,そのような製品開発の際には従来のマーケティング論や戦略論よりもむしろ,農村社会学,応用人類学,等々のより学際的視点の必要性を指摘している。

　S.ハートのこうした主張は,C.K.プラハラードの視点と共通する部分が多々見いだされるが,彼よりも従来の企業や経済システムに対してより批判的

視点から展開されており，環境（ecology）の観点も踏まえたサステイナビリティ（持続可能性）の視点，また現地NGO，コミュニティ，町村レベルの地方政府等の非伝統的なパートナーとの協働を通した新たなBOP戦略を提示している。

ただし，S. ハートの上記の指摘は，今後のBOP戦略の方向性を認識するうえで重要な論点を提示してはいるが，企業戦略上の具体性に関しては，明確に論じられてはいない。この点については，S. ハートとT. ロンドンとの共編著（London, T. and Hart, S. T, 2011）において，具体性を踏まえてより詳細に紹介されている。同書の中で，T. ロンドンが指摘する，「社会を深く理解し，現地経済を動かしている特有の経済原理の詳細な知識を得る能力」としての「Social Embeddedness（社会的埋め込み）の能力」（London, T. and Hart, S, 2011；p.34, 邦訳：74頁）の概念，および第5章を担当したM. ヴィスワナサンが指摘する「貧困の多面性，市場の断片化と不均質化」（ibid., 129-164，邦訳198-240頁），そしてA. ハモンドによる「社会的企業を対象とする国際的投資ファンド，国際的NGOと現地NGO，現地の社会的起業家とのハイブリッド型パートナーシップ」のモデル（ibid., pp.193-215，邦訳278-307頁）はBOP市場の特性とビジネスモデルを理解するうえで極めて示唆に富んでいる。

それでは，BOPのためのビジネス・ストラテジーとは，従来型の経営・競争戦略との比較においてどこに本質的差異があるのだろうか。

4. 多国籍企業のBOP戦略とM. ポーターの5フォーシズ分析の限界性

(1) 5フォーシズ分析の前提と新興国の市場構造

本節では，多国籍企業が展開しようとするBOP戦略において，M. ポーターの競争戦略論がどの程度の有効性を持ち得ているかを吟味していく。M. ポーターの競争戦略論は基本的には，マーケット・エコノミーが十分に機能する先進国型の産業組織と市場構造を前提とした産業組織論的アプローチであり，Market Structure, Market Conduct, and Market Performance, いわゆるSCPパラ

ダイムが競争戦略論の理論的フレームワークとなっている。ここでは，市場は基本的には均質であるため，その市場を巡る競争構造を 5 つの競争要因（5 Forces：売り手との交渉力，買い手との交渉力，代替品からの圧力，新規参入企業の脅威，既存企業間の競争関係）等の分析フレームワークを用いて競争上優位なポジションを見出し，それに適合した事業戦略や競争戦略の立案と展開が可能となる。こうした M. ポーターをはじめとする経営戦略論のフレームワークはあくまで，いわゆる先進国型マーケット・エコノミーにおける既存市場をめぐる（既存・潜在）競合企業に対する競争優位性の構築戦略である。

こうした先進国型産業組織と市場構造を前提とした M. ポーター的従来型競争戦略論を，新興国特有の社会構成体[13]に根ざした新興国型産業組織と市場構造にそのまま適応した場合，BOP 層の社会的利益に適合する市場の創造は可能なのだろうか。言い換えれば，先進国型産業組織と新興国型産業組織との本質的違い，および先進国型市場構造・企業行動と新興国型市場構造・企業行動との本質的違いを不明確にしたままで，新興国の社会的課題解決型の経営戦略論の構築は可能なのだろうか。これらの疑問点に留意しながら，従来の競争戦略論の限界と新興国に適応する新たな企業戦略論や競争戦略論の提起を試みていく。

(2) 新興国市場の階層性と BOP 市場

BOP 市場用の主な製品は，飲食料を中心とした生活必需品であるが，ここでは，BOP 層の経済的自立化に重要な役割を果たしている働く女性にとっての必需品でもある女性用下着のブラジャー市場を事例にみていく。図表 5-2 は首都マニラの中心地にある高級百貨店の「ランドマーク（LANDMARK）[14]」および高級ショッピングモールの「SM」で販売されている婦人用下着（ブラジャー）の価格帯を示している[15]。

同図表に示されているように，フィリピンのブラジャー市場ではワコール[16]，トリンプさらにはユニクロ[17]等の外国籍企業が販売する 1 枚 2,000 − 5,000 円台の一部富裕層（TOP: Top of the Pyramid）向けから，1,000 円台 − 2,000 円台の MOP（Middle of the Pyramid）上層，現地企業の SO-EN や SOGO ブランドの 270 − 700 円台のいわゆる MOP 中層〜MOP 下層向け，そしてノーブランド（大

図表 5-2　フィリピンのブラジャー市場に見る市場の多層性と分断性の概略図

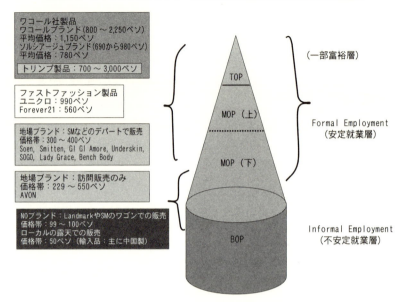

出所：SM（マニラ），ランドマーク（マニラ）での共同調査（井口知栄：慶応大学・荒井将志：亜細亜大学・林倬史：国士舘大学），JETRO レポート，ワコールフィリピンでのヒアリングにより作成。価格は 2014 年 3 月時点。

部分は中国からの輸入品）の 1 枚 100 円ほどのいわゆる BOP 層向けに至るまでの所得に応じた市場の「多層性と分断性」に留意する必要がある。

このノーブランドの BOP 層向けの場合でも，あくまで首都マニラにある高級百貨店のディスカウントコーナーで販売されている最低価格帯であり，露店で販売されているノーブランドのブラジャーではない。露店での最低販売価格帯は 1 枚 100 円前後であると推定されうる[18]。

多くの BOP 層の人たちは，買い物をするために，わざわざ首都中心部にある高級百貨店のランドマークまでバスに乗って行ってまで購入したりはしない。逆に，ランドマークで買い物をするのは，MOP 層以上であり，そして最高価格帯のブラジャーを購入するのは MOP 上層以上であることが想定される。

したがって，ランドマークのディスカウントコーナーで最低価格帯のノーブランド品を購入する女性層は，マニラ首都圏中心部で働くメイド，ハウスキー

パーまたウェイトレスをはじめとする単純労働型の労働集約的職務に就く低所得の女性層であることが想定される。

マニラ首都圏の最低賃金は2012年の改定により，1日456ペソ（約1,003円：8－9時間労働で時給約111－125円），そして首都圏の北側に隣接する中部ルソン地域の最低賃金が336ペソ（約739円：同時給約82－92円）である[19]。多くの失業者を抱える中で，仕事につけても1日の労働賃金がほぼ10ドル，時給ベースでほぼ1ドルとなる。このことは，首都圏を離れると，1日分の給与が地場ブランドの最高価格帯のブラジャー1枚の値段にほぼ等しい。しかし，すでに指摘したように，就業者数の約6割強が不安定就業者であるから，仕事に毎日安定して就けるわけではない。その結果，個人ベース1日1ドル以下，世帯ベース（1世帯5人）で1日5ドル以下のいわゆるBOP層の人たちの割合が，2009年時点で，政府統計でさえも，それぞれ32.9％（個人ベース）と27.0％（世帯ベース）を占めている。こうした構図の下では，BOP層の女性たちは，ブラジャーを購入する際には，購買能力の観点からは，ほぼ1ドル前後のノーブランドブラジャー[20]の購入を迫られることになる。

(3) BOP市場とセグメンテーション

こうした新興国におけるBOP層市場とMOP市場，およびTOP市場との境界線は，先進国とは異なってより鮮明に引かれることになる。とりわけ，インフォーマルセクターの不安定就業層の所得を背景とするBOP市場とフォーマルセクターの安定就業層の所得を背景とするMOP層との間は，既述の通り，「分断性と固定性」という基本的特質を背景として，極めて流動性に欠ける[21]。

それに対して，先進諸国市場の場合には，税制度や各種の生活保障制度を通した富の再配分機能が大なり小なり働くために，新興国市場のようには市場が大きく分断され，固定化されることはない。したがって販売される商品はセグメント化された市場ごとにある程度の価格差はあっても，機能的にも品質的にも，大きく分断されることはなく，基本的には均質性が保証されることになる。

先進国市場の場合には，企業は，図表5-3に示されているような消費者市場の構成要素ごとに，市場を欲求，購買力，地理的所在，購買態度，購買習慣，等の主要要素の特性を分析することによってセグメント化を図り，細分化され

図表 5-3 消費者市場の構成要素とセグメンテーション（先進諸国）

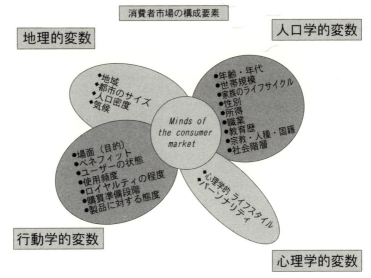

出所：Kotler, P. and Keller, K. L.(2006), pp.247-258 を参考に作成。

た市場に適合したマーケティング戦略を展開することになる。

　ここでは，所得水準に規定された購買力は市場のセグメンテーションの重要ではあるが一要因にすぎない。したがって，ここでの消費者市場の基本的性格は，「多様性と均質性」となる。ここでは，企業は，戦略的にセグメント化された多様な市場に適合した製品・サービスの開発，生産，販売をめぐる競争となるが，ここでの競争優位なポジショニングは 5Forces による分析に基づく基本的競争戦略が有効性を保持している。

　他方，新興国の BOP 層市場の特質は，BOP 層の人たちの所得水準と購買力が著しく低いために，購入対象品は生活必需品に限定されざるを得ない。しかも BOP 層の生活範囲と就業基盤は地域コミュニティ密着型の傾向にある。その結果，M. ポーターの 5 つの競争要因である，「売り手や買い手との交渉力，代替品からの圧力，新規参入の脅威，既存企業間の競争」は，同じ新興国の MOP，TOP 市場に比較して，BOP 市場においては，基本的競争要因としてさほど有効には機能しない。

図表 5-4 のフィリピンの事例でみられるような新興国市場の場合には，所得水準に規定された購買力はセグメンテーションの一要因ではあるが，決定的要因となる。その結果，新興国の消費者市場の性格は，図表 5-2 に示されている重層性を基本として，図表 5-4 に示されている所得（購買力）を中心とする「人口学的変数（demographic variables）」に大きく規定された「多層性，分断性，不均質性」を基本的構成要素とする。

したがって，先進国市場においては，市場を構成する多様な要素が市場動向に影響を及ぼすのに対して，新興国市場における BOP 市場のマーケット・メカニズムは購買力にさらに大きく規定される分，他の要素は市場動向にさほど影響を及ぼすことはない。

その結果，市場は購買力に大きく規定された「人口学的変数」が最大の変数となり，「地理的変数」，「行動学的変数」，「心理学的変数」の規定力は大きく低下する。こうした新興国特有の BOP 市場構造に規定されて，ここでの企業行動は，価格に大きく左右され，逆に，ファッション性，機能性，品質，安全性，等々の差別化要因のウェイトはその分低下することになる。

図表 5-4　消費者市場の構成要素とセグメンテーション（新興諸国）

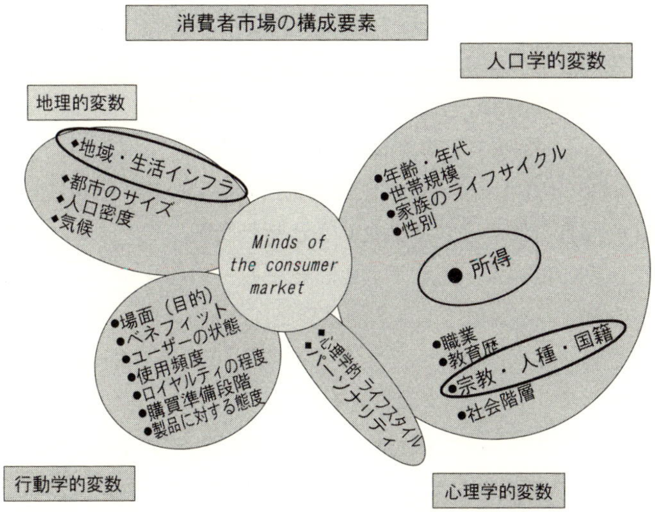

出所：Kotler, P. and Keller, K. L. (2006)，247-258 を参考に作成。

特に，BOP 市場は，BOP 層の生活基盤を構成する低廉な生活必需品によって構成されるため，そこでは，低価格，低品質のコメ，油，砂糖，アルコール類，石鹸，洗剤等々が主要品目となる。こうした新興国 BOP 市場特有の構造の下では，単に市場規模の課題とは別に，先進諸国のマーケット・メカニズムを前提としたマーケット・セグメンテーション，ターゲティングおよびポジショニングに基づくマーケティング戦略は，BOP 市場では有効に機能してこなかった[22]。

また，新興国においては外国籍企業に対する現地産業や現地企業の保護育成の観点から，そうした外国籍企業による当分野への進出に対する政府管轄諸機関の許認可権によって市場メカニズムはその分その機能を阻害される。

こうした新興国特有の BOP 市場の構造を検討する際に最も留意すべき点は，図表5-4 においても示されているように，BOP の人たちの生活基盤が，いわゆる先進国や新興国の大都市の生活基盤とは本質的に異なって，電気，ガス，水道，さらには住居や交通インフラ自体が未整備な状況下にある点にある。換言すれば，BOP 市場に適応しうる製品やサービスは，生活基盤等々の各種インフラが未整備かつ非衛生的な状況に適合すると同時に，3A (Affordability, Access, Availability) の条件，さらには 4A (Availability, Affordability, Acceptability, Awareness)[23] を満たす新たな製品・サービスの開発を基本とする。しかもこれらの新たな製品・サービスは S. ハートが指摘してきたように，Triple Bottom Lines としての社会的側面，経済的側面および環境的側面の3つの側面を同時に満たすものという意味で，革新的性格が求められることになる。

こうして BOP 市場は圧倒的な低価格の生活必需品市場に限定されるだけではなく，BOP 層独自のニーズに適合しうる新たな製品やサービスの開発に基づく新たな市場の創造の側面が基本要因となる。したがって，新興国の BOP 市場構造が先進国の市場構造と基本的に異なり，しかもそこでは，5つの競争要因以外の要因に大きく規定されてくるために，M. ポーター流の 5Forces 分析による有利なポジショニング戦略はそのままでは基本的に成立しない。以上の諸点を集約して端的に表現すれば，BOP 市場構造は，先進国市場および新興国 MOP, TOP 市場とは異なって，5つの競争要因による分析は意味をなさないこと。そして低所得と固有の生活インフラに規定された最低限の生活必需品

によって構成される BOP 市場でのポジショニングは，既存企業や潜在企業との競争優位を獲得するためのポジショニングではなく，BOP 層に必要かつ適合的な製品・サービスを創造する新たな市場創造が本質となる。

ただし，市場の多層性ごとの市場構造的特質，および市場のメカニズムの機能の程度は，新興国それぞれの固有の社会構成体に規定されてくる。その際，一部現地財閥に経済力が集中するいわゆるクローニー資本主義と多国籍企業とが共存する 21 世紀型社会構成体の位置づけが必要となるがこれについては別の機会に論じる。

5. M. ユヌス氏のソーシャル・ビジネス戦略

(1) プラハラードの HLL モデルの限界性

先進国市場および新興国の MOP，TOP 市場とは異質な新興国の BOP 市場に内在する複雑性や重要性に対して，従来型事業・競争戦略論やマーケティング戦略論では結果的に適切な対応をしえなかった。それに対して，M. ユヌス氏は独自のソーシャル・ビジネス論によって対処してきた (Yunus, 2007, 2010)。第 3 節で指摘したように，C. K. プラハラードのインドにおける多国籍企業（ユニリーバ社）子会社（HLL 社＝Hindustan Lever Limited）の成功的事例を，図表 5-1 をベースに，さらに単純化してチャート化すると，図表 5-5 のように表すことができる。

この成功事例として紹介されているモデルでは，現地の雇用と社会的医療コストの低下等々がその成功要因として指摘されている。このモデルの主役はあくまでヨーロッパに本社のある多国籍企業であり，現地子会社の HLL 社は本社のグローバル戦略の一環としての BOP 戦略を担うことになる。ユニリーバ社は，現地はもちろんグローバルに保有する経営資源を有効に活用することによって同社の石鹸をインド市場に一層流通させることに成功している。

しかしながらこのモデルでは，従来，石鹸を生産，販売してきた多くの現地企業とそこで働いていた現地の人たちはどこかに消え去ってしまっている[24]。M. ユヌス氏の問題提起の重要な点の 1 つはここにある。

図表 5-5　HLL 社の事業モデル
C. K. Praharad の HLL 社のモデル

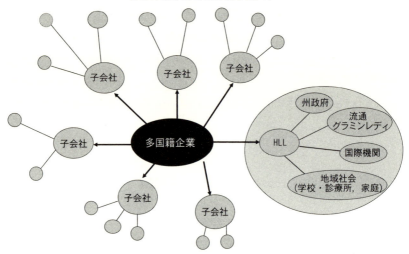

出所：C. K. プラハラード（2002, pp.249-277, 邦訳 258-330 頁）を参考に作成。

　そこで，M. ユヌス氏が提起するソーシャル・ビジネスの前提条件と多国籍企業とのソーシャル・ビジネスモデルをみていこう。同氏が主張するソーシャル・ビジネスの重要な原則は，当初集められた資金が「ソーシャル・ビジネス」に投入されたのちに得られた余剰部分が配当として配分されることはなく，それは再びその「ソーシャル・ビジネス」に再投資されることになる点にある（Yunus, 2007, p.xvi, 邦訳 23 頁）。

(2)　M. ユヌス氏のソーシャル・ビジネスと自己雇用の戦略的意味

　そこで，M. ユヌス氏がグラミンモデルの発展形としてフランス系食品多国籍企業のダノン社と合弁会社（グラミン側 4 社で 50％，ダノン側：50％出資）を創設して事業化したモデルでこのソーシャル・ビジネスモデルを見てみよう（図表 5-6 参照）。

　このグラミン・ダノン食品の事業目的は，バングラデシュ現地の社会的課題である「子供の健康と貧困の削減」として明記され，そのミッションは覚書として，「貧しい人々（地方の下層クラス）に日々の栄養をもたらすユニークな近

図表 5-6　M. ユヌス氏の多国籍企業とのソーシャル・ビジネスモデル

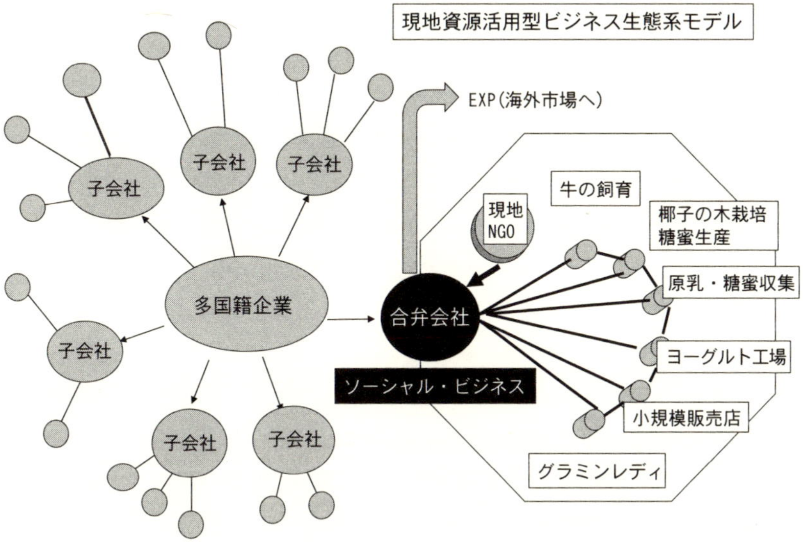

現地資源活用型ビジネス生態系モデル

EXP（海外市場へ）

子会社／多国籍企業／現地NGO／合弁会社／ソーシャル・ビジネス／牛の飼育／椰子の木栽培 糖蜜生産／原乳・糖蜜収集／ヨーグルト工場／小規模販売店／グラミンレディ

出所：M. Yunusu（2007, 2010），林・古井（2012, 264-266頁）を参考に作成。

接ビジネス（現地のコミュニティに連結した製造と流通のモデル設計）によって，貧困を減少させる」[25] として明記されている。ここでは，現地の自律的ビジネス生態系による所得の向上と貧困からの脱出が事業運営の具体的解決課題とされている。

この合弁会社のグラミン・ダノン食品の現地での事業概要は，図表 5-6 に示されているように，地域の乳牛飼育者やヤシの木の糖蜜栽培者[26] との契約，労働集約的なヨーグルト現地工場の設置による地元住民の雇用，地域の小規模な卸売業者との販売委託契約，戸別訪問販売女性（グラミンレディ）の採用による地域と「生産・流通」を通したビジネス生態系システムの確立，そしてそれによって子供の健康増進と現地下層クラスのひとたちの所得を引き上げ，ビジネス生態系全体の自立的発展を通して貧困世帯を経済的に自立させるためのプラットフォーム構築が志向されている[27]。

このモデルでは，現地側 NGO のグラミン側と多国籍企業側との「Ownershipと Partnership」に基づいた現地の社会的課題の解決に向けた事業[28] が，現地に

根差した形 (locally embedded in the community) で展開される構図となっている。

ここで極めて注目すべき点は，この合弁事業が，単なる雇用の創出による賃金収入の増大を志向しているのでは決してない点である。「ほとんどの経済学の教科書が認識する唯一の雇用が賃金雇用である」のに対して，ユヌス氏の論点は，「マイクロファイナンスを通して，（賃金雇用として働く労働者ではなく）異なった能力とニーズを持っている人間の内部にある創造性のエンジンのスイッチを入れることによって，企業家（＝起業家 [entrepreneur][29]）としての能力を発揮させ，家庭を生産単位とする自己雇用」(Yunus, 2007, pp.52-54, 邦訳：102-107 頁) にある。

換言すれば，彼の論点は，多国籍企業の進出によって子会社と工場が設立されて雇用が創出されるとしても，それだけでは貧困の問題は極めて限定的にしか解消されない。問題は，「賃金労働では，人類が，無限の資質と才能を与えられた素晴らしい創造物としての能力とエネルギーを解放できない」(ibid., p.243, 邦訳：371 頁) という点にある。そして重要な点は，マイクロファイナンスを通して，BOP の人たちの能力を解放し，家庭を生産単位とする自己雇用を前提とする企業家（＝起業家）として登場させようとする点にある。

本章で用いている「自律的ビジネス生態系」とは，こうした地域コミュニティにおける企業家としての自己雇用を基盤として構築されているビジネス生態系を意味している。つぎに，こうした「自律的ビジネス生態系」の戦略を，フィリピンの NGO 組織である CARD MRI のマイクロファイナンス事業戦略の事例からみていこう。グラミンの事例については章を改めて吟味していく。

6. CARD MRI の戦略とビジネス生態系

(1) CARD Inc.のマイクロファイナンスとサリサリストアの位置

CARD Inc.のマイクロファイナンス事業の概要については，すでに，林 (2012)，および，第 4 章において検討されているので，ここではまずはじめに，その事業戦略をマイクロファイナンスの主要顧客層とサリサリストアの位置づ

6. CARD MRI の戦略とビジネス生態系   91

けから確認していく。

　CARD MRI[30] が 2007 年に実施したサンプリング調査によれば，マイクロファイナンス業務を行っている地域の貧困状態は以下のような結果となっている。この調査の回答者は，全員が CARD Inc.からのマイクロファイナンスの顧客層であり，対象地域は Tarlac 州地域[31] となっている。CARD 設立の趣旨から，貸出先は原則的に「女性の経済的自立化」であることから，調査対象となっている顧客も全員女性であり，回答者数は 140 名となっている。彼らの年齢構成は，28 歳－57 歳が全体の 80.0％を占めている（Evangelista, S. P. 2007, pp.91-92）。

　ここで留意する必要がある点は，CARD Inc.が貸し出しを認可する際に，仮に返済が一定期間以上滞る状況に陥った場合，返済義務は CARD 設立当初はチームの連帯責任制であったが，2004 年以降は借主（顧客）個人が属する家族の世帯ベースでの返済責任制に変更されている点である[32]。このことから，下記図表 5-7 に示されている所得数値は個人ベースではなく，実態は世帯ベースと理解されうる。フィリピン政府の機関である NSCB の報告でさえも，2006 年の世帯数の 26.9％，すなわち 4,600 万世帯が貧困状態にあるとされている。

　これらの貧困世帯の年収基準は 75,287.85 ペソ（1,467.6 ドル），月収ベースで 6,273.99 ペソ（122.3 ドル），日収 206.29 ペソ（4.0 ドル）となっている[33]。

　他方，CARD による調査対象地域となっている Tarlac 州は北部 Luzon に位置しているが，Luzon 地域の世帯のうち，2005 年に，自らの世帯を貧困世帯であると認識している世帯数はこの Luzon 地域の 66％に及んでいる[34]。

　同調査によると，NCR (National Capital Region: マニラ首都圏) において自らの世帯を貧困世帯と認識している世帯は同地域全体の 48％であり，2006 年ベースでの月収基準は，1 万 2,000 ペソ（233.9 ドル）となっている。Tarlac 州は同国の Region3 に分類されており，政府統計では，貧困世帯が NCR 地域の月収の約 84％水準となっている。換言すれば，1 万 2,000 ペソの 80％相当の約 1 万 0,080 ペソ以下の世帯層が自らを貧困世帯と認識する月収水準となる。したがって，図表 5-8 に示されている Luzon 北部に位置する Tarlac 州で CARD から認可されてマイクロファイナンスの対象となっている顧客層（全員，女性）の大部分が貧困世帯と自らを認識している世帯となる。もっとも，CARD の設

図表 5-7 マイクロファイナンス顧客層の所得構成（世帯月収）

所得範囲	該当者数	％
4,000 Peso（＄78.0）未満	24	17.14
4,000 － 5,000（＄78.0 － ＄97.5）	40	28.57
5,001 － 6,000（＄97.5 － &117.0)	16	11.43
6,001 － 7,000（＄117.0 － ＄136.5）	17	12.14
7,001 － 8,000（＄136.5 － ＄155.9）	12	8.58
8,001 － 9,000（＄115.9 － ＄175.4）	16	11.43
9,000（Above ＄ 175.4）より上	15	10.71
Total	140	100

注：ドルベースでの所得は，NSCBの2006年平均為替レートにより換算。
出所：Panes, E. L.(2009, p.91)。

立趣旨は「貧農の土地なし女性」が対象となっていることから，顧客の多くが，原則的には，貧困世帯層と位置づけられうる。つぎに，これらのマイクロファイナンス対象顧客の月収は，どのような源泉から得られているのであろうか。

同図表に示されているように，主要な収入源となっている職業形態は，「Sari Sari Store」の42件（30.0％）を筆頭に，「Tocino（加工豚肉食品）をはじめとする食料品販売」が40件（28.6％），および物品の仕入れ販売業が35件（25.0％）となっており，これら3分野で117件，全体の83.6％を構成している[35]。

Tarlac州同様，フィリピンの農村世帯の多くはいわゆるインフォーマルセクターに属し，不安定就業（Informal employment）の形態にある。そうした貧困世帯に属する世帯の主要所得源は，サリサリストアを筆頭に，マイクロファイナンスを主要資金源とする地域産品の仕入れとそれらの販売が重要な役割を果たしている。

こうしたサリサリストアをはじめとするBOP層向けの伝統的小売店の同国における数は，70数万[36]とされており，こうしたサリサリストアは，地域住民への生活必需品の掛け売りも含めて重要な生活基盤の一端を構成している。

6. CARD MRI の戦略とビジネス生態系　93

図表 5-8　マイクロファイナンス顧客層の所得源

所得源	該当者数	%
Buying and Selling Goods（物品の売買）	35	25
Selling beauty products like Avon, etc.（Avon のような美容製品の販売）	8	5.7
Selling food items like tocino, etc（トシノ等の食料品販売）	40	28.6
Sari-Sari Store（サリサリストア）	42	30
Dressmaking（洋裁・仕立て）	8	5.7
OFW (husband)（海外出稼ぎの夫からの仕送り）	1	0.7
Laundrywoman（洗濯婦）	5	3.6
Junk Shop	1	0.7
合計	140	100

出所：Panes, E. L. (2009, p.92)。

(2) CARD MRI の戦略と自律的ビジネス生態系

フィリピン現地の伝統的小売業態である「サリサリストア」の取り扱い品目は第 4 章でみてきたように，CocaCola，P&G，Unilever，Nestle，そして日系企業の味の素，マンダム，等の多国籍企業の BOP 層向けの商品が着実に増加してきた。これらは，これら多国籍企業のグローバル・バリューチェーンをベースに他の生産立地上有利な新興国で集中的に量産されることによって低価格化された製品群である。それに伴い，現地のビジネス生態系もこれら商品に着実に侵食されてきたといえよう。このことは，換言すれば，現地の自律的ビジネス生態系が多国籍企業のグローバル・バリューチェーンに統合化されることによって脆弱性を増してきたことの反映でもある（図表 5-9 の(1)）。

これに対して，現地 NGO の CARD MRI の戦略は以下のように集約されうる（図表 5-9 参照）。

現地の貧困層向けに生活必需品を生産，販売するサリサリストアをはじめマイクロ・ビジネス（現地の零細自営業）にマイクロファイナンスによる小口資金の提供とビジネス・サポートをすることによって，経済的自立化を図る（図表 5-9 の[1]）。

ここで確認すべき点は，この「経済的自立化」とは，マイクロファイナンスの対象となっているサリサリストアにせよ零細自営業者にせよ，女性を軸とし

図表 5-9　CARD の戦略的方向性
ローカル・バリューチェーンから国際的バリューチェーンへの展開

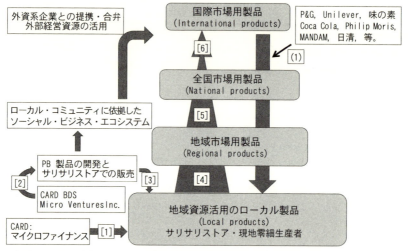

出所：CAR MRI 本部, CARD BDS 傘下の MicroVentures 社でのヒアリング調査より作成。

た自己雇用による家族の経済的自立化が基本となっている点にある。

その際，CARD MRI は構成組織の CARD BDSF Inc.と傘下の Micro Ventures 社を通して上記のマイクロ・ビジネスの発展をデザイン，技術，および流通販路面等をサポートすることによって，現地のローカル資源を活用した製品と組織のグレードアップを図っている点である。その際，図表5-9 の[2]に示されているように，MicroVentures 社はサリサリストアのネットワーク化とそこで販売する現地 BOP 層に適合した PB 製品の開発を担当している[37]。

これらの PB 製品は現地の資源と現地のマイクロ・ビジネスをできるだけ活用して，現地の所得に見合った価格で，BOP 層に安全性，機能性，品質，デザイン等において満足感を保証する商品として，現地のサリサリストアの販路を中心に BOP 層に販売される（図表5-9 の[3]）。そしてこれら製品の競争力の向上を通して，国内他地域市場および全国市場への浸透を図る（図表5-9[4][5]）。そして多国籍企業との合弁による技術導入と国際的流通網の利用を梃に

最終的に国際市場への浸透を狙い，地域全体，そして一国的規模での雇用と所得の向上を図る（図表5-9[6]）戦略が展望されている。特に国際市場との連結に際しては，国際的品質基準，安全基準が要求されるために，より高度なバリューチェーンないしサプライチェーンを保有している多国籍企業子会社や合弁会社，等と連携している現地企業ほど各種部品・構成品や原材料の供給，およびライセンシング，等々の形態を通じて，生産・マネジメント技術のグレードアップ軌道に乗ることが可能となる。

以上の諸点を図表5-10によって再確認してみよう。同図表に示されているように，CARD MRIのCARD Inc.がサリサリストアや地場の起業家群にマイクロファイナンスを通して，小口資金を供給して財政的安定化と規模の拡大を可能とし，同時に，CARD BDSF Inc.と傘下のMicro Ventures社を通してビジネス・サポートを行う。

そして注目すべき点は，見てきたようにCARD BDSF Inc.とMicroVentures社によるPB（自社ブランド＝"Hapinoy"名）商品の開発が進められている点にある。

これらのPB商品は，前章でみてきたように，サリサリストアの中でもCommunity Storeと呼ばれる比較的安定した地域の中核的サリサリストアを通して，マイクロファイナンスを受けているSuki Storeと呼ばれるサリサリストアに提供され，地域住民に"Hapinoy"ブランド名で販売される仕組みとなっている。これらの"Hapinoy"ブランド名によるPB商品は，現時点では，CARD BDSF Inc.とMicroVentures社で開発され地場企業に委託生産された，現地産物を素材とするバナナケチャップ，酢，麺，等の食品関連商品であるが[38]，今後は日常生活用品（女性用生理用品，蚊帳，等々）への展開も想定される。

そして現地の自律的ビジネス生態系の基盤を強化しながら，外資系企業，特にグローバルに事業を展開している多国籍企業との提携を通して国際市場への連結を図ることが展望されている。

図表 5-10　CARD MRI のビジネス・エコシステム戦略

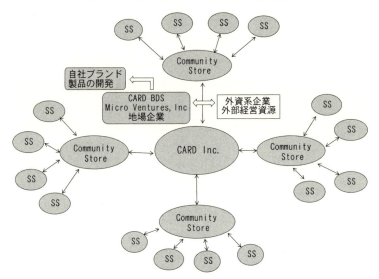

注：SS は，Suki Store の略称。Suki Store は CARD Inc. からマイクロファイナンスをうけているサリサリストアのことを意味する。community store は，まとめ買いをして近隣の SS に若干のマージンを取って配給する，より規模の大きいサリサリストア。SS は仕入れにかける時間を節約できる。
出所：CARD 本社でのインタビューにより作成。

7. まとめ

　本章での主張の要旨を端的に言えば，多国籍企業による従来型の BOP 戦略はそれ自体としては，新興国最大の社会的解決課題である「貧困の解消」とは直接的には連結するとは言えないという点にある。むしろ，現実的には，それはかつての「従属学派」が主張してきた「中心資本主義（センター）対周辺資本主義国（ペリフェリー）」の構図の 21 世紀版的焼き直しとなりうることも否定しえない。
　新興国における BOP 層の抱える社会的課題の解決という視点からは，M.ポーター流の競争優位の戦略は有効に機能せず，現地 NGO による明確な社会

7. まとめ 97

的理念と社会的課題の解決を直接的ミッションとする,「ソーシャル・ビジネス」型のビジネスモデルとそれに基づく「現地の自律的ビジネス生態系」の構築の上に多国籍企業のグローバル・バリューチェーンと連結されることが,きわめて有効となりうる。その際重要な点は,現地 NGO によるマイクロファイナンスとビジネス・サポートをベースにした農村コミュニティにおけるサリサリストアおよび地場零細事業者群(家族をベースとした自己雇用型の零細生産者・企業)との連携が,農村での家庭を単位とする生産と雇用基盤を作り出し,それによって都市のインフォーマル・セクターへの流出を防ぐと同時に,現地の自律的ビジネス生態系の基盤が構築されうることにあった。その際,現地 NGO がそうしたサステイナブルな自律的ビジネス生態系と現地独自のバリューチェーンの中核的役割を担いうることを検討してきた。そしてこうした現地 NGO の今後の戦略的課題は,外資系企業,特に多国籍企業の有するグローバル・バリューチェーン[39]の活用を通して,現地 NGO を中核とするビジネス生態系のシステム全体の強化と持続的開発をいかに図るかになってくると思われる。

　こうした現地 NGO をキーストーンとするサステイナブルなビジネス生態系が成功裏に構築されてくるということは,一方での「不安定就業層の縮小と安定就業層の拡大」,そして他方での「BOP 市場そのものの縮小と MOP 市場の拡大」へと連動することを意味する。

　このことは,工業製品に対する農村市場の拡大によって工業基盤が次第に整備,拡大されて行く軌道に乗る可能性に繋がることを意味する。このことは同時に,工業製品を始めとした農村,都市 MOP 市場における多国籍企業による一層の浸透と市場支配への可能性をも意味する。換言すれば,自動車や家電製品をはじめとする MOP 市場における多国籍企業を巻き込んだ国際的競争の構図の中での新たな地域固有の社会的課題解決型ビジネス生態系のシステム開発が求められることをも意味する。

　こうした戦略的課題は,同時に,新興国固有の社会構成体の構図を踏まえた社会的課題の解決を展望しうる現代経営学の国際的課題でもある。

注
1　発展途上国ないし新興国の現地財閥やビジネスグループに関しては,下記の文献が参考になっ

た。Batalla,1999;Saldana, 2000; 井上，1994; 大貝，2001; 梅津，1992; 小池，1988,1993; 木原，2014。
2 多国籍企業のグローバル・バリューチェーンの最近の実態については，UNCTAD（2013），Chap.5 が参考になる。
3 1980年，1990年，2000年，2010年，および2012年のフィリピン農村人口比率はそれぞれ 62.5%，51.4%，52.0%，51.4%および50.9%であり，傾向的には低下傾向となっている。それに対して，農村の絶対人口は，それぞれ3,019万人，3,161万人，3,994万人，4,760万人，および4,876万人と増加傾向をたどり続けている（World Bank World Development Indicators Databank より）。1970年代の発展途上国における農業人口の相対的低下と絶対的増大については，（林，1980）において分析されている。
4 インフォーマルセクターの概念と実態については，Bromley, 1979;Herman, 1996, ILO, 2002; Hussmanns, 2004;Amin, A. N., 2010; 松園，2006，およびフォーマルセクターの停滞に関しては，石上（2011）;木曾（2003）が参考になった。
5 フィリピン政府統計局のNSCB（National Statistical Coordination Board: www.nscb.gov.ph, accessed 8 November 2011）より算出。
6 インフォーマルセクターで働く就業者層と，フォーマルセクターにおいて短期契約のもとで不安定な就業形態で働く層全体をいわゆるInformal Employmentと総称している。
7 こうした論点からのアジアNIES登場の世界経済論的位置づけについては，平川（1992）が参考となる。なお，NIESとして成功裏に登場しえた国，地域がなぜアジアであったのかについては，林（1993:212-213頁），（1995:第2章）において，日本からの技術移転を中心に吟味されている。
8 Prahalad, C. K.(2002), xiii, 邦訳, p.11。
9 C. K. プラハラード（2002 pp.42-43, 邦訳 48-49頁）。
10 ただし，インドでは，現地企業のRohit Surfactans社やNirma社がユニリーバ現地子会社のHUL社（旧HLL社：ユニリーバ現地子会社）が2009年現在，それぞれ現地洗剤市場の15.3%と11.3%を占めて，HUL社の32.7%に対抗している。これについては，原木英一氏（明治大学大学院）「HULのBOPビジネス参入動機―インド政府への対応経験とNirma Ltd.との競合経験を通じて―」（国際ビジネス研究学会，2014年全国大会，北海学園大学）報告要旨が参考になった。
11 S. ハート（2007, pp.208-220, 邦訳271-286）より抜粋。
12 ibid., pp.156-162, 邦訳 212-218頁）。
13 社会構成体の概念については，山田盛太郎（1984），平野義太郎（1980），星埜惇（1978），S.アミン（1970），R. スタベンハーゲン（1991）が参考になった。ただし，中国，ベトナム，カンボジア等の独自の社会主義革命を経た新興国は他のクローニー資本主義的新興諸国とは異質の社会構成体の理論的位置づけが必要となる。
14 マニラ首都圏における高級百貨店としては，AYALA百貨店がもっとも有名であるが，ここではBOP層の視点からLANDMARKも高級百貨店の部類に入れている。
15 調査時期は，2012年3月，2013年8月，2014年3月の中旬から下旬。
16 フィリピンワコール社の現地での中心価格帯は1,100ペソ（約2,500円：2014年3月レート）。現地市場で販売されているブラジャー製品の平均価格帯は約300ペソ（約680円：同3月レート）。同社のフィリピン現地で販売されている製品の52%がインドネシアからの輸入，23%がタイからの輸入となっており，両国からの輸入が全体の75%を占める（いずれも数量ベース）。同社の高級品市場での現地での最大の競合企業は，海外と同様，トリンプ・インターナショナル（Triumph International）であるが，同社の現地販売額の約35%は，LANDMARKや高級ショッピングモールでの売り上げからではなく，訪問販売によるものとなっている。この訪問販売方式での最大の競合企業も同じく多国籍企業Avon社である（以上，岩崎孝志会長との現地でのインタビュー（2012年3月，2014年3月）より。

17 ユニクロ製品はランドマークではなく，マニラ首都圏中心部の高級ショッピングモール（SM名）にある自社販売店価格。
18 グランマ社（CEO：本村拓人，http://granma.asia）からCARD MRI に派遣され，BOP層向けにソーシャル・ビジネスを行っている Granma Philippine Inc.の熊坂惟氏が，ラグナ州の San Pablo からさらに北東へバスで1時間程の距離にある Nagcarlan の町にあるパブリック・マーケットで行った調査（2014年3月17日）では，パッドなしの中国産のブラジャーが1枚50ペソ（1.1ドル，113円：2014年3月レート）で売られている。同じく同氏の調査によると，地方在住の女性は，購買能力が高まってくると，こうしたパブリック・マーケットでの低品質のブラジャーの購入から，エイボン（Avon）社の訪問販売員から同社の最低価格帯の約300ペソ（約7ドル弱，約680円：上記レート）のブラジャー購入に切り替える傾向にあるとのことであった。
19 JETRO『通商弘報』(http://www.jetro.go.jp/biznews/50ef7c31e34b8, accessed 15 October 2013) より。
20 しかも，こうしたノーブランドの1ドル以下のワイヤー入りのブラジャー製品は，高級百貨店で購入したものであっても，粗悪品が多く，使用後しばらくすると，ワイヤーが出てきてしまったり，ヒモの金具も歪んでしまうことが報告されている。したがって，露店で販売されるノーブランドブラジャーはさらに機能面，品質面で劣る可能性が高い。
21 インフォーマルセクターおよびフォーマルセクター間の分断性と固定性について考察する場合に留意すべき点は，不安定就業層がインフォーマルセクターのみならず，フォーマルセクターにも多く存在すること，そして新興国のインフォーマルセクターは先進諸国の同セクターとは質的に異なる点にあるが，これについては第6章で述べられている。
22 本書では，BOP市場の特質とMOPおよびTOPとの差異に論点が置かれているが，Rangan, V. K., et al.(2011) では，BOP市場の特質をさらに，"Low income", "Subsistence", および "Extreme poverty"の各グループにセグメント化する必要性を論じている。
23 この4Aに関しては，Anderson, J. and Bilou, N.(2007) が参考になった。Availability, Affordability は3Aで用いられている概念と同様であるが，Acceptability はBOP層および彼らに販売している伝統的小売店での受容性，Awareness は同じくこれらの購入者への新規製品・サービスの認知の問題である。
24 インド洗剤市場では，現地企業のNirma社がHLL社とそれぞれ同市場の40%分け合っていたが（S. Hart, ibd., p.147, 邦訳193頁），2009年には，HUL社が32.7%，Nirma社が11.3%，さらに現地企業のRohit Surfactans社が15.3%，さらに多国籍企業P&G社が9.7%を占める状況となっている。これについては，注10の原木英一氏報告要旨が参考になった。
25 この合弁事業の具体的な目標として，両者間の「覚書（MOU=Memorandum of Understanding）」では以下の点が明記されている。「バングラデシュの子供たちがよりよい未来を享受できるように，美味しくて栄養価が高い食料品を毎日摂取することで，すこやかに成長するのを助ける。ユニークな近接ビジネスモデル―地方の　コミュニティと結びついた製造と流通のモデルを設計する。貧困を減少させること―次のことによって，地方の下層クラスの人々の経済状態を改善する。上流では，（農家）と契約し，彼らの作業を改善することを助ける。生産：ローコストで労働集約的な製造モデルを通じて地元住民と連絡する。下流では，流通モデルの中で創造に貢献する」（M. Yunus, 2007, pp.144-145, 邦訳：234-235頁）。
26 これらの現地の乳牛飼育者やヤシの木の糖蜜栽培者の多くはグラミンからのマイクロファイナンスを活用することによって事業活動が可能となっている。
27 林倬史・古井仁編 (2012, 262-264頁)。
28 セミナー「アジアのNGOリーダーから見た日本企業のBOPビジネス―期待と提言―」(2013年8月6日, 味の素本社，ACC21および日本フィランソロピー協会共催）におけるJ.アリップ氏

(CARD MRI 代表）の講演内容より。
29 訳書では，「企業家」であるが，本書では，原文で用いられている「Entrepreneur」，および「Entrepreneurship」を「起業家」，「起業家精神」の意味を内容とする「企業家」として用いている。
30 CARD MRI（Center for Agricultural and Rural Development Mutually Reinforcing Institutions）は，CARD NGO を母体として，マイクロファイナンス事業を担う CARD Inc.，銀行業務の CARD Bank，マイクロインシュランス事業を担う CARD MBA，Micro Producers や Micro Entrepreneurs に対する各種のビジネスサポートを提供する CARD BDSF Inc.，等々からなり，組織全体の責任者（Managing Director）は，創業者の J. A. Alip 氏が担っている（URL：http://cardbankph.com/wp_cardbankph/home.php）。
31 Tarlac 州の Capas, Concepcion, Camiling, Sta Ignacia, および Tralac City 周辺地域。これらの地域に CARD Inc の Unit が開設されている。同州の人口は，調査対象年の 2007 年時点で 124 万人。主要産業は農業，主要産物は米，砂糖キビ，トウモロコシ，ココナッツ等である。
32 CARD MRI でのインタビュー調査（2013 年 8 月 26 日）より。
33 NSCB: poverty statistics (www.nscb.gov.ph) および NSO: income and poverty statistics (www.census.gov.ph)。個人ベースでの貧困基準は 1 日 2 ドル。世帯ベースでは 1 日 4 ドル。世帯構成員は世帯当たり平均 4 名となっている。
34 アテネオ大学経済学部教授 N.Aldaba 氏提供資料。原資料は PulseAsia が 2005 年 3 月に実施した調査データ（http://www.pulseasia.ph/index.html）。
35 2013 年 8 月に行ったサンパブロ州での調査においても，CARD Inc.からマイクロファイナンスを受けている女性たちのなかで，最も多かったビジネス形態はサリサリストアの経営であった。
36 Micro Ventures 社でのインタビューでは，75 万ほどとされているが，実態は不明ではあるが，50 万–100 万といえば正確であろうとのことであった。
37 その際，日本のベンチャー企業のグランマ社（代表：本村拓人氏）は，CARD および Micro Ventures 社から得られた現地固有のニーズと知識・知恵（locally embedded knowledge & wisdom）を日系他社が保有する技術知識とを結合させて製品化と事業化へと導く橋渡し役とプロデューサーの役割を志向してきたがまだ 2014 年時点では成功には至っていない。
38 ただし，2014 年 3 月現在，現地の卸企業"PUREGOLD"社が急速に台頭してきたことにより，図表 5-10 に示されている Community Store やスキ SS（スキストア）はより低価格での仕入れが可能な"PUREGOLD"社からの調達に切り替える状況が増大してきている。このため，"Hapinoy"プログラムも再構築を迫られている（MicroVentures 社 CEO：R. Mark 氏およびグランマフィリピン代表熊坂惟氏とのインタビュー：2014 年 3 月 15 日）。
39 グローバル・バリューチェーンは財やサービスの生産と流通の国際的連鎖を価格や利益の視点からみた価値的概念であると言える。その意味では，多国籍企業による国際的な生産と流通のネットワークのどこで付加価値が創出されているのかを分析する場合には，グローバル・バリューチェーンの視点が有効となる。これについては，UNCTAD（2013）が参考になる。

第 6 章

新興国の BOP 層の位置づけと自律的ビジネス生態系

1. はじめに

　本章における最大の問題意識は，いまなぜ，新興国における BOP 問題の理論的解明が重要なのか，どのような経営学的アプローチが有効なのか，そして新たに構築を求められている経営学とはどのような内容となるのか，という点に置かれている。

　国連が設定した MDG（Millennium Development Goals）や SDG（Sustainable Development Goals）の重要解決課題がいわゆる BOP 層の貧困からの脱却となっている。2013 年版世銀レポートによれば，1 日 1.25 ドル以下の極度の貧困生活を余儀なくされている人たちが 2010 年現在 12.15 億人，世界人口の 20.6％に及ぶ。さらに，1 日 2 ドル以下の貧困層は約 30 億人，世界人口の約 51％に及ぶ。こうした発展途上国あるいは新興国の BOP 層の拡大，縮小，そして再生産のメカニズムを理解しようとする場合，その国独自の社会構成体の内的メカニズムからの分析と同時に，国際的な政治経済的メカニズムからの分析の両アプローチが有効性を増してきている。新興国を巻き込んだ国際的な投資と貿易，さらには各種の国際標準化が進展するに伴い，こうした両アプローチからの理論的解明が不可欠となってきている。

　本章では，新興国 BOP 層の実態と貧困削減への経営学的課題を，そこでの貧困創出と減少のメカニズム，そして先進国（所得上位国）における貧困層拡大のメカニズムとがこうした投資，生産，貿易の国際化とともに連動している点に留意しながら再検討していく。

同時にここでは，新興国のなかでもフィリピンを分析対象としている。その理由はフィリピンの場合には，アジアに位置しながら，歴史的に産業革命期前の重商主義体制下にあったスペインの植民地化に置かれ，さらに第二次大戦後以降の世界銀行を含む米国主導の経済政策に大きく影響されてきた点に留意しているところにある。そして，同国は同時に独自の貧困解消戦略に取り組んでいるNGO大国でもある点にある。また同国のBOP層の位置づけを米国との比較において検討している理由は，新興国・先進国ともに貧困層の創出が所得格差すなわち貧富の格差の拡大と連動してなされてきている点を明確にしたかったことにある。

2. 先進国と新興国の資産・所得の集中と貧困層
　―米国とフィリピンを中心に

(1) 米国における資産・所得の集中と貧困層
(1)-1　富裕層への富の集中

　ここでは，この間の新興国におけるいわゆる中間層の拡大とBOP層の再生産のメカニズムが，米国をはじめとするマーケット・エコノミーを強力に推進する一部先進国における中間層の脆弱化と一部富裕層への富の集中化のメカニズムとがいかに連動しあいながら進行してきたのかという点を考慮に入れながら検討していく。

　2012年における世界最大の国民所得額を誇る米国では，図表6-1に示されているように，同国の世帯所得上位10％が全世帯所得の50.4％を占め，そして上位1％による総世帯所得に占める割合は，1960年の10.6％から2012年の22.5％へと高まり，一部高所得者層へのいっそうの所得の集中化が進んできた[1]。

　米国の勤労所得および自営業による所得を得ている就業者数は，同年，1億4,390万人であるから，所得上位1％の人数は，その100分の1，すなわちおよそ144万人ということになる。したがって，これらの所得上位1％を占める144万人の所得合計が，全就業者数（1億4,390万人）の所得合計の22.5％を占

2. 先進国と新興国の資産・所得の集中と貧困層―米国とフィリピンを中心に　　103

図表 6-1　所得の上位層への集中割合

	所得上位 10%	所得上位 1%	所得上位 0.01%	所得下位 20%
米国	50.42*(2012)	22.46*	5.47*	
日本	41.57*	10.44*	1.03*(2010)	
フィリピン	33.6(2009)			6.0(2009)
タイ	31.0(2010)			6.8(2010)
マレーシア	24.2(2010)	9.33		4.5(2009)
インドネシア	27.8(2008)	8.46(2004)	0.61(2003)	7.3(2011)

注：US と 日本の所得値は，キャピタルゲインを含む所得額。
出所：The World Top Incomes database (http://www.topincomes.g-mond.parisschoolofeconomics.eu/, accessed 7 May, 2014) より作成。

めるということになる。さらに，同じように所得上位 0.01%，すなわち所得上位約 1 万 4,400 名の所得合計が全就業者数の所得合計額の 5.5% を占めるに至っている[2]。

つぎに，Forbes 誌が発表した年資産所得 13 億ドル（約 1,300 億円）以上の米国リッチ層 400 名のうち，上位 50 人の資産・所得合計額は 1 兆 310 億ドルとなるが，この額は米国の GDP のどれくらいを占めるのだろうか。

GDP と資産額との対比は，前者がフローとしての付加価値額，後者がストックとしての保有株式，預貯金等の動産や不動産等の価値であるため，両者の比較はあくまで目安として参考にしてみる。

図表 6-2 に示されているように，上位 50 名（人口の 0.00015%）の資産・所得合計だけで米国 GDP の 6.1% を占めるに至っている。

米国の資産，所得上位者は，上級経営者として所属企業からの収入（俸給，役員賞与，退職金，等）のほかにストックオプション，および個人的に保有する諸企業の株式所有，預金，年金類の金融資産および不動産，等を所有することから，おもに一般の勤労所得が主要所得を構成する人たちの所得構成とは異なり，株式配当や金利収益を含む多様な投資収益源を有しており，その分，より多様な所得収入源を有している。

したがってその分だけ集中度は単なる勤労所得収入による場合よりも比率は高まることになる。ちなみに，これら上位 400 名が 2008 年度に得た所得に占める賃金・給与額の比率は 8.8% にすぎず，キャピタルゲインが 57%，利子・

図表 6-2　上位富裕層の資産と対 GDP 比

	A＝最富裕層 50 人（家族）10 億ドル	B＝GDP(2013)10 億ドル	(A)/(B)＊100	C＝1 人当たり GDP（ドル）	D＝(C)/365 ドル／日
フィリピン	65.8	272	24.2	2,612	7.2
タイ	84.4	387.2	21.8	5,390	14.8
マレーシア	38.6	312.4	12.4	10,387	28.5
インドネシア	94.2	870.3	10.8	3,591	9.8
米国	1,031	16,799.7	6.1	51,749	141.8
日本	131.1	4,901.5	2.7	46,731	128

出所：Forbes, World'Billionaires 2013, World Bank Development Indicators. より算出。

配当が 16％となっている。他方，これら上位 400 名の所得の 73％を占めるキャピタルゲイン，利子，配当に対する課税率が 2007 年度には 15％になっているため，2007 年度の上位 400 名への平均税率は 16.6％（2008 年度は 18.1％）であるにすぎない。その結果，上位 400 名の平均税率は，納税者全体の平均税率の 20.4％以下となっている（J. Steglitz, 2012, pp.90-91, 邦訳 128-129）。

(1)-2　米国における貧困層

他方，米国で貧困ライン以下（図表 6-3 参照）の生活を余儀なくされている人たちは，2012 年現在，約 4,650 万人（US Census Bureau），したがって米国総人口 3 億 1,065 万人の 15.0％，6.7 人に 1 人が貧困以下の生活を余儀なくされていることになる。特に，18 歳以下の子供を抱える家族世帯員 7,255 万人の 21.3％（1,544 万人），すなわち 4.7 人に 1 人が貧困ライン以下となっている[3]。

それでは，米国の貧困ライン以下の人たちの年収を 1 日当たりに換算すると何ドルになるのであろうか。図表 6-3 は，米国の貧困ラインを家族構成別に表示したものである。

単身世帯の貧困ラインは，年 1 万 1,670 ドル（2014 年 8 月 8 日現在，118 万 6,700 円）[4]，したがって 1 日当たり 32.0 ドル（同 3,250 円），2 人世帯で 1 人 1 日当たり，21.5 ドル，3 人世帯の場合には 1 人当たり 1 日 18.1 ドル，そして 5 人世帯で 1 人 1 日当たり，15.3 ドル（同 1,556 円，677.5 ペソ）となっている。

つぎに，健康保険関係の家族負担（就業者 1 名の 3 人家族を想定）は月 200

図表 6-3　米国の貧困ライン

2014年　米国 48 州の貧困ガイドライン		
家族人数	貧困ライン	$/1日・1人
1	$11,670	$32.00
2	15,730	$21.50
3	19,790	$18.10
4	23,850	$16.30
5	27,910	$15.30

注：家族構成が1人増えるごとに，4,060ドルが追加される。したがって，6人構成の場合は，3万1,970ドルとなる。
出所：US Department of Health and Human Services, 2014 Poverty Guidelines (http://aspe.hhs.gov/poverty/14poverty.cfm) accessed 10 May, 2014.

ドル，家賃月 700 ドル（寝室2間で電気・ガス・水道込），車（保険・維持費・ガソリン代・減価償却費）関係の支出年 3,000 ドルが最低限必要経費となる（J. Steglitz, 2012, pp.11-12, 邦訳 46-47 頁）。これらの必要経費を除くと可処分所得は年 5,440 ドルとなる。したがって食事，衣服，娯楽等の基本的支出はこの額で一切賄われることになり，もちろん貯蓄する余裕はない。この3人家族で 5,440 ドルとすると，図表 6-3 の3人世帯の貧困ライン月1万 9,790 ドルの家族の場合，1日 5.5 ドルとなる。ただし，ステグリッツの試算によると，労働者1人当たりの社会保障税を差し引いた時給は8ドルであり，2,080 時間労働で年収1万 6,640 ドル，上記の必要経費を差し引くと残りは 2,840 ドル，3人世帯の場合，1人当たり1日 2.6 ドルとなる。

この試算では，米国の労働者の時給ベースで換算した場合には，3人家族の生活費は1人1日当たり 2.6 ドルとなり，新興国の貧困ライン2ドルにきわめて近いことになる。

米国におけるこれらの貧困ライン以下の人たち，すなわち 2012 年の 4,650 万人，および 2013 年の 4,760 万人の大部分が政府の食糧補助切符いわゆる US Food Stamp（2008 年以降，SNAP に名称変更[5]）の受給対象となっている。上記 SNAP（旧 Food Stamp）受給者数は，2012 年が 4,661 万人，2013 年が 4,764 万人（人口の 15.1%）となっており，貧困ライン以下の人数にほぼ等しい（US

DHHS より)。また，2011年現在，世銀の新興国（発展途上国）の貧困ラインとされる1人1日生活費2ドル以下の貧困状態にあるアメリカ人世帯数は，約150万世帯となっている (J. Steglitz, p.20, 邦訳55頁)。次章で検討するフィリピンの貧困ラインも世銀基準に則れば1日2ドル以下である。それでは，米国の1人1日2ドルでの生活とフィリピンでの1人1日2ドル以下での生活と比較した場合，どちらがより窮乏した生活となるかは明らかである[6]。

なお，貧困率の国際的比較に関しては，OECDの相対貧困率の各国比較[7]が参考になる。OECDによる30か国の相対貧困率データのうち，いわゆる先進国に限定した場合，最も高い国は米国で17.4%，次に高いのは日本で16.0%，3番目が英国で10.0%となっている。こうした事実からいえることは，先進国型経済メカニズムの下で，マーケット・エコノミーが効率よく機能したとしても，貧困と貧富の格差は拡大再生産されうるという点にある。このことは，貧困と貧富の格差の問題を解決するための要件は，マーケット・エコノミーが効率よく機能するかどうかではなく，マーケット・エコノミーを問題解決に適合させるように機能させていく制度設計とそしてそのためのガバナンスの仕組みにあることを意味する。換言すれば，このことは，貧困層の創出と貧富の格差の問題は先進国型経済になればマーケット・エコノミーによって自律的に解消されていくものではなく，そのための制度設計とガバナンスの改革が不可欠となることを意味する。ただし，ここでは貧困の指標となる所得や資産の再配分を制度的に規定する税制等の議論は捨象する。ここでの課題は，とりあえず，所得構造からみたBOP (Base of the Pyramid) は新興国ないし発展途上国固有の構造ではなく，先進国型経済と市場構造の下においても存在するということを確認することにある。

つぎに，新興国ないし発展途上国のBOPの分析対象国としてフィリピンの実態を分析し比較検討してみよう。

(2) フィリピンにおける資産・所得の集中と貧困層
(2)-1 富裕層への富の集中

他方，フィリピンにおいては，所得上位10%の人たちの所得合計が，全所得の約33.6% (2009年) を占め，逆に所得下位20%の人たちの所得は全所得の

6.0%を占めているに過ぎない（図表6-1参照）。また，フィリピンの資産所得上位50名（50家族）の資産所得合計額は（図表6-2参照），658億ドル（約6兆5,800億円）であり，同国GDPの約24.2%を占めている。この比率は，比較対象とした6か国の中で最も高い数値となっている。

図表6-2に示されている米国富裕層の資産額の多くは保有する株式の時価総額が反映されているのに対して，フィリピンの一部富裕層が支配する多くの系列企業群は上場されておらず，したがってこれら富裕層が実質的に保有する資産額は不透明となっている。とりわけ，フィリピンの土地エリート財閥の，アヤラ一族（Ayala Family）の資産が31億ドル（約3,100億円）で同国のランキング第6位となっている。しかし，首都圏のマカティ地区一帯の不動産を保有しているAyala Land社は，同社の53%の株式を保有するAyala Corporationの子会社であるが，このAyala Corporationの主要株主はMermac,Incである。そして同家系一族がEric Zobel Foundationを通して保有する持ち株会社がこのMermac,Incである。したがって，Forbes誌に掲載されている同家の資産額にこれらの関連会社を通して実質的に保有する資産額がどの程度反映されているかは不明である[8]。こうしたアヤラ家が1851年にマニラのマカティ地区一帯の土地を5万2,800ペソで購入して以降[9]，これら土地の実質的管理はアヤラ家であり続けられている背景には，Ayala家による純粋持ち株会社のMermac Incを介した系列企業群の支配の構図がある（第1章図表1-6参照）。しかし関連する実質資産額と所得収入額の実態は，同家が保有する財団（Eric Zobel Foundation, Ayala Foundation）を介在させていることもあり，外から捕捉されにくい構図となっている。さらに，財団が特定の寄付行為をすることによって，法人税，所得税その他の諸税が減額対象となることも考慮に入れた場合，同家が本来支払うべき諸税額が低く抑えられ，その分，結果的には関連会社からの実質所得額は増大し，資産として蓄積されうることになる。一般勤労者の所得は給与支払いと同時に課税対象として捕捉されるのに対して，富裕層のかなりの資産額や所得額がお抱えの会計士，税理士，弁護士，その他コンサルタントの助言や有力政治家へのロビー活動を介して，国内はもちろん海外のタックスヘイブン（租税回避国地域）を活用しながら課税対象から巧みに免れている可能性がきわめて大きい。その結果，フローとしての付加価値額を表すGDP

に対する富裕層の所得額にせよ，ストックとしての資産額にせよその分，低く表示されることになる。

ちなみに，図表6-2に示されているフィリピンの最上位富裕層50人（家族）の資産額を，1日当たりに換算すると，1人（1家族）あたり1日3億6,000万円に相当する。したがって，1日3,600万円を毎日10年間費やすことができる個人資産額に相当する。

(2)-2.1 フィリピンにおける貧困層

こうした一握りの富裕層に富が集中する所得構造の下では，一般大衆の購買能力を計る指標としては，1人当たりGDP（ないしGNI）はあまり意味をなさない。本来は，こうした一握りの富裕層の所得を差し引いた所得総額を人口比で出したほうがより実態を反映していることになる。そこで，世銀のデータをもとに，2009年のフィリピンの1日5ドル以下の人口をみてみると，図表6-4に示されているように，総人口比で約82.8％となっている[10]。

換言すれば，これら人口の大多数を占める人たちの1日当たり平均所得がより適切に実態を反映していることになる。こうした人口の約83％を占める1日5ドル以下の層は，さらに4-5ドル層が7.6.％（700万人），2-4ドル層が33.5％（3,090万人），そして1.25-2ドル層が23.1％（2,130万人），そして1.25ドル以下の層が18.4％（1,690万人）の内訳となっている。したがって，これら人口の大多数を占める人たちの所得は1人1日平均，2ドル前後であることが想定されうる。

図表6-4　フィリピンの5ドル以下の階層別人口比（2009年）

5ドル以下の階層	対人口比	累計	該当人口（百万人）	累計（百万人）
$1.25 per day 未満	18.4％		16.9	
$1.25 - $2.0 未満	23.1％	41.5％	21.3	38.2
$2.0 - $4.0 未満	33.7％	75.2％	30.9	69.1
$4.0 - $5.0 未満	7.6％	82.8％	7	76.1

注：World Bankの「極度の貧困」所得層の基準は2008年以降，それ以前の1日11人当たり1ドルから，1.25ドルに変更されている。なお，2009年のフィリピンの人口は9,100万人。
出所：*World Bank Development Indicators*（http://data.worldbank.org/），accessed 10 May, 2014.

図表6-5 フィリピンの所得階層別人口比（2009年）

所得階層	消費分布	累計
最下位（第1階層）20%	6.0%	—
第2階層 20%	9.4%	15.4%
第3階層 20%	13.9%	29.3%
第4階層 20%	21.0%	50.3%
最上位（第5階層）20%	49.7%	100.0%

出所：*World Bank Development Indicators*（http://data.worldbank.org/），accessed 10 May, 2014.

　換言すれば，世銀の発展途上国および新興国における貧困ラインは2008年以降1人1日2ドルに変更されていることから，フィリピンの一部富裕層を除いた大多数の人たちは貧困ラインを大きく超えて中間層として台頭してきてはいないと結論付けざるを得ない。

　このことからも，新興国における市場規模ないし購買力を，単に一部富裕層を含めた1人当たりGDP（GNI）から推定することは適切とは言えない。図表6-2に示されていたように，たとえばフィリピンの1人1日当たりGDPは7.2ドルということになるが，上記の通り，大多数の人たちの収入は1人1日当たり2ドル前後であるのが実態である。また同様に，人口が集中している首都圏や一部の大都市における富裕層や中間層の動向だけから結論を引き出すことにも無理がある。

　同様のことが，図表6-5からも再確認しうる。図表6-4に示されていたように，1日5ドル以下の層が対人口比で約82.8%を占めていた。このことは同表に示されている5段階の所得階層の最下層の20%から第4階層までを含めた全体の80%を占める所得分布層合計額でも消費総額の50.3%を占めているにすぎず，逆に上位20%が全消費の約半分を占めていることにも反映されている。

(2)-2.2　フィリピンにおける貧困層の貧困ライン動向

　つぎにフィリピンのNSCBが公表した2006年，2009年，および2012年の極度の貧困生活を余儀なくされている人たち，および貧困ライン以下の人たちに

関するデータ（図表6-6参照）から貧困層の推移をみていこう。

同表によれば，5人家族の生存に最低限必要な1か月当たりの食費以下の所得層と見做される極度の貧困者（図表6-6：A）は，世帯数ベース2006年から2012年にかけて世帯数ベースで8.8%，7.9％および7.5％，そして対人口比ベースで12.0％，10.9％および10.4％へと低下傾向を示している。

同様に，5人家族の生存に最低限必要な1か月当たりの食費を含むその他最低限の生活費（図表6-6：B）以下の貧困者も，世帯数ベースでそれぞれ，21.0％，20.5％，および19.7％へ，そして対人口比ベースでもそれぞれ26.6％，26.3％および25.2％へと低下傾向を示している。それに対して，極度の貧困世帯と極度の貧困者の絶対数は，この間，低下傾向を示していない。特に，5人家族の生存に最低限必要な1か月当たりの食費を含むその他最低限の生活費（図表6-6：B）以下の貧困世帯数と貧困者数はむしろこの間，381万世帯，404万世帯，および421万世帯へ，そして2,264万人，2,330万人，および2,375万人へと絶対数ベースでは増加傾向を示している。

言い換えれば，同国における貧困世帯と貧困者数は相対的には低下傾向を示

図表6-6　フィリピン貧困層の相対的減少と絶対的増加

	2006年	2009年	2012年
(A) 5人家族の生存に最低限必要な1か月当たりの食費（Ph.Peso）	3,878	4,908	5,513
世帯数に占める比率	8.8%	7.9%	7.5%
対人口比	12.0%	10.9%	10.4%
該当世帯数	160万世帯	155万世帯	161万世帯
該当者数	1,023万人	970万人	1,040万人
(B) 5人家族の生存に最低限必要な1か月当たりの食費およびその他生活費（Ph.Peso）	5,566	7,030	7,890
世帯数に占める比率	21.0%	20.5%	19.7%
対人口比	26.6%	26.3%	25.2%
該当世帯数	381万世帯	404万世帯	421万世帯
該当者数	2,264万人	2,330万人	2,375万人

出所：Philippine National Statistical Coordination Board, *Highlights of the 2012 Full Year Official Poverty Statistics*.

しているが，絶対数では増大傾向を示している。図表6-6の政府による公表データをドルベースで見てみると，2012年の生存に必要な家族5名の1か月の食費5,513ペソは同年のドルベース（年平均1ドル約42.2ペソ）で130.6ドル，したがって家族5名の1日当たりの食費は，4.35ドル，1人1日当たり0.87ドルとなる。

　このことは，PPP調整値ではないにせよ，世銀の「極度の貧困（extremely poor）」基準である1人1日当たり1.25ドルを大きく下回っていることを意味する。同じように，2012年の生存に必要な家族5名の1か月の食費，その他光熱費，被服費等を含む最低限の生活費7,890ペソは同年のドルベースで187.0ドル，したがって家族5名の1日当たりの生活費は，6.2ドル，1人1日当たり1.25ドルとなる。この数値も，世銀の「貧困基準」である1人1日当たり2ドルを大きく下回っており，むしろ「極度の貧困水準」にほぼ合致する。さらに留意すべき点は，2012年改定の同国の最低賃金法によれば[11]，マニラ首都圏で1人1日456ペソ（約10.8ドル），首都圏に隣接するルソン地域で1日336ペソ（約8.0ドル），さらに最低水準の東部ビサヤ地域（Region 8）で260ペソ（約6.2ドル），ビコール地域（Region 5）で252ペソ（約6.0ドル）である。このことは，図表6-6の2012年における前者の5名家族で1日4.35ドル（1人1日当たり0.87ドル），後者の1日6.2ドル（1人1日当たり1.25ドル）は，政府が新たに改定した1人の生活に最低限必要な生活費分に相当する最低賃金，とりわけ同国の最も貧しい地域（Regon5，Region 8）の最低賃金をも大幅に下回るいわゆる生存そのものをも脅かす極度の貧困状態の家族たちを意味していることになる。ただし，世銀の数値はPPP（購買力平価）を加味したものであるのに対して，フィリピン政府発表の数値は国内のインフレ調整値の値であるため，厳密には等価とは言えない。ちなみに，マニラ首都圏のマカティ地区のスターバックスをはじめとするカフェでは，2013年現在，カフェラテ1杯が100ペソであるが，実際の支払額は消費税（20%）込みで120ペソ（280円，約2.7ドル）である。したがって，政府発表の貧困層の家族5名の1日当たりの収入6.4ドル，1人当たり1.28ドルの基準では，貧困層の家族5名で首都圏のカフェでカフェラテを注文したら，600ペソ（13.5ドル）の支払い請求額となり，家族の2日分強の食費に値する。

(3) 米国貧困層とフィリピン貧困層の共通性と異質性

　米国をはじめとするいわゆる先進国型産業組織と市場構造はフォーマル・セクターをベースにマーケット・エコノミーが機能することによって成立している。そこでは，基本的には，法人登録された企業群によって構成されるフォーマル・セクターでの就労を前提にした安定就業層と，有期もしくは短期雇用の不安定就業層によって構成される。不安定就業層と失業者層は，既述の通り，政府の食糧補助切符いわゆる US Food Stamp（2008 年以降，SNAP に名称変更）の受給対象となっている。SNAP（旧 Food Stamp）受給者数は，貧困ライン以下の人数にほぼ等しい。これらの貧困ライン以下の人たちは 2013 年現在，米国人口の 15％強に及び，そして所得格差でみた貧富の格差は拡大傾向を維持している[12]。言い換えれば，このことはフォーマル・セクターをベースにした先進国型経済と市場構造の下において，マーケット・エコノミーが効率的に機能したとしても，貧困創出と貧富の格差拡大が自律的に解消することはありえず，むしろ拡大再生産されうることを意味する。

　他方，フィリピンにおいてもフォーマル・セクターにおける有期雇用契約に基づく不安定就業層はすでに見てきたように無視しえない規模ではあるが，多数を占めるいわゆる BOP 層の基本的就労形態は，露天商，輪タク，零細小売商，ごみ収集，等々，法人登録していない個人，ないし家族営業主体のインフォーマル・セクター内での不安定就業形態を主としている。インフォーマル・セクター内における就労の多くは，雨が数時間降っただけでも収入が激減するような不安定就業を内実とする。しかも，世銀の新興国における貧困ライン基準となっている 1 日 2 ドル以下のいわゆる BOP 層の数は依然増大傾向を辿っている。そしてこれらの貧困ライン以下の BOP 層の人たちには米国とは異なり，SNAP のような制度的保障はない。

　両国における貧富の格差は拡大傾向にあり，貧困層の削減は共通した政策的課題ではあるが，一方の先進国型では最低の文化的生活を保障させる制度的枠組みが，効果的に機能するか非効果的にしか機能しないかは別にして，存在するのに対して，他方のインフォーマル・セクターが重要な位置を占める新興国型においては，生存そのものをも脅かす食費の確保も保障されていない。この意味において，米国とフィリピン両国において，ともに BOP 層は存在するにせ

よ，新興国のBOP層と米国をはじめとする先進国のBOP層ないし貧困層とは明確に区分されるべき要素を有している。

3. 新興国フィリピンのBOP層とインフォーマル・セクター

(1) フィリピン貧困層の相対的減少と絶対数の増大

年1.7％の人口増加率（2007年－2014年平均：World Bank Development Indicators）が続くなかで，工業部門をはじめ主要産業の雇用創出力の脆弱性が農業部門に過剰労働力を滞留させ，その結果，農業部門から工業部門を始めとする他産業への，そして農村から都市への貧困層の移動を伴いながらも，農業部門と農村の貧困層を絶対数として増大させる構図となっている。こうした構図が農業部門と農村人口の相対的減少と絶対数の増大の基本的要因となり，同時に貧困層の相対的減少と絶対数の増大へと帰結させている。とりわけ留意する必要がある点は，主要産業部門における一部のビジネス・グループ（財閥的一族経営）と多国籍企業による支配的構図の下では，競争が制限され，これら一部企業の利益に沿う形でのバリューチェーンにのみ投資がなされる傾向にある。そのため，フォーマル・セクターにおける不十分な投資は結果的に雇用者数の吸収メカニズムを十分に機能させない要因になっている点にある。その結果，農村と都市のインフォーマル・セクターに過剰労働力を滞留させ，不安定就業層，失業者層の増大と貧困層の絶対的増大をもたらす要因となっている。これらの不安定就業層と失業者層がBOPの中核をなしている。

(2) インフォーマル・セクターにおける雇用創出のメカニズム

こうした構図のもとでインフォーマル・セクターに滞留せざるを得ないこれらBOP層が経済的に自立するためには，BOP層自らが起業して安定就業層へと移行する戦略を基本とせざるを得ない。インフォーマル・セクターに置かれているBOP層の経済的自立化を図り，現地に根を下ろした持続的ビジネス生態系を構築するためには，フォーマル・セクターとは異なり，新興国固有のインフォーマル・セクターの固定的，閉鎖的特質に規定されて，単に賃金労働者

としての雇用の場の創出だけでは,不十分であり,その分だけ家族を生産単位とする事業創造と自己雇用型のビジネスモデルが有効性を増すことになる。

4. BOP層の経済的自立化と持続的ビジネス生態系の基本的要件

(1) 自己雇用 (self-employment) の戦略的重要性

　インフォーマル・セクターおよびフォーマル・セクターにおける不安定就業層は,確認してきたように,同国経済活動人口の約7割弱を占めるに至っていた。とりわけインフォーマル・セクターに滞留するこうした実質的失業者および予備軍を含む不安定就業層を軸に構成されるBOP層がいわゆる安定就業層へと移行するためには,雇用創出能力ないし雇用吸収能力が脆弱なフォーマル・セクターにおける雇用労働者数の増大に依拠することよりも,インフォーマル・セクター内において雇用を創出するシステム,特に起業システムが有効となる。換言すれば,BOP層の経済的自立化という観点からすれば,フォーマル・セクターにおける雇用労働者 (paid-workers) 数の増大に依拠する以上に,インフォーマル・セクター内における自己雇用者 (self-employment)[13]としての就業形態の創出が重要な戦略的意味を有することになる。

　ここでの自己雇用者とは,単なる自営業,家内工業的労働とは本質的に異なり,「所有・労働・経営」が人格的に一体化した起業家(＝企業家：Entrepreneur)と同義である。ここでの自己雇用者群は,経済学的意味での,賃金と引き換えに「労働力」を企業に提供するだけのいわゆる「ロボット的」雇用労働者 (paid workers) ではなく,「自発性と創造性のエネルギー」が解放された「家庭を生産単位」とする起業家(＝企業家)達である[14]。そして重要な点はマイクロファイナンスを活用してマイクロビジネスを行っているこれら起業家群の中心は,バングラデシュのグラミン銀行にせよ,フィリピンのCARDにせよ,マイクロファイナンスの顧客の97－98％が男性ではなく子供たちを抱える女性となっている点にある。

　しかもここでは,BOP層の多くが劣悪な生活インフラ環境下での生活を余儀なくされていることから,この市場でのサービスや製品は第5章でも見てき

たように，3A（Affordability, Access, Availability），あるいは4A（Availability, Affordability, Acceptability, Awareness）を満たす特質のみならず，Triple Bottom Linesとしての経済的側面と同時に社会的，環境的側面の3側面からの問題解決が不可欠となる分だけ，ここでのビジネスモデルはよりソーシャル・ビジネス的性格をとらざるを得ない。このことは，BOP層の貧困解消に直接的に貢献しうるビジネス形態が，現地での社会的課題の解決を第一義的ミッションとするNGO組織が関与するソーシャル・ビジネス型のビジネスモデルが適合的であることを意味する。

したがって，BOP層の人たち，特に女性がBOP市場の特異性に適合した社会的価値と同時に経済的価値を満たす製品，サービスを開発しようとする場合，NGO組織，とりわけマイクロファイナンス業務と同時に現地市場に適応したマーケティング・ノウハウを提供しうるNGO組織とのパートナーシップが不可欠となる。

しかも，BOP層が自ら保有する経営資源には限界があり，新規製品・サービスの開発，そして生産と流通の規模拡大には，多様な組織の保有する経営資源の活用が，バリューチェーンの拡大とともに不可欠となる。したがって，BOP層にとっては，上記の条件を満たす新たな製品，サービスの開発および量産過程に必要な品質，安全性，機能性，低コスト化を可能とする技術的知識，ノウハウを保有する多様な企業や機関との連携も重要な条件とならざるを得ない。

以上の諸点から，導出されるインフォーマル・セクターにおけるBOP層の経済的自立化に向けたビジネスモデルは，基本的には，現地NGO組織によるミッションを共有化したプラットフォームをベースに多様なBOP層がニッチ・プレーヤーとして参加するビジネス生態系が不可欠となる。換言すれば，ここでのビジネスモデルは，BOP市場固有のニーズを認識しうるBOP層とそうした問題解決に必要な新規の製品・サービスを生み出す新たな知識や経営資源を有する多様な組織との協働作業をベースとしたビジネス生態系とならざるを得ない。

BOP層が起業家としてソーシャル・ビジネス型の事業活動において能動的役割を果たしうるこうした持続的かつ自律的ビジネス生態系をベースとしたビジネスモデルを開発するためには，マイクロファイナンスを提供する現地

NGO組織との連携を軸とした開発，調達，生産，販売に至るバリューチェーン全体の開発と組織能力の向上，すなわち新興国適合型ソーシャル・イノベーションを推進するダイナミック・ケイパビリティとしての組織能力がここでのキー概念となる。

5. まとめ

　本章では，新興国のBOP層を一新興国内部の所得構造から位置づけるのではなく，先進国の貧困層との共通性と異質性を踏まえて位置づけることを試みてきた。米国をはじめとするいわゆる先進国型産業組織と市場構造はフォーマル・セクターをベースにマーケット・エコノミーが機能することによって成立している。そこでは，基本的には，法人登録された企業群によって構成されるフォーマル・セクターでの就労を前提にした安定就業層と，有期もしくは短期雇用の不安定就業層によって構成される。そして米国での事例からも明らかなように，貧困ライン以下の人たちは2013年現在，米国人口の15％強に及び，そして所得格差でみた貧富の格差は拡大傾向を維持している。言い換えれば，このことはフォーマル・セクターをベースにした先進国型経済と市場構造の下において，マーケット・エコノミーが効率的に機能したとしても，貧困創出と貧富の格差拡大が自律的に解消することはありえず，むしろ拡大再生産されうることを意味する。すなわち，マーケット・エコノミーが機能したとしても，ガバナンスに規定された制度設計に問題がある場合には，富を特定の集団に集中させてしまうことを見てきた。

　他方，フィリピンにおいてもフォーマル・セクターにおける有期雇用契約に基づく不安定就業層は無視しえない規模ではあるが，多数を占めるいわゆるBOP層の基本的就労形態は，露天商，輪タク，零細小売商，ごみ収集，等々，法人登録していない個人，ないし家族営業主体のインフォーマル・セクター内での不安定就業形態を主としている。インフォーマル・セクター内における就労の多くは，雨が数時間降っただけでも収入が激減するような不安定就業を内実とする。しかも，世銀の新興国における貧困ライン基準となっている1日2

ドル以下のいわゆる BOP 層の数は依然増大傾向を辿っている。そしてこれらの貧困ライン以下の BOP 層の人たちには米国とは異なり，SNAP のような制度的保障はない。両国における貧富の格差が拡大傾向にあり，貧困層の削減は共通した政策的課題ではあるが，一方の先進国型では最低の文化的生活を保障させる制度的枠組みが，効果的に機能するか非効果的にしか機能しないかは別にして，存在するのに対して，他方のインフォーマル・セクターが重要な位置を占める新興国型においては，生存そのものをも脅かす食費の確保も保障されていない。この意味において，米国とフィリピン両国において，ともに BOP 層は存在するにせよ，新興国の BOP 層と米国をはじめとする先進国の BOP 層ないし貧困層とは明確に区分されるべき要素を有している。

　しかも，フォーマル・セクターにおける主要産業が現地財閥系一族企業と多国籍企業によって占有されている競争制限的産業組織下においては，フォーマル・セクターはインフォーマル・セクターの余剰労働力を吸収しうる十分な吸引力を有する産業構造となっているとはいえない。このことは，インフォーマル・セクター内における自立的雇用創出のメカニズムの構築が戦略的重要性を有していること，換言すれば BOP 層自らが家族を生産単位として起業することによる自己雇用（self-employment）機会の創出が戦略的重要性を有していることになる。新興国のインフォーマル・セクターを中心に存在する BOP 層の貧困解消と経済的自立化に向けた持続的ビジネスモデルの基本要件は，BOP 層に向けたマイクロファイナンス事業を展開しうる現地 NGO 組織がキーストーンとなり，そのミッションを共有プラットフォームとして，多様な BOP 層がニッチ・プレーヤーとして参加するビジネス生態系となるという点に求められる。そしてこのビジネス生態系が持続的かつ自律的性格を有するためには，こうした現地 NGO 組織を核とするローカル・バリューチェーンの構築が要件となる。したがって，BOP 層がキープレーヤーとして参加する持続的ビジネス生態系とローカル・バリューチェーン構築の条件と課題が今後の実践的および理論的研究課題となっている。

注
1　キャピタルゲインを除く所得収入でみると，この比率は 1960 年の 8.4％ から 2012 年の 19.3％ となる（The World Top Incomes database）。

2 本章における米国における所得の集中、および国際比較については、Saez (2013)、Piketty, T. and Saez, E. (2013)、Piketty, T. (2014)、およびこれらのデータを基に分析した Steglitz (2012) を参考にしている。
3 US Department of Health and Human Services, 2014 Poverty Guidelines より。
4 なお、日本の新しく改定され、2014年10月適用予定の最低賃金（時給ベース）によれば、東京（869円）、大阪（819円）、神奈川（868円）、等がA地域で最も高く、逆に、沖縄、宮崎、大分、熊本（664円）、等が最も低いD地域となっており、全国平均で764円となっている。かりに全国平均の最低賃金ベースで1日8時間労働の場合は、1日 (764円×8＝) 6,952円、月25日労働とすると、764×8×25＝152,800円換算となる。日本ではこの額が、単身者が生活していくうえでのぎりぎりの最低限の必要生活費とみなされていることになる（厚生労働省：2014年6月30日）。したがって、日本の最低賃金制度に基づく賃金は、日給（6,952円）、月給（152,800円）ベースとも米国の1日32ドル、月1万1,670ドルよりもかなり高いことになる。
5 Supplemental Nutrition Assistance Program の略称で米国農務省管轄のプログラム。米国では現在でも食料品店では Food Stamp の名称が使用されている。
6 ただし、両国政府の数値は、インフレ調整値であるとしても、PPP（購買力平価）に基づいたものではないので、あくまで参考値として見る必要がある。したがって、フィリピンでは2ドルあれば屋台で結構食べられるが、米国ではこの額では外食はほぼ不可能となる。数日分の食材をまとめて買って家で調理しても1日4ドル強となる。
7 同データは、http://www.oecd.org/statistics に掲載されている。OECD の相対貧困率の算出は、等価可処分所得（世帯の可処分所得を世帯人数の平方根で割って算出）が全人口の中央値の半分未満の世帯員を相対的貧困者としている。したがって、絶対的貧困ラインの基準とは異なるが、たとえば日本の場合、相対的貧困者の約86％が生活保護受給水準とされている（山田・四方・田中・駒村：2010）。OECD の30か国比較データによると、相対貧困率の高い国は、メキシコの20.4％、トルコの19.3％、チリの18.0％等であるのに対して、他方、デンマーク、オランダ、フィンランド、ノルウェー等の北欧諸国はすべて6-7％台となっている。
8 森ビル社長の森彰氏の資産額は同 Forbes によると、年40億ドル（日本の第7位）となっており、Ayala 一族の資産額より多い。しかし、面積的には森氏の保有する多くのビルや土地の数十倍以上の規模の不動産をマニラ首都圏を中心に実質的に保有する Ayala 家の資産や所得は、同誌に掲載されている額の数倍、数十倍であることが想定される。
9 Ayala Corporation Annual Report より。
10 World Bank Poverty Database (http://data.worldbank.org/topic/poverty) accessed 13 May, 2014.
11 JETRO、『通商弘報』（2013年1月マニラ事務所）http://www.jetro.go.jp/biznews, accessed 8 Aug., 2014.
12 Piketty, T. (2014), Saez, E. (2013)。
13 自己雇用（self-employment）の概念については、M. Yunus (2007) を参考にしている。
14 M. Yunus (2007), pp.52-54, 邦訳 104-107 頁。

第 7 章

多国籍企業と NGO の新興国 BOP 戦略の有効性と限界
―ハイブリッド・バリューチェーンの視点から―

1. はじめに

　新興国 BOP 層（Base of the Economic Pyramid＝最貧困層）の貧困解消が現代世界の抱える最大の経済的・社会的解決課題の 1 つであることは多くの研究者や国際的機関のみならず一般社会においても深く認識されてきた通りである。本章での力点は，従来型の国際的開発援助型方式による貧困解消プログラムの有効性や限界を解明することにではなく，多国籍企業や NGO によるソーシャル・イノベーションとしての BOP 戦略の有効性と限界の解明に置かれている。特に，Prahalad, C. K.(2002)，Prahalad, C. K. and S. L. Hart (2002) らの問題提起以降，注目すべき BOP ビジネスに関連する論点が提起されてきた。これらの論点は，単に BOP 層を市場として見做すだけの BOP1.0 から，BOP 層を製品開発の段階から巻き込んだ BOP2.0，さらに BOP 層が重要なプレーヤーとして参加する BOP3.0 への模索へと展開されてきた（London, T. and Hart, S. L.: 2011, Cañeque, F. C. and Hart, S. L:2015）。これをビジネスの観点から見れば，ソーシャル・ビジネスから inclusive business へ，そしてイノベーションの観点から見ればソーシャル・イノベーション一般から grassroots innovation を内包する inclusive innovation への発展ということもできよう[1]。こうしたなかで，BOP 戦略およびソーシャル・イノベーションの主体としての多国籍企業や NGO の戦略の中身に関して，その有効性と限界の理論的・実践的見直しが求められてきたように思われる。競争戦略論の視点からは Porter and Krammer

(2006, 2011) が，従来の CSR 戦略では現代資本主義の抱えている危機的課題には対処できないという危機意識のもとに，「経済的価値」と「社会的価値」の両方を同時に創出していく「共通価値の戦略（Creating Shared Value）」を提起してきた。そこでは，社会的価値と経済的価値の双方を同時に創造する「共通価値」創造の方法として，以下の3つの方法，すなわち「(1) 製品と市場を見直す，(2) バリューチェーンの生産性を再定義する，(3) 企業が拠点を置く地域を支援する産業クラスターをつくる」を提起している（Porter and Krammer：2012)。なお，ここでの「バリューチェーンの生産性を再定義する」とは，環境への配慮・エネルギーの利用・資源の有効活用・調達と流通・従業員の健康状態，等々の見直しはむしろイノベーションを実現し，新しい経済的価値を発見できることを意味する。

　この共通価値の戦略に対する筆者なりの見解として，以下のように述べてきた。「従来の彼の代表作である『競争の戦略』や『競争優位の戦略』は，1970年代の対日本企業との競争優位を巡る角逐という時代的背景のもとで書かれたものであるのに対して，今回の論文は，資本主義がグローバルな規模で抱える危機的課題に，企業としてもはや正面から対処せざるを得ない社会的状況下に置かれているという時代的背景のもとで書かれたものといえる。とりわけこの論文で用いられている具体例の大部分が，開発途上国（新興国）での事例であることからも，彼の危機意識にはこうした諸国に集中的に蓄積されてきた社会的矛盾が反映されている。このことは，「従来の競争戦略論では，他方で，貧困の拡大，環境の悪化等々の社会的課題に適切に対処しえず，企業そのものの存立基盤さえも脅かされてしまうのではないか」という危機意識の別の表現でもある。そうした意味において，今回の彼の論文は，従来の自らの競争戦略論を自己批判的かつ発展的に総括したものということになる。しかしながら，すでに30年以上前の1980年代からソーシャル・ビジネスに軸を置いて自らの人生を賭けてきたM. ユヌス氏（グラミン銀行総裁，バングラデシュ）やJ. A. Alip 氏（CARD代表，フィリピン）をはじめとする人たちからは，「いまさら何を言ってるの」という声が聞こえてくるのだが」（林：2014a，林・井口：2014b)。

　そこで本章では，Prahalad (2002) のBOP戦略論，およびPorter and Krammer (2012) の「共通価値」創造の戦略論の理論的整理と戦略的課題を，バリュー

チェーンの視点から，現地 NGO の Grameen と CARD の事例を中心に再検討していく。

2. 多国籍企業のソーシャル・イノベーションとしての BOP 戦略の有効性と限界

(1) 多国籍企業のソーシャル・イノベーションとしての BOP 戦略の有効性

Prahalad（2002）が先駆的に述べていたように，「多国籍企業がグローバルな規模で保有する優れた経営資源を活用することによって，ピラミッド型の所得構造からダイヤモンド型の所得構造への移行が可能となる」とすれば，そこでの多国籍企業による BOP 戦略の重点は，単なる BOP 市場の開拓のみならず，BOP 層の所得向上と BOP 市場の拡大にも置かれることになる。その結果，そこでの BOP 戦略の論理的帰結は，現地 BOP コミュニティ固有の生活環境やニーズに関する知識と知恵を有する BOP 層が開発，生産，流通に参加する形でのローカル・バリューチェーンの構築とそれを可能にする持続的ビジネス生態系が重要な意味を持ってくる。多国籍企業による BOP 戦略の Version 1.0 から 2.0，3.0 への進化とはすなわち，BOP 戦略への BOP 層の主体的参加の程度が高まることと同義でもある。

したがって，多国籍企業がこうした観点から BOP 戦略を推進させようとした場合には，自社がグローバルな規模で保有する国際的に優位な経営資源，特にグローバル・バリューチェーン[2] と，新興国 BOP 層向けのそして BOP 層が参加する Grassroots Innovation に基づいた新たな製品やサービスの開発，生産，流通と雇用の創出を可能とするローカル・バリューチェーンとの接合（Articulation）をいかに図るかが今後の BOP 戦略の中心的中身とならざるを得ない。多くの新興国は，かつて歴史的に植民地政策下に置かれ，自律的産業・技術基盤を破壊されてきた史的経緯を経てきており，独立後も資本，技術，人材の不足を抱えてきた。したがってこれら諸国が，自らの産業基盤を整備するに際して，政府は，大なり小なり，強権的に賃金を抑え，海外からの資本の導入，特に直接投資による資本と技術の導入を促進させてきた経緯を有してい

る。こうした開発独裁的政策は，他方で一部のいわゆる財閥的民族資本による一族経営（Family Business）に対しては特権的便宜を図り，資本と技術の不足を補いながら，上からの産業基盤の育成，整備を行う方式を採用してきた。言い換えれば，新興国諸国ないし発展途上国ほど産業政策は，上からの「トリクルダウン（trickle-down）型」[3] 政策とならざるを得ない。

多国籍企業はこうした新興国政府の政策に沿った形で，輸出に重きを置いた過半数出資による直接投資の形態で進出し，現地生産品を自らの国際的なバリューチェーンを活用して輸出し，現地生産と国際市場へと連結させてきた。こうした現地政府と多国籍企業とのアライアンス的政策による産業育成，雇用創出と所得向上，税収の拡大戦略がいわゆる 1960－1980 年代に登場した NIEs（＝NICs）の背景にある。

今注目を集めている新興国群（emerging countries）の政府も基本的には，多国籍企業の経営資源を活用しながら，民族資本を育成する「トリクルダウン」型戦略を程度の差はあれ採用している。こうした現地政府の政策と多国籍企業の戦略は，たしかに，雇用創出と所得の向上，技術移転と現地サプライヤーの育成，政府の税収への貢献，等々を通じて新興国の GDP を増大させる積極的役割を果たしてきたことは事実である。しかしながら他方で，一部特権家族の所得資産を頂点とした所得構造の底辺に膨大ないわゆる BOP 層をも創出してきたことも事実である。このことは，従来型の現地政府の政策および多国籍企業の戦略の延長線上に BOP 層の貧困解消が保証されているわけではないことをも意味する。

⑵　**多国籍企業のソーシャル・イノベーションとしての BOP 戦略の限界**

こうした多国籍企業による先進国本国本社を中軸とした経営資源のグローバルな再編成・再構築をベースとするグローバル・バリューチェーンに基づく BOP 戦略は，程度の差はあれ，本国での上場株式価格と利益率（ROE）の最大化を志向するグローバル戦略の一端を構成することになる。このことは端的に表現すれば，多国籍企業の BOP 戦略の本質が，多国籍企業本社の株価と収益率（ROE）の最大化を図ることを前提とした本社を基軸としたグローバル戦略の一環である以上，いわゆる「トリクルダウン（trickle-down）型」の戦略と同義

であるともいえる。たしかに，先進国市場用に，そして先進国本国中心に開発された新規技術と製品が，やがて新興国拠点に移管されて現地で生産され，新興国の富裕層中心にそしてやがて中間層市場に投入されるプロセスにおいて，雇用と所得が現地で創出されることも否定しえない。しかし，その創出された富の多くは，多国籍企業本社とそして現地の一部財閥系一族を含む現地特権層に有利に配分され，残りの一部が中間層へ，そしてさらにそのわずかな残滓がインフォーマルセクター中心に滞留する低所得層としてのBOP層に零れ落ちていくことになる。この「トリクルダウン型」視点の戦略が，貧困解消という観点からは，新興国においては基本的に限界を有している最大の根拠は，以下の諸点に見いだされる。

　すなわち，林（2012）および本書第1・2章で指摘されているように，フォーマルセクターの主要産業部門が，主要プレーヤーである多国籍企業と現地財閥系一族企業によってコントロールされ，しかもこれら企業への政府による各種恩典システムとがあいまって，これら企業群の利益および既得権を侵害するようなイノベーションの導入は極めて消極的性格を帯びざるを得ない。

　こうした構図は，ビジネス・エリートとしての一部特権家族と政府高官とが癒着しがちな，いわゆる"Crony Capitalism"型システムとして新興国に大なり小なり共通する特質といえる[4]。したがって，そうした特質が強い分だけ，フォーマルセクターにおける安定就業層としての雇用機会の増大は限定的とならざるをえない。その結果，農林漁業やサービス部門をはじめとするインフォーマルセクターに滞留する不安定就業者数の増加分はフォーマルセクターに有効に吸収されず，結果的にBOP層は絶対的に増加することになる。こうして，このフォーマルセクターに従事する安定的就業層を中心とする中間所得層市場と，インフォーマルセクターに滞留する不安定就業層としてのBOP市場の間には，固定的な分断性を内包する断層が存在することになる。

　このことは，新興国市場は一部富裕層とフォーマルセクターに従事する中間所得層から構成される市場群と，インフォーマルセクターに滞留せざるを得ない低所得層としてのBOP層の市場との間が，構造的に分断されてしまうために，雇用と所得の増大分も基本的には中間層までで吸収されてしまい，BOP層には必要な分まで零れ落ちてこないことを意味する。その結果，多国籍企業の

新興国戦略は，多国籍企業が現地で提携している一部富裕層とフォーマルセクターの安定就業層としての中間所得層を富ませ,「トリクルダウン効果」の及ばないBOP層との所得格差をいっそう拡大させることになる。またグローバル・バリューチェーンの活用能力を有する多国籍企業は，現地サプライヤーを育成する積極的側面を有すると同時に，競合するローカル企業を市場から排除していく危険性をも内包している。

換言すれば，多国籍企業の「トリクルダウン型」新興国市場戦略は，こうした新興国固有の産業構造と市場構造に規定されて，新興国のBOP層を対象とした貧困解消の視点からは，基本的限界性を内在させていることになる。むしろ，多国籍企業のグローバル・バリューチェーンを基盤にした新興国市場戦略に沿った現地適応型製品やサービスの新興国市場への投入戦略は，創出された付加価値をグローバル・バリューチェーンの川上へと移転させていく現代的多国籍企業内国際的価値移転戦略の一環としての性質を有しているともいえる。

多国籍企業によるBOP戦略の最大の弱点は，端的に言えば次の点にある。すなわち，多国籍企業のBOP戦略の本質が，BOP市場の取り込みを図る市場戦略にあり，BOP層の雇用と所得の向上を図ることを第一義的戦略とするものではない以上，BOP層の主体的参加によって可能となるgrassroots innovationや inclusive innovationに依拠した現地固有の「知識と知恵の創造と活用」面において不十分性を常に内在させることになる。その結果，多国籍企業の「トリクルダウン型」のBOP戦略が基本的には，BOP層が主体的に参加するinclusiveなビジネスモデルでない以上，BOP層に適合的な製品・サービスの開発と経済的自立化を可能とする「ボトムアップ型」[5]のサステイナブルなシステムの構築とは本質的に矛盾する要素を内包していることになる。

3. 現地NGOのBOP戦略の有効性と限界

こうした多国籍企業によるBOP戦略が新興国の貧困解消に果たす積極的側面と同時に否定的側面を色濃く内包しているのに対して，現地NGOによる貧困解消を直接的ミッションとするBOP戦略にも同じように有効性と同時に限

界も内在させている。

(1) 現地 NGO の BOP 戦略の有効性

　現地貧困層の経済的自立化に貢献した新興国 NGO として著名な，Grameen 銀行の事例では，同銀行のマイクロファイナンスを，主として貧困女性中心に活用させ，現地コミュニティの BOP 層向け生活用品を扱う零細女性起業家による事業を軌道に乗せてきた。この零細事業によって経済的自立化が少しずつではあっても可能となってくるということは，インフォーマル・セクター内において経済的自立化を可能にするバリューチェーンが構築されてくることをも意味する。換言すれば，このことは，フォーマルセクターからの「トリクルダウン効果」に依存しない経済的自立化を可能とする「ボトムアップ」型の自律的ローカル・バリューチェーンが構築されてくることを意味する。前節においても指摘したように，新興国固有のインフォーマル・セクターとフォーマル・セクター間の分断性に対応しうるインフォーマル・セクター固有の経済的自立化戦略の内実は，貧困解消をはじめとする社会的課題の解決を第一義的ミッションとする現地 NGO がマイクロファイナンスを梃に展開するソーシャル・ビジネスとならざるを得ない。この点において，マイクロファイナンスを通して，現地コミュニティの所得，家族構成，居住環境や生活実態を把握している現地 NGO のほうが，外資系多国籍企業現地子会社よりもより的確に BOP 層のニーズを反映した商品企画やマーケティング企画を融資顧客の零細事業家にアドバイスしうる立場にある[6]。

　しかしながら，ここでのソーシャル・ビジネスの主体は，NGO というよりもむしろ，経済的自立化を目指す貧困女性であり，NGO の役割は，あくまでもマイクロファイナンスや事業運営上のビジネス・サポートにある。新興国における NGO によるマイクロファイナンスの融資対象顧客として，経済的自立化を目指す家族持ち女性が優先される主たる理由は，次の点にある。すなわち，小口融資の結果，零細事業から余剰収益が得られた場合，子供を抱える女性は一般的に，そのお金を，自らの嗜好品の購入に充てずに，子供の健康，教育，さらには家庭生活の改善，等に充てる傾向にある。このことは，こうした事業のプロセスを通して，女性個人としてというよりも，家族全体の経済的自立化

と同時に生活基盤の持続的安定性が確保されていくことを意味する。たとえば，バングラデシュのグラミン・シャクティの事例では，マイクロファイナンスを活用した太陽電池のソーラー・ユニットの設置により，500ワットのユニットで，1日4時間の照明が可能となり，たとえば夜の6時から10時ごろまで，内職や子供の勉強時間に活用できるようになっている[7]。この事例が意味していることは，単に経済的安定性が増すだけではなく，子供がより安定した教育機会を得ると同時に，より上級の教育機関で就学する機会が増すことも意味している。言い換えれば，こうした女性を軸とした家族型零細ビジネスであっても，子供たちがより高度な就学の機会を得て，将来的には高度職業人としての専門性を有する中間層としての中間所得層を形成していく基盤となりうることを意味している[8]。

他方，男性への融資によって，余剰収益が得られた場合には，アルコール類，ギャンブルを含む非生産的消費に費やされる危険性が高いことが指摘されている[9]。

このインフォーマルセクターにおける女性を軸とした家族単位の零細事業としての持続性を可能とするビジネスモデルとローカル・バリューチェーンが「ボトムアップ」効果の基盤となり，彼らの経済的自立化の鍵となる。その際，こうした零細企業が成功するかどうかの要件の1つは，その主体としての女性を中心とした零細起業家（Micro Entrepreneur）自身が程度の差はあれ，grassroots innovationの主体として自らの能力をいかに開発し活用していくかにある。

この「トリクルダウン」効果に依存しない，現地NGOによるマイクロファイナンスを梃とした零細事業家育成によるインフォーマルセクター内からの「ボトムアップ」型戦略こそが新興国におけるBOP層の持続的経済的自立化と「貧困の世帯間連鎖」を断ち切り，自律的中間所得層および中間層を創出させていくキーファクターといえる。

(2) 現地NGOのBOP戦略の限界

他方，現地NGOが経済的自立化を目指す貧困家庭の女性への小口融資によって零細事業を軌道に乗せることに成功したとしても，そこで扱われる商品

は基本的には,既存商品(生活必需品)を安く調達し,それに若干のマージンを上乗せして現地コミュニティの住民に小分けで販売するビジネスモデルの域を出ないケースが大半である。換言すれば,この種の家族中心の零細事業モデルは,家族の生活をなんとか維持できる経済的基盤を提供しているに過ぎず,より高度な技術的知識やマーケティング能力を背景としたビジネスモデルには至っていない。したがって,この種の家族ベースの零細事業モデルに家族が従事しても,専門的知識をベースとした高度職業人としての中間層への移行とは言えない。

　現地NGOによるマイクロファイナンスを活用した零細事業モデルは,一般的には,小口資金的めどさえつけば極めて参入が容易な零細小売事業をはじめとするビジネスモデルとなっている[10]。このビジネスモデルが対象としている購買層は,地方都市や農村コミュニティの低所得層の住民を主とするインフォーマルセクターの不安定就業層でもある。こうしたビジネスモデルがそのままの形態と組織能力で規模が拡大してフォーマルセクターに上方移動することは極めて困難となる。規模の拡大とフォーマルセクターでの事業運営には,商品の新規性や安全性,および安定した供給能力を可能とする技術的能力,そして販売チャネル網とマーケティング能力,等をはじめとする組織的能力が不可欠となる。現地NGOのマイクロファイナンスの活用とビジネス・サポートを通した零細事業の育成は,現地の素材活用や事業運営上の知識の蓄積等を通してローカル・バリューチェーンをより強化していくにせよ,さらにリージョナルからナショナルなレベルへとバリューチェーンをup-gradeさせていくためには,そのために不可欠な経営資源や諸能力を有する多国籍企業や国際機関を含むフォーマルセクターの現地大規模企業との多様な形態でのアライアンスが戦略的手段とならざるを得ない。しかしながらそこには,grassroots innovationを創出するローカル・バリューチェーンに依拠した「ボトムアップ」型のビジネス生態系と,多国籍企業のグローバル・バリューチェーンに依拠した「トリクルダウン型」のビジネス生態系との相克と角逐を内包させることになる。

4. 多国籍企業と現地 NGO の BOP 戦略の発展プロセスと ハイブリッド・バリューチェーン

(1) BOP 戦略とバリューチェーン

多国籍企業および現地 NGO が新興国 BOP 層市場を対象とした事業を展開していく場合の，概略的発展プロセスをグローバル・バリューチェーンとローカル・バリューチェーンの視点を踏まえて概略的に提示すると，図表 7-1 のようになる。

なお，ここでの現地 NGO の発展プロセスはグラミン銀行（バングラデシュ）と CARD MRI（フィリピン）を参考にしている。多国籍企業の BOP 戦略は，実質的には，現地 BOP 層を一部含む中間所得層市場向けの製品・販売戦略であるのに対して，NGO の BOP 戦略は BOP 層の貧困解消と経済的自立化のソーシャル・ビジネス戦略を内実としている。またここでの多国籍企業はグローバル・バリューチェーンを活用していることを想定している。

図表 7-1 多国籍企業と NGO による BOP 戦略の概略的発展プロセス

発展プロセス	多国籍企業（MNE）・現地子会社（LS）	NGO
Version 1.1	MNE・LS が本国市場向けと同じ製品を現地富裕層向けに販売	現地 NGO のマイクロファイナンス顧客が既存商品を単に BOP 層向けに小分け販売
Version 1.2	MNE・LS が本国開発製品の現地改良版を現地中間層向けに生産，販売	ソーシャル・ビジネス事業の多角化 MF 顧客へのビジネスサポートの発展
Version 2.1	MNE・LS が現地市場用適合製品（富裕層・中間層向け）を開発，生産，販売	MNE との合弁による現地市場向け製品の生産，販売
Version 2.2	MNE・LS が現地 BOP 層市場向けに開発・販売	MNE との合弁会社が現地 BOP 向け改良製品の開発，生産，販売，および他の新興国市場への展開
Version 3	MNE・LS が他の新興国 BOP 向け改良製品の開発，生産，販売，および先進国低所得層および Good Enough 市場への展開（Reverse Innovation の開始）	NGO・MNE との合弁会社が他の新興国 BOP・中間層向け改良製品の開発，生産，販売，および先進国低所得層・Good Enough 市場への展開（Reverse Innovation の開始）

出所：筆者作成。

4. 多国籍企業と現地 NGO の BOP 戦略の発展プロセスとハイブリッド・バリューチェーン

　さらに，ここでは現地 NGO を軸とした経済的自立化を促す雇用と所得の創出へと連関するローカル・バリューチェーンと多国籍企業のグローバル・バリューチェーンとの接合度合と地理的拡大に留意している。

　つぎに，本章で用いている「ハイブリッド・バリューチェーン（Hybrid Value Chain＝HBV）」の概念は，以下の2つのバリューチェーンの接合ないし混成を意味している。

　第一のハイブリッド・バリューチェーンすなわち，HBV1 はさらに次の2つのバリューチェーンから構成されている。1つは，非営利組織によるソーシャル・ビジネスに依拠した社会的課題の解決によって創出される社会的価値。そしてもう1つのバリューチェーンは，営利組織の事業運営によって得られる企業会計上の利潤や株価に反映される企業価値創出のバリューチェーンである。

　そして第2のハイブリッド・バリューチェーン，すなわち HBV2 は地理的差異に基づくバリューチェーンの接合（ないし混成）を意味している。

　以下これらの HBV1 および HBV2 を以下の図表 7-2・図表 7-3 によって述べていく。図表 7-2 に示されているハイブリッド・バリューチェーンは，非営利組織によるソーシャル・ビジネスを基調とする社会的価値創出のバリューチェーンと，営利組織による市場ベースでの取引を基調とする ROE と株価に反映される企業価値創出のバリューチェーンとが接合したバリューチェーンの諸形態を表している。

　ハイブリッド・バリューチェーン（HBV）1 の version 1.1 の営利組織⑴は，マイクロファイナンスの顧客層である経済的自立化を志向する女性中心の現地零細小売業をはじめとする現地零細ビジネスを事業内容とするバリューチェー

図表 7-2　ハイブリッド・バリューチェーン1（HBV1）の概念

ハイブリッド・バリューチェーン (HBV1) 非営利組織と営利企業との協働によるソーシャル・ビジネス型バリューチェーン	Version 1.1	非営利組織＋営利ビジネス⑴ （現地零細ビジネス）
	Version 1.2	非営利組織＋営利ビジネス⑵ （現地企業）
	Version 2.0	非営利組織＋営利ビジネス⑶ （現地大手企業・多国籍企業）

注：ここでの非営利組織は，ソーシャル・ビジネスの主体としての NGO，NPO を指している。

ン，同 version 1.2 の営利組織(2)は NGO からの金融上のサポートやビジネス・アドバイスを受けている現地小規模企業とのバリューチェーン，同 version 2.0 の営利組織(3)は，現地特権的ファミリービジネスをはじめとする大手企業・多国籍企業とのバリューチェーン，を意図している。

さらに図表 7-3 は，国際的に事業を展開する営利企業，特に多国籍企業によるグローバル・バリューチェーンと，現地 NGO がハブとなり新興国小規模零細企業を含む現地企業をニッチプレーヤーとする自立的ローカル・バリューチェーンとの接合がなされていくバリューチェーンの地理的拡大を示したものである。

すなわち，以下の Grameen の事例にみるように，こうした HBV が version 1 から version 2 へと進展するにつれて，バリューチェーンの地理的範囲も，local なものから regional（national）なものへ，そして global な性質へと拡大していくことになる。したがって，本章におけるハイブリッド・バリューチェーンの意味を確認すると，1 つは，多国籍企業，現地企業，等の営利企業のバリューチェーンと，NGO，NPO，国際機関，等の非営利組織との協働による社会的課題の解決を事業内容とするバリューチェーンとの接合したハイブリッド型バリューチェーン 1（図表 7-2 の HBV1）[11]。

この概念は，注 11 に紹介されている Drayton and Budnich（2010）の定義にほぼ等しい。そしてもうひとつは，現地 NGO を軸としたローカル・バリューチェーンと，多国籍企業のグローバル・バリューチェーンとの接合した地理的拡大の視点からのハイブリッド・バリューチェーン（HBV2）である。

以下，現地 NGO の BOP 戦略の発展プロセスをハイブリッド・バリューチェーンの視点に留意しながら検討してみよう。

図表 7-3　HBV2 の展開とバリューチェーンの地理的拡大

```
HBV2. V.1.1 = Local Value Chains (LVC)
              ↓
HBV2. V.1.2 = LVC + Regional (national) Value Chains (RVC)
              ↓
HBV2. V.2.0 = LVC + RVC + Global Value Chains (GVC)
```

出所：筆者作成。

(2) 現地 NGO による BOP 層の経済的自立化戦略

(2)-1　グラミン銀行の BOP 戦略-Version 1

(2)-1.1　Version 1.1

　Version 1.1 は現地 NGO がマイクロファイナンスの対象顧客を通して，地域コミュニティの住民を対象とした零細ビジネスの経済的自立化を促していく事業形態。ここでは，経済的自立化を目指す女性が，ビジネスの主体であり，現地の米，油，砂糖，等々の生活用品を中心とした地域産品を都市でまとめ買いでより安く購入し，農村地域住民にそれらを小分けして販売する単純な家族中心の零細小売型ビジネスである。ここでのバリューチェーンは，NGO をハブとしたソーシャル・ビジネスのプラットフォーム上に，経済的自立にチャレンジしている女性層中心の零細ビジネスがニッチプレーヤーとして参加している HBV によるローカル・バリューチェーン version 1.1 である。アジア新興国の NGO 組織が行っているマイクロファイナンス事業[12]の多くはこのタイプである。

(2)-1.2　Version 1.2

　Version 1.2 は，現地 NGO を軸に，各種ソーシャル・ビジネスへの多角化が図られているケースである。図表 7-4 は，グラミン銀行がマイクロファイナンス事業の活用を通して拡大，展開してきた多様なソーシャル・ビジネスモデルの概略図である。

　同図表が示しているように，低所得層向けのマイクロファイナンスと貯蓄業務を行う NGO 銀行をハブとして，多様なソーシャル・ビジネスを主体的に展開することによって，インフォーマルセクターの不安定就業層に対する就労機会と所得の創出，および家族の健康，教育，さらには携帯電話によるコミュニケーション手段の提供を含む生活基盤の安定化等の社会的課題の解決を主内容とするソーシャル・ビジネスを創出してきた。

　この Version 1.2 は，現地 NGO をハブとし，マイクロファイナンスを活用した現地女性起業家と，そして現地貧困層の経済的自立化を図る各種多様なソーシャル・ビジネスの要素を含むより規模の大きな事業体[13]をニッチプレーヤーとする HBV によるローカル・バリューチェーン version 1.2 である。

図表 7-4　NGO（グラミン銀行）によるソーシャル・ビジネスの事業拡大戦略

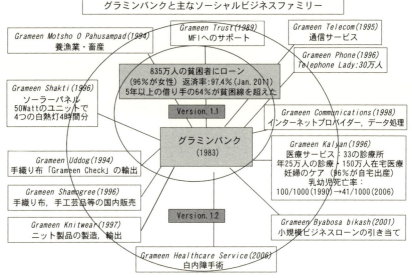

出所：林（2012, 263 頁）にグラミン銀行 HP ウェブサイトデータおよび現地でのヒアリングを参考に加筆修正。

　こうした Version 1.2 の多様なソーシャル・ビジネスを志向する事業の拡大が，Version 1.1 による零細ビジネスを取り巻く生活基盤を補完し，Version 1.1 の持続性を高めている。

　この Version 1.1, および 1.2 は，グラミン銀行をキーストーンとしてローカル・バリューチェーンを育成しながらビジネス生態系の持続性を高め，インフォーマルセクター内，特に農村における不安定就業層の女性および家族の経済的自立化と持続的生活基盤の強化を促すことになる。

⑵-2　グラミン銀行の BOP 戦略-Version 2

　しかしながら，こうした Version 1.1 および 1.2 のビジネスモデルは，インフォーマルセクター内の不安定就業層の経済的自立化と生活上の諸課題を次第に解消していく基盤を構築するにせよ，総人口 1 億 5,700 万人（2013 年）の人口と 1 人 1 日当たり 1.25 ドル（購買力平価）以下の貧困層の人口が総人口の

4. 多国籍企業と現地 NGO の BOP 戦略の発展プロセスとハイブリッド・バリューチェーン

43.3％（2010年）[14] を占めるバングラデシュにおいては，たとえグラミン銀行のマイクロファイナンスの 800 万人に及ぶ累計顧客数が経済的自立化を果たしたとしても，一国的規模で見た場合には，貧困以下の生活を余儀なくされている約 6,800 万人の人たちに占める割合はおよそ 12％に過ぎない。そこでグラミン銀行が従来の戦略的限界を乗り越え，さらに新たな開発，生産，マーケティング上の諸能力を一挙に向上させながら，同時に BOP 層の社会的諸課題に対処するために採ったソーシャル・ビジネス戦略が，こうした諸能力を有する多国籍企業をはじめとする海外諸企業とのアライアンスによって構築されている Version 2.0 に見出される。

図表 7-5 は，グラミン銀行およびグラミン・ソーシャル・ビジネスグループが海外の企業と提携することによって行っているソーシャル・ビジネスの概要である。

ここでのバリューチェーンは，現地 NGO と海外諸企業との合弁形態による HBV version 2.0 となる。これら海外企業との提携企業は，すべて非営利のソーシャル・ビジネス業務を行う合弁企業である。これらのソーシャル・ビジネスモデルは，海外諸企業の技術・マーケティング上の諸知識をはじめとする経営資源を活用することによって，換言すれば，これら海外企業のバリューチェーンの一部を活用することによって，貧困家庭層の栄養改善，生活環境の改善を主な業務内容としながら，同時にローカル・バリューチェーンの質的強化と量的拡大を通して現地雇用の創出と所得の増大を図り，ビジネス生態系全体の持続可能性を高めている。

また，こうした業務から得られた収益は，海外提携企業への配当に回されることなく，あくまで現地のソーシャル・ビジネスに再投資されることを原則としている。

図表 7-5 に示されている Version 2.0 型のソーシャル・ビジネス企業のうち，海外市場に直結させているビジネスモデルとなっている Grameen Yukuguni Maitake（以下，GYM 社：現 Grameen Euglena 社）[15] と Grameen UNIQLO のケースをみてみよう。

雪国まいたけ社[16] はユヌス氏の提起する「利益は配当せず，ソーシャル・ビジネスに再投資すること」を踏まえながらどのように，日本本社の業務を維持，

図表 7-5 グラミン銀行ファミリー企業と海外企業との提携図

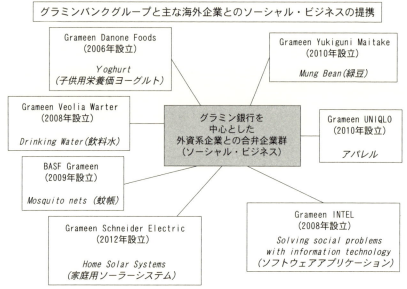

出所：グラミンとの提携各社のホームページを参考に作成。

発展させているのかを確認してみよう。GYM 社の事例は，星野（2012a, 2012b）において詳細に紹介されているので，ここではその要点のみにとどめる。同社（雪国まいたけ 75％，グラミン・クリシ財団 25％出資）[17] の現地での貧困農村女性および家庭へのソーシャル・ビジネスとしての業務概要は，(1) グラミンから農村女性へのマイクロファイナンスによる緑豆種子および肥料の購入機会の提供，(2) GYM からの栽培技術の研修と栽培，(3) 収穫された緑豆をこれら農村女性から市場価格より高値で買い取り，その 60％は GYM 社が日本への輸出（雪国まいたけ社への販売），残り 40％は購入価格に近いより低廉な価格で現地販売，(4) 現地では低価格で栄養価の高い食材を入手し，また現地販売で得られた収益は現地のソーシャル・ビジネスへの再投資，以上の流れとなる。このソーシャル・ビジネスによる現地への貢献は，現地農村女性中心の緑豆栽培による雇用機会の創出[18]，栽培技術の修得による安定した収入源の確保，栄養価の高い食材利用による農村地区の栄養改善，および繊維製品以外の輸出品目の多様化[19]と外貨収入の拡大，等に見いだされる。すなわち，雪国まいたけ社の

保有する各種農業技術・マーケティング知識を中心としたバリューチェーンを活用することによって，現地でソーシャル・ビジネスを展開する GYM 社のローカル・バリューチェーンを補完強化するいわゆるハイブリッド型バリューチェーンが構築されている。

こうした GYM 社の国際市場（日本市場）と連結させたソーシャル・ビジネス戦略の基本は，グラミン銀行をキーストーンとしたソーシャル・ビジネス生態系のプラットフォームである「ソーシャル・ビジネスの7原則」[20]に基づく「所有とパートナーシップ（Ownership & Partnership）」を原則とした多様な諸企業とのアライアンスにある。GYM 社同様，Grameen UNIQLO 社の場合も，ファーストリテーリング社（以下，FR 社）と Grameen Healthcare Trust との合弁によるソーシャル・ビジネスを展開しているが，FR 社から派遣された技術・マーケティング担当者からの指導を踏まえて，現地での素材調達，生産，販売が遂行されている。この業務プロセスを通して雇用と付加価値がローカル・バリューチェーン内で創出され，そしてその収益は現地でのソーシャル・ビジネスに再投資されることが原則となっている[21]。Grameen UNIQLO からは輸出業務はおこなわれておらず，基本的には現地で完結するビジネスモデルとなっている。他方，FR 社は，通常のビジネス業務として，現地の契約縫製工場で海外市場用に仕上げたユニクロブランドの製品を現地で販売せず，輸出する形態をとっている。

Grameen Danone Foods に関しては，すでに，Rodrigues and Baker（2012），林（2012），Peerally and Figueiredo（2013）において紹介されているように，ダノン社の技術資源をはじめとする経営資源を活用しながら，現地でのローカル・バリューチェーンの構築が確保されている。この現地 NGO をハブとした Version 2.0 型戦略は，多国籍企業をはじめとする海外諸企業がグローバルな規模で保有する経営資源を活用してローカル・バリューチェーンを強化していく HBV version 2.0 といえる。

しかし，本章執筆時点においては，このビジネスモデルは対 BOP 層市場を含む現地市場対応型であり，まだ海外市場との連結は十分に成されていない。したがって，多国籍企業のグローバル・バリューチェーンと現地 NGO（Grameen）のローカル・バリューチェーンとが接合して開発・生産された製品（サービ

ス)が,他の新興国・先進国市場に連結されているより高次なハイブリッド・バリューチェーン(HVC2)にまでは至っていないように思われる。

　以上の Grameen による Version 2.0 型の事業戦略において共通している点は,多国籍企業の有する技術資源を中心とする経営資源を活用するに際して,Grameen の理念とミッションをプラットフォームとする組織体系を維持しうる過半数出資比率による多国籍企業との現地合弁会社が設けられている点にある。すなわちここでは,ROE と株価の最大化を価値基準とする多国籍企業本社をベースとするバリューチェーンと,社会的課題の解決をミッションとする現地 NGO のバリューチェーンという異質なバリューチェーンとが,後者のミッションベースのバリューチェーンを軸に接合されている。換言すれば,ここでのハイブリッド・バリューチェーン(HBV)は,過半数出資によってソーシャル・ビジネスの価値基準が保証されたバリューチェーン上に,営利企業の価値基準をベースとしたバリューチェーンが補完的に接合された有機体として活動していることになる。

(2)-3　CARD MRI の BOP 戦略

　CARD の場合は,Grameen のソーシャル・イノベーション戦略に比べてビジネス生態系としての広さと深さ,ニッチプレーヤーの多様性の観点からはいまだ小規模といえる。この CARD のソーシャル・イノベーション戦略上の特質は,(1)マイクロファイナンスを通したサリサリストア(現地の伝統的零細小売店)の経済的自立化と"Suki-Store"[22](=SS)を軸とした流通ネットワークによる生活必需品の大量購入を通した低価格での調達とコミュニティ住民への低価格販売を可能にしている点,(2)現地加工業者との提携による現地農産物の加工品の PBL 製品開発・生産と SS 間の流通ネットワークを通しての販売,(3)マイクロファイナンスを通した多様なマイクロビジネスの育成,等に見いだされる[23]。

　こうした試みは,ローカル・バリューチェーンに幅と厚みを与えることになり,より自立性と持続性を可能にする経済的基盤を構築することになる。上記の(1)は,HBV version 1.1 の形態といえる。しかしながら,上記(1)で述べている低価格販売の意味は,農村地域の住民が従来のサリサリストアで購入す

るよりも，若干低価格ということを意味する。他方，生産者と直接交渉して大量に調達する都市の近代的大型スーパーマーケットはこうした地方のサリサリストアよりもさらに低価格で販売できることになる。そして農村地域のサリサリストアのオーナーは都市のこうした近代的スーパーマーケットからまとめ買いをして，地元住民に若干のマージンを上乗せして販売することになる。したがって，都市からより離れた遠距離にある農村地域の貧しい住民ほど，現地のより小規模のサリサリストアからより高めの価格で購入することになる。これがいわゆるラストマイル（Last mile）と BOP ペナルティ（penalty）の意味するところである。この BOP ペナルティは大都市から離れるにつれてどれくらいの差異となっているかを見てみよう。

図表 7-6 は，フィリピンの Manila，San Pablo（ラグナ州）および Culion 島（パラワン州）の 3 地域で同種類のサバの缶詰 1 缶と醤油 1 瓶を購入した場合の価格の差異を表している。

マニラのスーパーマーケットで購入すると，それぞれ 12.75 ペソと 13.0 ペソ，サンパブロ郊外の農村地域にあるサリサリストアで購入すると，それぞれ 15.0 ペソ，そして船で渡るクリオン島地域のサリサリストアで購入するとそれぞれ 18.0 ペソである。

この 2012 年時点における同じ商品であっても遠距離になるほど，各種の手間賃が上乗せされてくるため，料金は高くなる。この場合，マニラでの価格とクリオン島での価格の差は，それぞれ 41.18% と 38.46% の違いとなっている。

さらに，この BOP ペナルティは，大都市と遠隔地域間との距離的差異に規定されると同時に，同じ農村地域の中において購買力の差異によっても規定され

図表 7-6　フィリピンの BOP ペナルティ（単位：ペソ）

		Manila(A)	San Pablo(B)	Culion(C)	(A)と(B)の差額(%)	(A)と(C)の差額(%)
サバ缶詰	1 缶	12.75	15.0	18.0	17.65%	41.18%
醤油	1 瓶	13.0	15.0	18.0	15.38%	38.46%

出所：Manila と Culion 島（パラワン州北部にある島）の数値は，Dietrich et al（2015,p.127）による。原資料は同国 Department of Trade and Industry による 2012 年 11 月発表資料。San Pablo（ラグナ州）の数値は，林・井口・荒井による現地でのヒアリング調査（2012 年 3 月下旬）。より詳細な項目については第 4 章に紹介されている。

る。たとえば，同じ San Pablo 市（ラグナ州）のサリサリストアでたばこを購入する際，現地の住民はたばこ 1 箱ではなく，たばこ 1 本を購入し，マッチで火をつけてもらって，その場で吸いながら店を出る。仮に，1 箱（35 ペソ）を購入すれば，1 本当たり約 0.9 ペソとなる。しかし実際は，1 本だけ購入するがその料金は，2 ペソである[24]。この価格の差異もまた BOP ペナルティの範疇に入る。

以上の諸点が意味することは，マイクロファイナンスを活用したサリサリストアの経済的自立化とこうした零細店舗間のネットワーク化が進展したとしても，農村地域 BOP 層の購買力に適合したさらに低価格の製品を提供するためには，単に調達規模を拡大するだけでは不十分となる。そこで CARD MRI は，上記（2）の現地加工業者との提携によって現地農産物の加工品を開発・生産し，独自の"Hapinoy"ブランドの商標名による PBL（Private Brand Label）品としてサリサリストアの流通ネットワーク[25]に提供することを試みてきた。この（2）で志向されている戦略は，CARD MRI をハブとし，現地生産者や加工業者とのローカル・バリューチェーンの構築によるリージョナル内における経済的自立化を図る，ハイブリッド・バリューチェーン（HBV）をベースとする version 1.2 の形態である。

他方，Grameen のように，経営資源の豊富な外資系企業との提携による BOP 層向けの新たな製品開発と国際的な市場との連結の観点からはいまだ参考にしうる展開は示されるには至っていない。したがってここでは，HBV version 1.0-1.2 によるローカル・バリューチェーンは強化されてきてはいるが，HBV version 2.0 をベースとした多国籍企業のグローバル・バリューチェーンを活用した HBV にまでは至っていない。

5. まとめ

本章において提起したかった論点は，新興国における BOP 層の経済的自立化と貧困解消，換言すれば，Prahalad（2002a, 2002b）が提起したピラミッド型の所得構造からダイヤモンド型の所得構造へのパラダイム・シフトがなされる

5. まとめ

とすれば，それは多国籍企業による「トリクルダウン型」のグローバル・バリューチェーンだけでも，そしてまた現地企業や現地 NGO による「ボトムアップ型」のローカル・バリューチェーンだけでも必要十分条件とはなりえない，という点にある。既述のように，従来の多国籍企業の BOP 戦略にせよ，現地 NGO の BOP 戦略にせよ，それぞれ有効性と同時に限界を内包している。このことは同時に，Porter and Krammer（2012）が提起した「共通価値」実現の3つの方法（「製品と市場を見直す」「バリューチェーンの生産性の再定義」「拠点を置く地域を支援する産業クラスターをつくる」）自体もまた有効性と限界を内包している点にも留意する必要がある[26]。BOP 層の経済的自立化という視点からの BOP 戦略に関しては，現地 NGO によるインフォーマルセクターの貧困女性へのマイクロファイナンスを梃とした零細ビジネス（Micro Business）の育成と自立化が有効な戦略として位置づけられうる。しかしながら，電気・ガス・水・衛生・通信・交通をはじめとする生活インフラの改善，および家族の教育・栄養・健康をはじめとする生活の質的改善をソーシャル・ビジネスとして展開していくためには，営利企業の保有する経営資源の活用も不可欠となってくる。さらに，マイクロファイナンスを活用した地域コミュニティ住民向けの零細ビジネスから脱皮して，フォーマルセクターに位置づけられるより規模の大きい企業形態へと発展していくためには，経済性のみならず，安全性・品質・機能性，等の各種基準を満たす技術・マーケティング上の知識が不可欠となる。そして，さらに一国的レベルでの貧困の解消と中間所得層の拡大による所得構造のピラミッド型からダイヤモンド型へのシフトには，現地 NGO の「ボトムアップ」型 BOP 戦略と，多国籍企業の「トリクルダウン型」BOP 戦略との接合，換言すれば，現地 NGO をキーストーンとするローカル・バリューチェーンを基盤とした持続的ビジネス生態系と多国籍企業のグローバル・バリューチェーンとの接合によるより高度なハイブリッド・バリューチェーンの構築が一層有効性を増してきているように思われる。

　本章では，社会的価値と経済的価値を共有する「共通価値」実現の有効性という視点からは，その戦略の主体として，Porter and Krammer（2011）論の前提となっている営利企業からの視点ではなく，社会的課題の解決を第一義的ミッションとする現地 NGO が重要な意味を有していること，そして Porter らの主

張する共通価値を実現する社会的価値と経済的価値の双方を同時に創造する「共通価値」創造の3つの方法以上に,現地NGOをキーストーンとする持続的ビジネス生態系の構築とそれを強化していくソーシャル・ビジネスを軸とした社会的価値創出のバリューチェーンに,ROEや株価に反映される経済的価値創出のバリューチェーンが補完的に接合された「ハイブリッド・バリューチェーンの視点からのバリューチェーンの再定義」がいま求められていることを中心に検討してきた[27]。

注

1 ソーシャル・イノベーションおよびgrassroots innovationの概念については,第8章を参照のこと。ソーシャル・イノベーションとgrassroots innovationの定義については,BEPA (2002), Seyafang (2011) にも端的にまとめられている。

2 グローバル・バリューチェーンに関しては,Gereffi, G. and Frederick, S.(2010), UNCTAD (2013), 井口知栄 (2014) が参考になった。

3 "Trickle down"は,本来,「水が徐々に上から下にあふれ落ちる」ことを意味するように,米国共和党,特にレーガン政策の下で採られた,サプライサイド型の富裕者優先の政策原理でもあり,「富裕者が富めば富むほど,その富の一部が下に流れ落ち,富が全体に行きわたる」という論理としても用いられている。この論理は,むしろ,資本主義の発展段階において新興国に共通して採られてきた政策論理でもある。現先進国においても,この"Trickle down"政策が歴史的発展過程において共通してとられてきた側面については,Chang (2002) が示唆に富む指摘を行っている。重要な点は,この政策が,IMFや世界銀行をはじめとする米国主導型なのか,それともその国独自の発展段階に沿った主体的政策なのかどうかで,同じ"Trickle down"政策であってもその有効性には差異が生じることにある。言い換えれば,どのような政治的ガバナンスの下で,この政策が遂行されるのかという点が重要な意味を有することになる。

4 この"Crony Capitalism"型システムのフィリピンにおける具体例は,Kang, D. V.(2002), Harber, S.(ed.) (2002) が参考になった。

5 「トリクルダウン (trickle-down) 型」に対置する用語として,「トリクルアップ (trickle-up) 型」も使用可能といえる。ただし,"trickle-up innovation"の含意が新興国現地市場用に開発された技術・製品が先進国市場に適合的なものにさらに開発・改良されて先進国市場にも普及していくという意味で用いられ,「リバース・イノベーション」に類似した概念でもある。したがって「トリクルアップ」は,現地BOPの経済的自立化とは直接的関連性を有している用語とは言えないため,ここでは,「ボトムアップ」型を用いている。

6 ただし,NGOがすべてBOP層に有効な政策を遂行しているというわけではなく,NGO自体にも大なり小なり固有の問題を抱えている。特に組織的に大きくなるほど内部的問題を抱えがちと言える。この点については,堀口 (2014) においても指摘されている。

7 M.ユヌス (2007:pp.94-96, 邦訳162-165頁),同氏の講演会 (2007年7月,2009年3月,立教大学) フィリピンのCARDの場合にも同様の事例報告がなされている (CARD MRI本部でのヒアリング調査:2012年8月, San Pablo本部)。中村 (2014) も,東チモールでのソーラーライトの事例を用いて,同様の効果とさらに灯油代に代わる経済的効果を紹介している。

8 Grameen BankやCARD MRIの事例では,マイクロファイナンス顧客の子供たちへの奨学金供与によって,こうしたより高度な就学機会が得られている事例や博士学位取得の事例も紹介されてい

注　　*141*

る．これについては，両 NGO ホームページ (http://www.grameen.com/, http://www.cardmri.com/) を参照されたし．
9　インドでの事例については，Karnari (2007, 2009)，フィリピンでの事例については，第 4 章を参照されたし．
10　CARD Bank（フィリピンの NGO 組織）のマイクロファイナンス顧客の零細ビジネスモデルの形態については，第 4 章，第 5 章で調査結果が報告されている．
11　ハイブリッド・バリューチェーン（Hybrid Value Chains : HVC）の概念については，Drayton and Budnich (2010) が参考になったが，彼らの概念は営利企業 (Profit business) と市民セクター (Citizen sectors) の社会起業家 (Social entrepreneurs) との協業によるビジネスと社会的課題の解決と両立させるバリューチェーンの構築を意味している．
12　Grameen Bank が設定している通常の貸し出し利子率は，年 20％であるが，たとえば，年 TK1,000（＝＄77.9：2015 年 10 月）を借りて週ごとに返却していく場合，返却合計額は TK1,100 となり，実際の利子率は 10％平均となる．バングラデシュ政府のプログラムによるマイクロファイナンスの利率は年 22％，同様の返却方法による利率は 11％となっている．このほかに，同銀行では，住宅ローンが 8％，学生ローンが 5％，さらに以下の興味深いローンが設けられている．
"0％ (interest-free) loans for Struggling Members (beggars)", (http://www.grameen-info.org/grameen-bank-interest-rate; accessed, Oct.3,2015). このローンは極貧の乞食の人たちも利子なしで借りることができるが，返済の条件は，乞食をして返済することは認められず，"乞食をせずに"生活物品を訪問販売等の労働提供によって所得を創出して返済することが奨励されている (http://www.grameen-info.org/grameen-bank-at-a-glance/; accessed, Oct.3,2015)．
13　たとえば Grameen Telecom や Grameenphone による事業は，多くの農村女性にマイクロファイナンスを活用して携帯電話を入手させ，テレフォン・レディとして農村の貧困層にも 1 回ごとに使用料を得て，携帯電話の使用機会を提供し，農産物の市況入手や海外に行っている出稼ぎ家族からの送金手続き，等々の便宜を提供する事業内容とする．この事業内容は，market-based とソーシャル・ビジネスの両側面を有するという意味で HBV 型のビジネスといえる．
14　The World Bank Poverty Data より．
15　GYM 社は，2010 年に雪国まいたけ社とグラミンクラキシ財団との合弁によって設立されたが，2014 年 8 月末に「ユーグレナ社」に売却されている．なお，事業は「Grameen Euglena 社」に継承され，引き続き同様のソーシャル・ビジネスモデルで行われている．同社の持ち株比率は，Grameen Krishi Foundation が 50.51％，euglena 社が 49.49％，代表者は M. Yunusu 氏，共同最高経営責任者は M. Yunusu 氏・佐竹右行氏となっている（euglena 社ニュースリリースより，http://www.euglena.jp/news/2014/0827.html）．
16　本社：新潟県，東証 2 部：売上高 288 億円，営業利益約 20 億円，従業員数，約 1,200 名（連結，2014 年 3 月現在）．
17　星野 (2012a, 57 頁)，「ユーグレナ社」に売却後は，脚注 15 のように変更されている．
18　GYM 社 HP より (accessed 3.11, 2015), (http://www.muhammadyunus.org/index.php/japanese/1260-grameen-yukiguni-maitake，および http://www.euglena.jp/grameen/) なお，星野裕志氏（九州大学教授）の指摘では，2015 年現在は約 3,000 名強とのことである．この点についての新たな展開については第 9 章でより詳しく述べられている．
19　2012/2013 年度のバングラデシュの輸出額の約 80％はアパレル製品によって占められている（JETRO「世界貿易投資報告：バングラデシュ編」）(https://www.jetro.go.jp/world/gtir/2014/pdf/2014-bd.pdf)
20　これらの「ソーシャル・ビジネスの 7 原則」は以下の通りとなっている．1) Business objective will be to overcome poverty, or one or more problems (such as education, health, technology access, and

environment) which threaten people and society; not profit maximization, 2) Economic and business sustainability, 3) Investors get back their investment amount only. No dividend is given beyond investment money, 4) When investment amount is paid back, company profit stays with the company for expansion and improvement, 5) Environmentally conscious, 6) Workforce gets market wage with better working conditions, 7) ..do it with joy (http://www.yunuscenter.ait.asia/social-business/), accessed March 11, 2015.

21 ただし，ソーシャル・ビジネスに再投資された額，および創出された雇用者数に関しては不明である。特に後者に関しては，ファーストリテイリング社のバングラデシュにおける契約縫製工場が利用されているために，ソーシャル・ビジネス関連の縫製業務からどの程度の雇用創出効果があるのか，またそこでの労働条件に関しては明確ではない。

22 Suki Storeとは，サリサリストアの中でCARD MRIからマイクロファイナンスを受けている店舗を指す（第4章参照）。

23 ただし，新興国におけるマイクロファイナンス事業がすべてソーシャル・ビジネス的に運営されているわけではない。ちなみに，カンボジアにおけるマイクロファイナンス事業の多くは営利的に運営されている（廣畑：2015）。また，Grameen Bankの経営方針も，1975年の設立から2000年までの貧困女性の経済的自立化に焦点を絞った経営方針のGrameen Ⅰの時代から，2001年以降の市場との連結を志向する（market-led），さらなる拡大戦略を盛り込んだGrameen Ⅱに移行してきている（Rutherford：2006）。さらに，Grameen BankをはじめとするNGOによるマイクロファイナンス事業に関しても，Hulme, D. and Arun, T.(eds) (2009)，Karim (2011)，等から多くの疑問点が出されているが，こうした点については別の機会に論じる予定である。

24 このタバコ（マルボロ）の価格は，San Pablo市の農村地域でのサリサリストアで調査した，2012年3月下旬時点の料金。品目ごとの料金については第4章を参照されたし。

25 サリサリストア（Sari Sari Store）・スキストア（Suki Store）・コミュニティストア（Community Stores）・セントラルウェアハウス（Central Warehouse）間の流通ネットワーク，および"HAPINOY"に関しては，MicroVentures社（Mark Luiz氏が代表）がCARDとの間で各種のコンサルティング業務を担当している。同社については，第4章で紹介されている。

26 林・井口（2014b）。および第9章において彼の論点について引き続き吟味している。

27 現地NGOも非営利主義を原則とするものばかりではなく，営利主義的性格のものや，現地富裕層が代表を務めるものまで多様である（堀口：2015）。注23でも紹介したように，GrameenBankに対する批判的見解も論じられているが，本章では，社会的課題の解決を第一義的ミッションとするGrameenとCARDの積極的側面に焦点を絞って，上記の論点について検討してきた。

第8章

新興国の台頭とリバース・イノベーションの分析視角
―破壊的イノベーションとソーシャル・イノベーションの視点から―

1. はじめに

　本章は上記のキーワード群を，世界の所得構造の底辺的位置を占めているいわゆる BOP（Base of the Pyramid）の視点から統一的に把握する試みの一環である。

　2000 年代に入り，新興国（Emerging Countries）という言葉がよくつかわれている。1990 年代には OECD が提起した "NIES"（Newly Industrializing Economies）が使われていた[1]。かつて，1995 年に陳炳富氏（南開大学教授）と出版した『アジアの技術発展と技術移転』（陳・林；1995）で私は次のように述べた。「（世界）経済史的に見てみると，イギリスが産業革命期にあった 18 世紀後半には，ドイツ，フランスそしてアメリカはいまだ NIES 的位置にあった。さらに，19 世紀末のドイツ，フランスそしてアメリカの産業革命終了期における日本の位置もまさしく NIES であった。さらに，20 世紀末以降急速に工業基盤を確立してきたいわゆるアジア NIES（韓国，台湾，香港，シンガポール）もまた経済史的にはこうした NIES として位置づけられる必要がある」（前掲書，p.47）。ただし，留意すべき点は，新たに登場してきた中国，インド，ブラジル，ロシア，さらにはベトナム，インドネシア，トルコ，等のいわゆる BRICs や Next 11[2] をはじめとするいわゆる新興国（emerging countries）もまた，世界経済史的には NIES として位置づけられるかどうかについてはいまだ十分に理論的に検証されているとはいえない点にある。特に，新興国の概念に関しては，工業化

の段階および経済社会構成体の観点から吟味した場合には，多様な差異が検証されうることが想定される。

特に，上記のBRICSやNEXT11は，従来のNIESとして扱われてきた新興工業国の概念とは次の点で明らかに異なっている。すなわち，後者が産業技術基盤の評価を重要な基準にしていたのに対して，前者は投資先としての魅力や市場規模を基準にしていることにある。とりわけ，前者の概念は，先進国からの間接投資先として，また先進国多国籍企業にとって今後魅力的市場となるかどうかや，労働力をはじめとする魅力的経営資源の確保，等が定義の基準となっていると言える。しかしながら，こうした新たに経済史的に登場してきた諸国を21世紀における世界経済のシステムのなかでどのように理論的に位置づけるべきなのかについては新たな理論的パラダイムが求められることになる。

本章では両者の概念的差異に留意しながらも，両者を新興国としてみなして論じていく。

2. 新興国の登場とリバース・イノベーションの史的プロセス

(1) イノベーションとリバース・イノベーションの国際的フロー

新興国の登場と台頭の史的プロセスを，技術革新と技術移転の経済史的視点からみれば，そのプロセスは，イノベーションとリバース・イノベーションのプロセスであったともいえる。その流れを，技術普及の視点から産業革命期前後を中心に概略的に見てみると，次のように圧縮できよう。17世紀の宗教弾圧を契機としたフランドル地域を中心としたいわゆるLow Countries（現在のベルギー北部とオランダ，フランスの一部地域）から当時まだ産業技術的に劣位にあったイギリスへの大量の移民と技能の流出がある。1685年にナント勅令の廃止を決めたフォンテーヌブローの勅令によって，プロテスタント（ユグノー）に対する信仰の自由がはく奪された。その結果，およそ20万人のユグノーが，フランドル地方を中心とするいわゆるLow Countriesからイングランドをはじめアイルランド，オランダ，等に移住したとされている。ここで注記すべき点は，その際，人の移動とともに，重要な商業上および産業上の技能・知識が移

転されたと同時に,彼らがそうした技能を移住先で教えたことにある(Scoville, 1951, p.355)[3]。そうした北部ヨーロッパ大陸からの先進的知識 Flow の活用によるイギリス綿工業の台頭,および同国における近代特許制度の成立を契機とする産業革命を牽引する新技術の登場(林:1989)[4],等の諸条件が技術的視点からは機械制大工業の確立を促してきた。そしてイギリスからこうした技術はやがてアメリカやヨーロッパ大陸へと移転し,そこでの産業革命の技術的基盤となった(Landes;1969, Harris;1991,. Jeremy;1994)。イギリスからヨーロッパ大陸への繊維関係の機械の輸出はもちろん,イギリス人職工の大陸への移住も,競争国の台頭を恐れたイギリスは1825年まで禁止していた。それにもかかわらず,同年には,大陸で働くイギリス人熟練労働者の数は2,000人に達していた(Landes;2003, p.149, 邦訳164頁)。これら移住者の「最大の貢献は,彼らが直接やった仕事よりも,かれらが教師として果たした役割の方にあったに違いない。彼らは,・・・一世代分の熟練工を育成したのであり,その多くは・・企業家となった。」(Landes, op. cit., p.150, 邦訳166頁)。それら諸技術はやがて日本にも移転され,20世紀初頭の日本の産業革命を技術的に可能とした。その際,1860年代から1880年代にかけて,明治政府がアメリカ,イギリス,フランス,ドイツをはじめとする欧米諸国から,科学技術や近代的制度の導入のために雇い入れたいわゆる「お雇い外国人」の数も約2,000人に及んでいた(林;1995, 54-55頁)[5]。遅れて工業化の道をたどったこれら諸国は先進国から見れば経済史的には新興国であったことになる。

　そして,技術の移転先国で,国際的に移転されてきた技術が次第に普及,確立し,そして自立的技術開発能力としての"ナショナル・イノベーション・システム"[6]が構築されてくると,技術先進国から輸入されてきた製品も,次第にReverse Engineering を起点に改良され,さらに新たな革新的技術の開発へとつながっていくイノベーションプロセスを経ることになる。やがてこうした技術や製品が移転先国から国際的技術移転の起点となった諸国へと逆に移転されていくプロセスが逆技術移転すなわちリバース・テクノロジー・トランスファー(Reverse Technology Transfer)であり,リバース・イノベーションの歴史的プロセスである。主要国,地域による歴史的テクノヘゲモニーの変遷はこうしたイノベーションとリバース・イノベーションの史的流れでもある。

(2) アジアにおける人の移動とリバース・イノベーション

それでは，(1) 現在，在アジア日系企業では，どれぐらいの日本人技術者が現地で技術移転および技術開発のために従事しているのだろうか。さらに，(2) アジアから日本に技術吸収・獲得のためにきている技術者・技能者は何名なのだろうか。そして，アジア，特に (3) 中国において中国企業のために技術移転や技術開発に従事している日本人技術者はどれくらいいるのだろうか。以上の3点をまとめると図表8-1のようになる。

図表8-1 日本とアジア新興国との技術者の移動と技術移転

(1) 日系企業の在アジア関連会社に派遣された日本人派遣社員数
1996年から2014年にかけて，上記日本人派遣社員数は1万4,327名から1万4,794名に増大している。そのうちの約60-70％が技術系であるとのことから，1996-2014年にかけてだけでもこの間，<u>毎年約8,000-10,000名強</u>の日本人がアジアの日系企業で技術移転系の仕事に携わってきたことになる。そのうち，中国だけに限定すると，日本人派遣社員数は1996年の2,897名から2014年の6,601名に増大してきた。同じようにその60-70％が技術系の職務で派遣されているとすると（日系アジア拠点でのヒアリング），この間，<u>毎年約2,000名から4,000名</u>の日本人技術者が中国拠点での技術指導に携わってきたことになる。しかも重要な点は，海外拠点で生産ラインの増設や新設，さらには本国からの新たな製品の移管に伴って必要となる技術上のサポートは，日本から派遣される技術者によってなされるが，彼らの大多数は，ビザなしでの数日～数週間の滞在である。したがって，こうした<u>短期間の派遣技術者数をも考慮に入れると，中国だけで年間数万名に及ぶこと</u>になる。
(2) アジアから日本に技術，技能，研修ビザで入国した技術者・技能者数
1996年にアジアから日本に技術ビザ，および技能ビザと研修ビザで来日した人数は，それぞれ5万6,233名と10万3,848名であった。そして2013年現在，同人数はそれぞれ7万1,508名と10万6,608名であった。そのうち，最大の中国からの人数は，1996年がそれぞれ5,623名と6万2,728名，そして領土問題による政治的緊張関係前の2011年には，それぞれ3万9,666名と7万8,803名であった（2013年はそれぞれ3万5,987名と63,191名）。なお，2011年と2013年の技能・研修ビザ入国者数に，新たに導入された技能実習ビザによる入国者数も含めている)注。
(3) 中国系企業の社員として技術・技能指導のために働く日本人技術者・技能者数
谷崎（2014）のインタビュー調査によれば，<u>2,000-5,000名</u>の日本人技術者が，広範囲の産業分野にわたって中国現地の中国企業で技術開発関連の業務に携わっている。さらに，華為，中興，美的，海信，ハイアール，レノボ等の中国の大規模企業は日本に拠点を設立して，日本人技術者の日本拠点での採用を積極的に行っている（谷崎：2014年，160-161頁，『日経産業新聞』：2012年9月5日付）。

　注：技能実習・研修ビザには，製造業関連以外にも官公庁関係，農林水産，建設，サービス産業等も含まれている。技能実習制度に関しては下記サイトに掲載されている。(http://www.moj.go.jp/ONLINE/IMMIGRATION/ZAIRYU_NINTEI/zairyu_nintei10_0.html)
出所：林（1993, 1995, 2003, 2007），谷崎（2014），東洋経済新報社『海外進出企業覧』各年版，法務省『出入国管理統計』各年版。

コラム1：知識の移転と創造

　画期的な知識の戦略的創造の観点からは，「知識の移転」は単なる一要素にすぎず，むしろ組織間・地域間・専門領域間・多文化間のような「境界（boundary）」間の対話・議論・学習を通した「多様な知識要素の移転と融合」の連鎖から生まれてくる可能性が高い。

　第二次大戦中，連合国側は年間500隻におよぶ輸送船，軍艦を，ドイツの潜水艦U-Boatによって沈められ，英国は武器弾薬のみならず食糧不足に苦しめられた。U-Boatはお互いに高度な暗号通信システム（略称エニグマ）を用いて船団を巧みに包囲，待ち伏せし，効果的に沈めていった。下記のチャートは，このエニグマを解読するために秘密裏に結成され，苦心の末解読に成功した英国側解読チーム各メンバーの得意とする専門領域を示したものである。

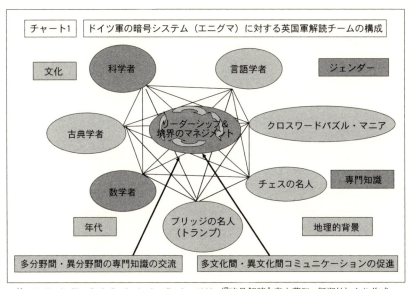

注：S. Singh, The Code Book, Anchor Books, 1999（『暗号解読』青木薫訳，新潮社）より作成。

　戦略的知識創造とチームメンバーの専門領域の多様性，およびリーダーの境界のマネジメント（boundary management）能力の重要性を検討するうえで極めて示唆に富む。

コラム2：移民とイノベーション

　以下は，典型的な米国発のイノベーション型企業の会社名と創設者名（インテルの場合は元会長兼CEO）を表している。これら企業はグローバルにビジネスを展開する著名な多国籍企業でもある。
　それでは，これら企業の創設者に共通するキーワードはなんだろうか？

　グーグル（Sergey Brin・Larry Page），マイクロソフト（Bill Gates・Paul Allen）
アップル（Steve Jobs），オラクル（Lally Allison），クァルコム（Irwin M. Jacobs），
デル（Michael Dell），アマゾン（Jeff Bezos），インテル（Andrew Grobe），
フェイスブック（Mark E. Zuckerberg）。

　竹田（2015, 87-92頁）およびWikipediaによると，彼らはユダヤ系の人たちである。インテルの会長兼CEOを務めたA.Grobe以外は，ユダヤ系移民の家系とされている（A. Grobeは1950年代のソ連のハンガリー侵入の際に，米国に難民船で脱出したユダヤ系移住者）。ユダヤ民族の米国への移住がなかったとしたら，こうした起業によるイノベーションは起こらなかったか，歴史的に相当遅れて登場したかのいずれかであろう。イノベーションとリバース・イノベーションの歴史的プロセスの背後に，本論文で指摘している技術者の国境を超えた移動とこうした移民が重要な役割を果たしてきたことを忘れてはならない（この点については，注3も参照されたし）。私見では，迫害の歴史を抱えながら生き延びてきたユダヤ系移民の家系の人たちが，民族的には，環境変化を察知し，もっとも危機意識を持って対応しうるダイナミック・ケイパビリティを有しているように思われる。なお，ユダヤ人固有のビジネスマインドについては，竹田（2015）の分析が示唆に富んでいる。

　技術的知識・ノウハウの国際的移転の観点からは，(2)の日系企業の日本人技術者が海外関連会社への長期派遣ないし短期出張ベースで技術的解決課題となっている知識・技能をピンポイントで伝えることが極めて効果的である。
　さらに，(3)に示されているように，技術を吸収しようとするアジア企業（図表8-1では中国企業）が，入手したい当該技術知識を保有している日本人技術

者を社員として自社内に取り込むことが同じように極めて有効となる。

図表 8-1 の (3) では中国系企業による日本人技術者の採用のみを対象としているが，主要中国系企業では，韓国系，ドイツ系技術者の採用も指摘されている（谷崎, 2014）。さらに，タイやインドネシアをはじめとする他のアジア系企業の場合にも，現地日系企業退職後の日本人技術者も多く現地採用されている[7]。

20世紀末以降のアジアにおける新興国の史的台頭の速さ（スピード）と規模（スケール）は，人の移動を通した技術・技能の国際的移転の視点から見た場合，18世紀から20世紀にかけて新興国として登場してきた際とは，基本的に桁が違うものとして認識せざるを得ない。言い換えれば，イノベーションとリバース・イノベーションの国際的移転の速さと規模もまた同様のこととして認識する必要がある[8]。

3. 多国籍企業による技術の国際的移転と逆移転のメカニズム

第二次大戦後の多国籍企業の登場による国際的生産拠点や開発拠点の設置の流れは，多国籍企業本国からこれらホスト諸国の拠点への技術移転の流れを促してきた（Vernon & Davidson; 1979, Davidson; 1980）[9]。そして特に米系多国籍企業による研究開発従事者数および研究開発費に占める，海外拠点に従事する研究開発者数比率および海外研究開発費比率が高まるにつれて[10]，また同時にこれらホスト国における自前のナショナル・イノベーション・システムが整備されるに伴い，これら米系多国籍企業本国から海外拠点への技術移転コストの低下と製品移管速度もいっそう速まってきた（Davidson, op. cit., p.30, p.32）。そして同時に注目すべき点は，こうしたプロセスがこれら海外拠点から本国への逆技術移転の流れも創り出してきたことにある（Mansfield & Romeo; 1984, 林; 1987）[11]。

とりわけ，米国多国籍企業の事例でみた場合，海外拠点から本国への技術知識の逆移転のフローも，1960－1970年代以降着実に見いだされるようになってきた（林: 1989）[12]。こうした多国籍企業内の国際的知識移転の流れが，いわゆ

る多国籍企業本国から海外子会社への企業内国際技術移転（International Intra-firm Technology Transfer）のKnowledge Flow と，海外子会社から本国への企業内国際逆技術移転（International Intra-firm Reverse Technology Transfer）のReverse Knowledge Flow である。

ただし，多国籍企業本国と海外拠点間のこうした Reverse Technology Transfer ないし Reverse Innovation の流れは，基本的には，一定以上の R&D 基盤と自国市場規模を有する先進国間の知識のフローであった[13]。

それら技術の中身も製品化に要する多様な要素技術群を構成する要素技術が中心であった。他方，今注目されている Reverse Innovation の実態は，要素技術というよりも新興国で事業化された最終製品である（Govindarajan and Trimble, 2012）[14]。

以上の諸点からリバース・イノベーションは以下の2つに分類しうる。1つは，国際的比較優位，ないし国際的競争優位の視点からの国際分業上の広義の意味でのリバース・イノベーション，もう1点は，多国籍企業による企業内国際分業の視点からの狭義の意味でのリバース・イノベーションである。前者は，国際的な国家間の技術移転と移転先国における産業技術基盤の向上，そして国際的な特定産業分野上の比較優位の逆転にともなう，現優位国から前優位国への輸出入の逆転に反映されるイノベーションの逆流パターンである。鉄鋼，造船，自動車，オートバイ，カメラ，TV セット，最近の白物家電，さらには携帯電話，等々に見られるように，これら製品や産業を構成する技術的イノベーション発祥国，地域へのイノベーションの逆流が史的プロセスとして進行してきた。後者は，主要先進国多国籍企業による場合と，新興国多国籍企業による場合に分かれる。主要先進国多国籍企業によるリバース・イノベーションは比較優位が逆転した製品生産の戦略的な国際的再配置とロジスティックスの再編成による企業内国際分業を通した対本国市場を含む国際市場戦略の要素を含みながらも，新興国現地市場用に開発した製品・事業の本国市場への逆流戦略を基本的内容とする。

そして新興国多国籍企業によるリバース・イノベーション戦略の場合には，前優位国の技術をベースに，新興国市場と先進国の Good enough 市場に適合化させたより低価格・機能限定型の製品を開発して，ターゲット市場を獲得して

コラム3：日系家電メーカーの海外拠点からの逆輸入戦略は，リバース・イノベーション戦略か？

　チャート2は，日系家電メーカーが新製品を本国市場に投入してから何年後に，海外拠点からの逆輸入が開始されたかを示している。例えば，CTVセットの事例でみると，1960年に日本本国で導入されてから30年後の1990年に松下電器がマレーシア拠点から逆輸入を開始したのに対して，デジタルTVセットの場合には，2000年秋に日本市場に導入されてからわずか0.5年（6か月）後に，東芝が中国拠点（大連）から逆輸入を開始している。2015年現在，日本の家電メーカーでは，一部の高級機種以外にはデジタルTVセットを日本市場用に生産している企業は1社も見いだされない。日本市場で販売されているデジタルTVセットが日本メーカーのブランドで販売されているが，その多くは中国企業とのOEM方式による輸入が大半である。

チャート2	日本家電メーカーの海外拠点からの逆輸入と国産寿命
カラーTVセット	30年：1960-1990年。松下電器が1990年にマレーシア拠点から輸入開始
家庭用VTR	17年：1975-1992年。シャープが1992年にマレーシア拠点から輸入開始
CDプレーヤー	10年：1982-1992年。シャープが1992年にマレーシア拠点から輸入開始
ワイドTVセット	4年：1991-1995年。SONYが1995年に16型をマレーシア拠点から輸入開始
MDプレーヤー	3年：1992-1995年。シャープが1995年にマレーシア拠点から輸入開始
DVDプレーヤー	2年：1997-1999年。パイオニア，JVCが1999年にマレーシア拠点から輸入開始
ディジタルTVセット	0年：2001年。東芝が2001年に中国拠点（大連）から輸入開始

出所：Hayashi（2001, p.131），林（2003, 154頁）より。

　こうした日系家電メーカーの当時の逆輸入戦略は，ここでのリバース・イノベーション戦略とは見做していない。前提は，現地市場用に現地で技術開発・改善がどの程度なされていることに置かれている。したがって，所定の品質・機能を保証する工程管上の改善や研修は必須であるとはいえ，単なる現地の低賃金利用による労働集約的工程活用にある場合にはリバース・イノベーションとは見做されない。

いくことになる。その際，当初は新興国市場が主要なターゲット市場であったとしても，やがて先進国の中低所得市場，そして Main Stream（主要市場）をも侵食していくことにもつながっていく。このことは戦略的には，先進国の主要市場を先進国多国籍企業から奪い取る戦略でもある。したがって，新興国多国籍企業のリバース・イノベーション戦略が有効に機能した場合には，その分だけ，先進国本国の関連産業分野と多国籍企業に対して，より大きな破壊的効果を及ぼすことになる。

4. リバース・イノベーションの 2 つの側面

さらに，多国籍企業によるリバース・イノベーション戦略にも同じように 2 つの側面が内包されている。1 つ目は，破壊的イノベーションの側面。もう 1 つは，ソーシャル・イノベーションの側面である。

(1) 破壊的イノベーションとしてのリバース・イノベーション

国家間のリバース・イノベーションの国際的フローが，既述の通り，鉄鋼，造船からＴＶセットやモバイルに至るまで，完成品に仕上げられた形で成された場合には，その流れは本来的に，破壊的イノベーション（Disruptive Innovation）（Christensen, et al, 2006）[15] の性格を有している。そして同じように，リバース・イノベーションが，同じ多国籍企業の新興国拠点から先進国本国への Innovation の Flow であってもその性格は，基本的に，破壊的イノベーションの性格を内包する知識フローとなっている点に留意する必要がある。

すなわち，同じ International Intra-firm Reverse Technology Transfer であっても，そうした技術上の知識移転の形態は，かつては多国籍企業の先進国拠点で開発された要素技術が海外の技術開発拠点で改善・改良されて本国拠点へと逆移転され，そして本国で他の要素技術やマーケティング上の知識と一体化されて本国で製品化されて，そののちに海外拠点に移管されるのが一般的であった。他方，今問題としているリバース・イノベーションの重要な特徴点の 1 つは，新興国拠点での開発が重要な役割を担い，そして新興国現地市場に完成品

> **コラム4：新興国日本への技術移転とリバース・イノベーション**
>
> 「かつて1850-1860年にかけてオランダ人技師の指導の下に三菱長崎造船所の基礎が出来上がった際に，それを見たイギリス公使オルコックが述べた言葉，すなわち，"かつて蒸気船ないし蒸気機関を見るだけであった日本人が，こんどは彼ら自身の手でボイラー付きの蒸気機関を作り出したことを指摘しておきたい。(オランダの) 技師たちが自分の仕掛けた地雷にとばされたという目に合わなくて済むとすれば，むしろ驚くべきことだといわねばならないだろう"」吉田 (1968, 49-50頁)，林 (1995, 71-72頁)。
>
> この言葉から，彼は，新興国日本への技術移転がいずれリバース・イノベーションとしてヨーロッパに逆流すること。そしてそれは，破壊的イノベーションとしての性格を伴っていることを認識していたことを意味する。

として投入され，事業的にも成功したイノベーションが先進国本国拠点へと逆移転されている点にある。

多国籍企業によるこうした戦略の背景には，これら新興国拠点のR&D能力の向上に加えて，新興国市場の戦略的重要性が急速に高まってきたことにある。

その際，留意すべき点は，これら新興国で成功したイノベーションが現地中間層市場用の要件をも満たす要素を内包していることから，これら製品やサービスに具体化されたリバース・イノベーションは，先進国市場の低所得層市場，ないしGood enough市場にも適合する共通の条件を満たしうることを意味することにある。

その際，こうした新興国側で開発された製品・サービスが先進国のこうした低中所得層に向けた新たな市場を創造した場合には，このリバース・イノベーションは破壊的イノベーションというよりは，むしろブルーオーシャン戦略型のイノベーションの特質をも有することになる（Kim and Mauborgne：2005）[16]。

しかしながら，新興国市場から先進国市場へのリバース・イノベーションが，技術的革新・改善とともに，次第に先進国のMain Stream市場を侵食していく場合には「破壊的イノベーション」の性格を伴う点にある。そして注目す

べき点は，Govindarajan and Trimble（2012）が至当にも指摘しているように，リバース・イノベーションが破壊的イノベーションとしての直接的効果を持って登場するのは，新興国多国籍企業が対先進国市場をメインターゲットとしてリバース・イノベーションを展開してきた時である。

(2) ソーシャル・イノベーションとしてのリバース・イノベーション

同時にこうした新興国発のリバース・イノベーションに内在する2点目に留意すべき点は，このイノベーションが結果的には中・低所得層の生活の質を改善するソーシャル・イノベーション的特質をも有している点である。ここでいうソーシャル・イノベーションは，イノベーションの中でも，社会的諸課題の解決に導くイノベーションを意味しており，事業レベルではソーシャル・ビジネスがその中心的役割を果たすことになる。その際，そのイノベーションの事業化によって個別企業レベルでは会計上の利益（profit）が出なくても，社会的利益（social benefit）が創出される場合には，ソーシャル・イノベーションの成果とみなすことができる。したがってここでのソーシャル・イノベーションの主体は，営利・非営利を問わず，社会的諸課題の解決を主たる事業とする事業組織を対象とする[17]。本章では，リバース・イノベーションの観点から，新興国のBOP層が抱える社会的諸課題，特に貧困解消をはじめとする諸課題の解決に向けた事業活動の主体として，多国籍企業とNGOに焦点を当てている。

多国籍企業に期待されている最大の社会的解決課題は，新興国BOP層の貧困解消に向けたBOP戦略であり，そしてそこで生まれたイノベーションの他の新興国への移転と，そして先進国へのリバース・イノベーションであるともいえる。

しかしながら，新興国市場，特にBOP（Base of the [Economic] Pyramid）層の生活改善に有効なビジネスモデルを開発するためには，(1) 3A（<u>A</u>ffordability：購買余力，<u>A</u>ccessibility：購入地点への交通アクセス，<u>A</u>vailability：生活インフラに規定された利用可能性）[18]ないし4A）[19]および，(2) トリプル・ボトムラインズ（経済的・社会的・環境的側面），さらには(3) 先進国市場と新興国市場との間の5つのニーズのギャップ（「性能（performance）」，「インフラ

(infrastructure)」,「持続的可能性 (sustainability)」,「規制 (regulatory)」, および「好み (preferences)」)[20], 等の諸条件を満たすことが必要となる。

そしてこうした諸条件を満たす製品やサービスを開発し, 流通させ, 最終 BOP 層に購入されるまでの新たなバリューチェーンを入れ込んだビジネスモデルによって, 現地で雇用の創出と所得の向上を可能とするイノベーションを実現させていくためには, 新興国現地 BOP 層特有の生活インフラや文化的諸条件に適合する新たな技術的, マーケティング知識や知恵の創造と活用が不可欠となる。そして BOP 層の文化的諸条件と生活諸条件を踏まえた, 主に上記の3つの諸条件を満たす新たな製品やサービスの開発と事業化には, 現地コミュニティ社会に埋め込まれた BOP 層固有の生活環境と文化的諸条件に関するいわゆる Locally embedded knowledge & wisdom (以下, LEKW)[21] を取り込むことが不可欠となる。言い換えれば, こうした BOP 層向けに適合した新たな製品やサービスの開発・生産・流通に至る事業化とバリューチェーンの構築には現地固有の知識と知恵を活用した Grassroots Innovation[22] が何らかの形で取り込まれる必要があることを意味する。

(2)-1 ソーシャル・イノベーションと Grassroots Innovation

その際, 重要な点は, grassroots innovation[23] (以下, GI) は本来的に「ボトムアップ」型イノベーションの性質を有していることから, GI が有効に機能するためには, BOP 層を含む現地コミュニティ層の主体的な参加を促すシステムがビジネスモデルに組み込まれていることが必要条件となることにある。換言すれば, GI が BOP 層の視点からのソーシャル・イノベーションとして具現化するかどうかは, 現地コミュニティの知識と知恵を活用したイノベーション活動を持続的に機能させる主体的条件をビルトインさせた仕組みがビジネスモデルに埋め込まれているかどうかにかかっていることになる。そこで重要な点は, こうした新たな適合的ビジネスモデルのデザインと運用が円滑に進むかどうかは, リーダーの社会的埋め込み能力 (social embeddedness), すなわち「社会状況を深く理解し, 現地経済を動かしている特有の経済原理の詳細な知識を得る能力」(London and Hart;2011, London and Hart;2004) の高さに規定される。

ただし，新興国における GI 自体は，あくまで現地コミュニティ内からの伝統的知識・知恵・ノウハウをベースにした現地での生活環境・風土に適した製品・サービスの開発と事業化を基本としているために，市場的には現地地域市場への適合性を最重要視することになる[24]。このことは，ソーシャル・イノベーションとしての GI がさらにリバース・イノベーションとして展開されるためには，現地コミュニティ市場から国際市場への連結，言い換えれば，現地コミュニティ内でのみ適合しうる製品・サービスから国際市場においても適合しうる諸条件[25]を満たす製品・サービスへの国際的標準化を要件とすることを意味する。そしてそれをビジネス生態系の視点から見た場合には，現地コミュニティ市場を志向したローカル・バリューチェーン型ビジネス生態系から国際市場を志向したグローバル・バリューチェーン型ビジネス生態系への転換も重要な戦略的課題となってこざるを得ない。

(3) リバース・イノベーションと Grassroots Innovation

Grassroots Innovation（＝以下，GI）が，BOP 層の貧困解消をはじめとする社会的課題の解決を可能とする土着的（indigenous）ローカル・バリューチェーンとビジネス生態系の構築へと導くためには，LEKW（および Indigenous Knowledge & Wisdom＝土着的知識と知恵：以下，IKW）を活かしたビジネスモデル，およびそれに沿ったビジネスプランとそれらの具体的プロセスは，固有の風土の中で培われた LEKW & IKW を理解する現地コミュニティの人たち自身とそれを認識しうるスタッフの主体的参加がビルトインされていることによってより有効となる。

リバース・イノベーションを多国籍企業の戦略の視点からみた場合，多国籍企業が現地子会社や自社の R&D 機関を用いて，こうした GI をベースに現地 BOP 層の生活を豊かにしうる製品・サービスの事業化を通じて雇用の創出と所得の増大を可能にすると同時に，このような製品やサービスを，さらに他の新興国市場と先進国 good enough 市場に連結させる製品やサービスの事業へと grade-up したときに，GI はリバース・イノベーション戦略へと発展的展開がなされたといえる。

しかしながら，こうした段階に至った典型的成功事例は，残念ながら，現調

査の時点では，いまだ見いだされるまでには至っていない。現時点での新興国からの先進国市場へのリバース・イノベーション的成功事例の多くは，先進国多国籍企業にせよ，新興国多国籍企業にせよ，いわゆる先進国で技術開発された製品を，新興国現地の低賃金利用による低コスト生産をベースにした改良製品が主流となりがちである。この意味において，この種のリバース・イノベーションは，リバース・イノベーション version 1.0 の初期的段階といえる。この場合，先進国多国籍企業は従来，先進国市場に適合する各種国際標準規制をクリアする製品を開発することを想定した研究開発体制が採られているのに対して，新興国多国籍企業の場合は，新興国市場を主たるターゲットとしたビジネスシステムとなっているために，先進国のメインストリーム市場で要求される各種国際標準とその背景にある知的財産権をクリアしうる技術開発能力が大きな障壁となる。

5. まとめ

　従来のリバース・イノベーションの概念が，Govindarajan and Trimble (2012) をはじめとして主に多国籍企業の戦略の視点から吟味されてきた。それに対して，本章におけるリバース・イノベーションは広義の意味と狭義の意味の2つの意味で用いられている。広義の意味では，国家間の歴史的プロセスにおける産業の興亡に見いだされるリバース・イノベーション，そして狭義の意味では，営利非営利を問わず企業の戦略としてのリバース・イノベーションである。そしてリバース・イノベーションはいずれの意味においても「破壊的イノベーション」の性格と，「ソーシャル・イノベーション」の側面を内包していることを吟味してきた。狭義の意味でのリバース・イノベーションをさらに，「新興国のグラスルーツ・イノベーション (grassroots innovation)，BOP，バリューチェーン」の視点をふまえてより包括的に把握することを試みてきた。ここでは，まとめとして，後者の狭義の視点から，リバース・イノベーションと破壊的イノベーション，ソーシャル・イノベーションおよび GI との関連性を，多国籍企業の BOP 戦略とビジネス生態系，および現地 NGO の BOP 戦略

とビジネス生態系の視点を踏まえて図式化してみる（図表 8-2 参照）。同図表におけるリバース・イノベーションには 2 つのケースがある。1 つめのケースは，同チャートの[1]→[1]*→[1]**に示されている流れであり，先進国側から導入された技術革新としてのイノベーション（技術・製品・サービス）をベースに多国籍企業であれ，現地企業であれ，新興国側で現地市場用に改善，改良したものを，新興国側から先進国側に移転した場合を意味している。

Govindarajan and Trimble (2012) が紹介している GE の携帯型心電計，P&G の生理用品，Deere 社のトラクターの事例，またホンダ社タイの二輪の事例もこの範疇に入る。さらに仮にインドの Tata Motors が国内現地市場用に開発・投入したモデルの"Nano"をさらに先進国の安全性に関する技術，等を導入してバージョンアップし，先進国市場に投入して成功した場合にも，この[1]→[1]*→[1]**のリバース・イノベーションの成功事例となりうる。

図表 8-2　リバース・イノベーション，ソーシャル・イノベーション，破壊的イノベーション，Grassroots Innovation 間の関連性概略図

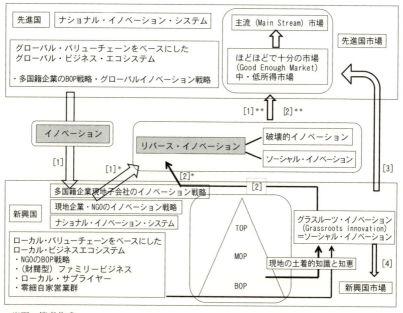

出所：筆者作成。

そして2つ目のケースは，[2]→[2]*→[2]**に示されている流れであり，たとえば，多国籍企業現地子会社がGIをベースに技術的に改善・改良した製品・サービスを先進国側に導入した場合にはVersion 2.0型のリバース・イノベーションの流れとして位置づけられている。

他方，[3]の流れで示されているように，新興国固有のGIが現地のローカル・バリューチェーンとビジネス生態系を基盤に，基本的に新興国独自の技術開発によってup-gradeされて先進国に移転されても，この流れは本章では狭義のリバース・イノベーションとしてはみなしていない。

また同じように，[4]の流れで示されているように，新興国"A"のGIをベースに改良された製品・サービスが他の新興国市場に導入された場合もここでは狭義の意味でのリバース・イノベーションとはみなされない。そしてここでのイノベーションは基本的にはソーシャル・イノベーションであり，破壊的イノベーションとはなりにくい。

以上の観点から，GIを内包した破壊的かつソーシャル・イノベーションとしてのリバース・イノベーション戦略を検討した場合には，その重要な主体的・実践的プレーヤーとしての先進国，新興国を問わず多国籍企業と現地NGOが志向している戦略の再吟味が次の分析課題となる。

注
1 アジアNIESの理論的・実証的位置づけに関しては，平川（1992，1993a，1993b）の一連の先駆的研究が参考になる。なお，ブラジル，アルゼンチン，メキシコのラテンアメリカNIESを含めたNIES全体の技術輸出でみた1970年代後半の技術的能力に関しては，S. Lall (1984)が中心となって編集している各国ごとの分析が参考になる。
2 BRICSやNext 11（イラン，インドネシア，エジプト，トルコ，ナイジェリア，パキスタン，バングラデシュ，フィリピン，ベトナム，メキシコ，大韓民国）なる概念は，金融系シンクタンクのエコノミストが今後の経済成長や市場規模の拡大予想から提起してきたものであり，経済学的に吟味した概念とは必ずしも言えない。
3 Scoville (1951)は，この論文でSombart (1928)の論を引用して，ポルトガル，スペイン，イタリーからLow countriesへ，そしてイングランドへの多くのユダヤ人移民がこれら諸国の近代資本主義化に貢献したことを述べている。同時に，19世紀末から20世紀初頭にかけての東ヨーロッパから米国へのユダヤ人移民，そして1930-40年代の西ヨーロッパから米国へのユダヤ人移民が米国の科学技術上の貢献に果たした重要性を指摘している。ただし，ユダヤ移民のこうした技術普及に果たした役割については，資料上の制約もあり，一般化や結論づけるのは避けたいとも述べている（Scoville, op,cit., 359-360）。なお，アルブラハム・レオン（1973：邦訳書）では，西ヨーロッパにおける近代資本主義の確立期に，「彼らが（ユダヤ人が）資本主義の発達に加担する。しかし資本主義の発展に重大な役割を果たした，というゾンバルトの命題は事実に即さない。それは空想に基

づいた主張である。」(邦訳書, 120 頁) と述べている。レオンによれば, 東ヨーロッパの「ユダヤ人は原始的 (商人的高利貸的) 資本主義を代表していたが故に, ・・・封建経済と資本主義の原始的形態の破壊が近代資本主義の発展よりはるかに速い速度で進行した。・・(その結果,) 単に前資本主義的商人だけでなく, 手工業労働者もまた移住を強いられる。その結果, 西ヨーロッパやアメリカに移住するため東ヨーロッパの地を離れるユダヤ人の数がますます多くなる。・・・さらに, 20 世紀に入って, 資本主義体制が経験した恐るべき恐慌は, ユダヤ人の状況をこれまでになかったほど悪化させた」(前掲邦訳書, 120-123 頁)。つまり, 彼の論理は, この期のユダヤ人たちは同化を通して資本主義の発達に加担してはいたが, 資本主義の発展に重大な役割を果たしたとは言えないということになる。

4　1624 年のイギリスの近代特許法の制度的確立以降, R.アークライトの水力紡績機 (1769 年特許取得), J.ハーグリーブズのジェニー紡績機 (1770 年特許取得), H.コートによる圧延法やパドル法 (攪拌式精錬法) (1782-1784 年), E.カートライトの力織機 (1785-1792 年各種特許取得) や J.ワットの蒸気機関 (1796 年特許取得) の個人的発明が登場してきた。こうした背景には, 発明家に対する特許技術の独占的使用権の制度的保証によって, 企業家としても経済的利益に対する明るい見通しが得られたことが大きく作用したと言える。これらの産業革命を牽引した特許技術に関しては, Ashton (1952), Mantoux (1955), Dobb (1963), Dutton (1984), および Dobb (1963) が参考になった。またこの時代のイギリスにおける特許数の推移については, 林 (1989:49-50 頁) に紹介されている。

5　近代日本の技術形成過程において海外からの導入技術が果たした役割については, 今津健治 (1989), 中岡哲郎・石井正・内田星美 (1986), 清川雪彦・南享進編 (1987), 等も参考になった。

6　海外各国, 地域ごとのナショナル・イノベーション・システムの分析については, Nelson (1993), および理論的アプローチに関しては Lundval (1992) が参考になった。

7　1990 年代後半以降, 筆者がタイ, インドネシア, マレーシアで行ってきた現地日系企業調査のヒアリングでは, 現地関連会社での退職後, 金型, 自動車部品, 家電関連分野の現地企業に採用されるケースが多く指摘された。

8　ただし, 単なる人の移動による知識やそうした知識の活用方法としての知恵の移動だけをもって, イノベーションを無媒介に論じてしまうことには「知識」と「イノベーション」間の 2 つの大きな違いを看護してしまう危険性を有しているように思われる。1 点目は, 画期的な戦略的知識の創造は, 個人間・組織間・地域間・専門領域間・文化間のような「境界 (boundary)」間の単なる知識の移転からではなく, 対話・議論・学習の連鎖から生まれてくる可能性が高いこと (コラム 1 参照) (林：2012)。そして 2 点目は, イノベーションをそうした知識活用による事業創造を内包した概念として理解した場合には, 単なる知識以外に, あえてリスクを冒して挑戦する「情熱・意欲・志 (こころざし)・勇気」といった動機を内に含む概念として認識する必要がある点である。さらに, 事業創造としてのイノベーションを主体の側面から見た場合には, 迫害の歴史を生きてきたユダヤ系民族のように, 常に危機意識を持って環境変化に対応せざるを得ない, ダイナミック・ケイパビリティとしての民族的特性や時代的背景の要素も無視しえない (コラム 2 参照)。

9　第二次大戦以降の米系企業を中心とした研究開発の国際化に関する海外の研究については, 林 (2001) で紹介されている。

10　民間部門で, 米系企業が雇用している科学技術者数合計に占める海外での同雇用者数の占める比率は, 1977 年にはすでに 13.8% であり, 1982 年には 14.6% に及んでいる (林：1989, 240-241 頁)。

11　日系企業による海外拠点への「人の移動と OJT 方式」による「暗黙知」重視型の日本型技術移転システムについては, 林 (1993, 1995, 2003), Hayashi (2001), および金綱 (2009) において紹介されている。競争環境の変化とこうした技術移転システムが有効に機能し始めたことにより, 日本本国からアジア生産拠点への製品移管速度と, これら海外拠点から本国への逆輸入の速度がともに急

速に高まってきたことについては，林（2001, 2003）において，日系家電企業・製品の事例を用いて指摘されている。例えば，CTV の事例については，コラム 3 の図表を参照されたし。

12 米系企業が海外拠点で支出した R&D 額のうち，米国本国に逆技術移転を齎した額の比率は，1965 年の時点ですでに 37％にも達しており，さらに 1979 年には同比率は 47％に高まっている（林：1989, 243 頁，Mansfield and Romeo；1984, p123 より再引用）。

13 IBM 社が海外拠点での研究開発によって取得した特許技術の中身については，林（2002），および同社を含むエレクトロニクス系多国籍企業 22 社による国際的研究開発のネットワーク化については，Serapio and Hayashi (1998)，および Hayashi and Serapio (2006) で紹介されている。

多国籍企業による知識創造の国際的メカニズムについては，Iguchi, Hayashi and Nakayama (2014)，林・井口（2012），およびそうした多国籍企業による国際的な研究開発戦略の背景にある科学技術知識創造能力の国際的な地理的分散化については，林（2007）を参照されたし。とりわけ，リバース・イノベーションの視点から重要な点は，いわゆる新興国の科学技術知識の生産能力を科学技術論文の著者所属国籍数の推移の観点から検証してみると，年間 100 本以上の論文が載せられている著者所属国籍数は，1970 年の 20 か国から 2010 年には多くの新興国を含む 73 か国に増加してきている。これについては，林（2004, 2007）でより詳しく紹介されている。

14 Govindarajan and Trimble (2012) の事例では，GE（インドや中国子会社）の携帯型心電計，P&G（メキシコ子会社）の生理用品，Deere 社（インド子会社）のトラクター等が紹介されている。

15 クリステンセンの破壊的イノベーションについては，【連載】戦略フレームワークを理解する「イノベーションのジレンマ」I，II」（林倬史）ソフトバンク：ビジネス＋IT ウェブサイト（http://www.sbbit.jp/article/cont1/16096）で解説されているのでここでは省略する。

16 Kim and Mauborgne (2005) のブルーオーシャン戦略については，【連載】戦略フレームワークを理解する「ブルーオーシャン戦略」（林倬史）ソフトバンク：ビジネス＋IT ウェブサイト（http://www.sbbit.jp/article/cont1/16096）で解説されているのでここでは省略する。

17 ソーシャル・イノベーションに関する日本語文献としては，谷本寛治・大室悦賀・大平修司・土肥将敦・古村公久（2013）が体系的に論点をまとめている。

18 C. K. Prahalad (2002), pp. 42-43, 邦訳 48-49 頁。

19 4A に関しては，第 5 章でも紹介されているように，Anderson, J. and Bilou, N. (2007) に依拠している。Availability, Affordability は 3A で用いられている概念と同様であるが，Acceptability は BOP 層および彼らに販売している伝統的小売店での受容性，Awareness は同じくこれらの購入者への新規製品・サービスの認知の問題である。

20 Govindarajan and Trimble (2012) は，貧困国市場用の製品開発は，上記 5 つのニーズのギャップ（Gap）を開発当初から考慮する必要があることから，事実上，白紙状態からのイノベーション（clean slate innovation）でもあると論じている（op. cit., pp.14-19, 邦訳 24-32 頁）。さらに，新興国の BOP 層も巻き込んだいわゆる inclusive business に適応する製品の開発には，6 つの原則が必要であることも指摘されている（Radjou, et. al, 2012）。

21 この Locally embedded knowledge & wisdom は言い換えれば，indigenous knowledge and wisdom（土着的知識と知恵）とも同義である。後者の概念整理については，Rao, S.(2006) が参考になった。また，地域固有の土着的知識や知恵は，地域の文化に密着したいわゆる "Sticky" な性格を有しているが，この概念については，Hippel (1994), Szulanski (2003) が先駆的に提起している。

22 Grassroots innovations の概念は，本来，先進国，発展途上国を問わず適合されうる概念である。いわゆる先進国においても，地域特有の産物を地域固有の加工法で製品化したり，地域伝来の技能継承による染色の技法等々，多数存在する。本論文では，新興国の BOP とリバース・イノベーションの視点からの論旨に力点を置いている都合上，先進国の grassroots innovation は検討対象からは捨象している。

23　ここでの grassroots innovations の概念は，いわゆる新興国において不安定就業層を多数抱える農村を中心とした現地コミュニティ固有の知識・知恵を活用した現地の人による「ボトムアップ」型イノベーションの総称として用いられている。本論文では，特に Gupta, A, et al. (2003), Rao, S. (2006), Seifang, G. and Smith, A. (2007), Keersmaecker (2014), および Viswanathan, M. (2011) 等の論文を参考にした。

　　なお，この分野で国際的に実践的にも著名な理論家の1人は，Indian Institute of Management の教授で，grassroots innovation 活動の非営利団体 SRISTI & Honey Bee Network を運営している A. Gupta 氏であると思われる。彼の grassroots innovation に関する考えは下記のサイトに掲載されている論説が参考になる。(http://www.iimahd.ernet.in/~anilg/facultypage.php?facultyid=anilg&menuno=3&pageid=12&menuname=Publications)。

　　Gupta,A, et al.(2003) は，Honey Bee Network での活動をベースにした，インドにおける現地コミュニティ固有の旧来の知識・知恵の普及と現地のイノベーターとの共生の関係性を論じており参考になる。この組織名に "Honey Bee" が用いられている理由は，「ミツバチは花を受粉させ，花になんら害を与えることなく，花の蜜をもらっていく花（自然）との共生の関係性」に由来している（Gupta, op. cit., p.977)。同じように，この組織は，現地コミュニティ固有の知識や知恵をドキュメント化して普及すると同時に，フォーマルセクターの科学技術知識とリスクキャピタルを活用しながら，grassroots innovation を成功させ，その果実を現地コミュニティおよび grassroots innovator に還元させることを図っている。

24　新興国における Grassroots innovation の事例としては，その多くは，水資源，土壌，開墾，風力・水力・人力利用，等のエネルギー，農産物の加工，等に関する農林水産業関連の第一次産業に関するものであるが，医薬品の素材としての特定の草木や最近は IT，特にモバイルの活用による情報サービスの事例も見られる。Keersmaecker (2014), Gupta（注23のウェブサイト），Letty (2012) および SRISTI & Honey Bee Network のウェブサイトが参考になった。

25　たとえば，現地農産物の加工食料品の場合には，各国に安全基準としての GAP（Good Agricultural Practice）が制定されているが，国際的基準としてのグローバル GAP（欧州の大手スーパー等の大手小売が独自に策定していた食品安全規格を標準化）が国際的には強力な認証基準となっている。したがって，海外市場への輸出の際には，この安全性に関する認証基準を満たす技術水準が要求されることになる。Global GAP については，http://www.globalgap.org/uk_en/ を参照されたし。

第9章

新興国のBOPと貧困解消の戦略
―開発経営学を目指して―

1. はじめに

　新興国BOP層（Base of the Economic Pyramid＝最貧困層）の貧困解消が現代世界の抱える最大の経済的・社会的解決課題の1つであることは多くの研究者や国際的機関のみならず一般社会においても深く認識されてきた通りである。
　すでにみてきたように，国連の2000－2015年の開発プログラムMDGs（Millennium Development Goals）に続く2015－2030年開発プログラムSDGs（Sustainable Development Goals）においても，貧困問題は引き続き世界的に解決すべき最重要課題の1つとして取り組まざるを得ない状況となっている。
　世界銀行のデータベースによる新たな貧困基準値で再確認すると，1990年の世界人口（52億8,300万人）の37.1％（19億5,999万人）が1日＄1.9ドル以下（2011年のPPP：購買力平価基準）の絶対的貧困層であった。そして同比率は，2010年の世界人口（69億2,400万人）の16.3％（11億2,861万人）へと減少してきた。しかしながら，その比率は，中国を除いて計算しなおすと，1990年の29.03％（12億408万人）から2010年の21.27％（11億8,814万人）へと20年

図表9-1　世界の貧困層（＝極度の貧困層）（単位：億人）

	A （世界の人口）	B （中国の人口）	C （世界の貧困層）	D （中国の貧困層）	(C/A)	(D/B)	(C-D) /(A-B)
1990	52.83	11.35	19.60	7.56	37.1％	66.6％	29.0％
2010	69.24	13.38	11.28	1.50	16.3％	11.2％	21.3％

出所：World Bank Databaseより算出。

間でわずか7.8%（1,594万人）の減少でしかない。

したがって，中国を除くと，世界の貧困層は人口の20%，5人に1人が依然として貧困層に位置づけられることになる。しかも，世銀方式によるこの1日1.90ドル（2011年のPPP：購買力平価基準）は，最低限の栄養補給も不十分な「極度の貧困（extreme poverty）」を基準としており，さらに最低限の文化的生活さえも確保されていない「貧困」基準ではない。そこで，同じ世銀のデータベースを基に，1日3.1ドル以下の「貧困ライン」以下の数値をフィリピンでの事例で吟味してみよう。同国における1日3.1ドル以下の貧困ラインの人たちは，2000年基準で人口の43.1%から2012年の37.6%へと減少してきた。しかし，この間，人口は7,790万人から，9,600万人へと増加してきた。したがって，貧困層の人たちは，3,357万人から3,610万人へと絶対数としては増加してきたことを意味する。換言すれば，1日3.1ドル以下でみた「貧困ライン」の人たちは相対的には減少してきたが，絶対数としては増加してきたことを意味する。

本章では，貧困削減戦略としてのBOP戦略を，従来型の国際的開発援助型方式による貧困解消プログラムの有効性や限界を解明することにではなく，多国籍企業やNGOによるソーシャル・イノベーションとしてのBOP戦略の有効性と限界の解明に置いている。本章では，前章に引き続き，Prahalad（2002）のBOP戦略論，およびPorter and Krammer（2011）の「共通価値」創造の戦略論の有効性と限界に留意しながら，新興国の有効な貧困削減を企業戦略の視点から，現地NGOのGrameen（バングラデシュ）の事例を中心に再検討していく。

ここまでに提起した論点は，新興国におけるBOP層の経済的自立化と貧困解消，換言すれば，Prahalad（2002a, 2002b）が提起したピラミッド型の所得構造からダイヤモンド型の所得構造へのパラダイム・シフトがなされるとすれば，それは多国籍企業による「トリクルダウン型」のグローバル・バリューチェーンだけでも，そしてまた現地企業や現地NGOによる「ボトムアップ型」のローカル・バリューチェーンだけでも必要十分条件とはなりえない，という点にあった。換言すれば，従来の多国籍企業のBOP戦略にせよ，現地NGOのBOP戦略にせよ，それぞれ有効性と同時に限界を内包している点に留意する必要があること。このことは同時に，Porter and Krammer（2011）が提起した「共

1. はじめに

通価値」実現の3つの方法（「製品と市場を見直す」「バリューチェーンの生産性の再定義」「拠点を置く地域を支援する産業クラスターをつくる」）自体の有効性と限界を内包している点にも留意する必要がある（林・井口：2014c）。

　すなわち，社会的価値と経済的価値を共有する「共通価値」実現の有効性という視点からは，その戦略の主体として，Porter and Krammer（2011）論の前提となっている営利企業からの視点ではなく[1]，社会的課題の解決を第一義的ミッションとする現地NGOが重要な意味を有していること，そしてPorterらの主張する共通価値を実現する社会的価値と経済的価値の双方を同時に創造する「共通価値」創造の3つの方法以上に，現地NGOをキーストーンとする持続的ビジネス生態系の構築とそれを強化していくソーシャル・ビジネスを軸とした社会的価値創出のバリューチェーンに，ROEや株価に反映される経済的価値創出のバリューチェーンが補完的に接合された「ハイブリッド・バリューチェーンの視点からのバリューチェーンの再定義」がいま求められていることを中心に検討してきた。

　要約すると，BOP層の経済的自立化という視点からのBOP戦略に関しては，現地NGOによるインフォーマルセクターの貧困女性へのマイクロファイナンスを梃とした零細ビジネス（Micro Business）の育成と家族の経済的自立化が有効な戦略として位置づけられうること。しかしながら，電気・ガス・水・衛生・通信・交通をはじめとする生活インフラの改善と，および家族の教育・栄養・健康をはじめとする生活の質的改善をソーシャル・ビジネスとして展開していくためには，営利企業の保有する経営資源の活用も不可欠となってくる。さらに，マイクロファイナンスを活用した地域コミュニティ住民向けの零細ビジネスから脱皮して，フォーマルセクターに位置づけられるより規模の大きい企業形態へと発展していくためには，経済性のみならず，安全性・品質・機能性，等の各種基準を満たす技術・マーケティング上の知識が不可欠となる。そして，さらに1国的レベルでの貧困の解消と中間所得層の拡大による所得構造のピラミッド型からダイヤモンド型へのシフトには，現地NGOの「ボトムアップ」型BOP戦略と，多国籍企業の「トリクルダウン型」BOP戦略との接合，換言すれば，現地NGOをキーストーンとするローカル・バリューチェーンを基盤とした持続的ビジネス生態系と多国籍企業のグローバル・バ

リューチェーンとを補完的に接合したより高度なハイブリッド・バリューチェーンの構築が一層有効性を増してきている点であった。

本章では，開発経済学で論じられてきた開発途上国における経済開発論のなかでも重要な位置を占めてきた速水（1995：初版，2009：新版）の開発経済体制論，および Kotler & Lee（2009），Mintzberg（2015）等の3セクター論の指摘を踏まえながら，新興国現地 NGO の Grameen（バングラデシュ）と Grameen Euglena 社の発展戦略の事例を参考に，有効な貧困解消モデルとしての開発経営体制（組織）モデルを検討していく。

2. 新興国の経済開発体制モデル
―速水論の経済開発体制モデルを中心として―

速水（2009：新版）の開発経済体制論の注目すべき点は，途上国の経済開発に必要な経済体制を，単に「市場」と「国家」の2つの組織の組み合わせでは不十分であり，そこに「共同体」という組織を加えた3者の組織的組み合わせとして論じている点にある（速水, 225-319）。

経済開発体制に「共同体（community）：濃密な人的交流によって形成される信頼関係で結ばれる集団」を入れ込む必要性は次の点に求められている。すなわち，共同体は「前近代的組織として近代的発展の桎梏とみなされがちであったが，実際には市場と国家の失敗を補正し，近代的な経済発展を支えるのに不可欠な組織原理を提供している」（速水, 284）。第二次大戦後の日本の経済発展においても，たとえば，護送船団方式，日本的系列システム，終身雇用制・企業内組合，等々に見いだされる社会的・組織的信頼関係をもたらす「共同体」組織が有効に機能し，逆にそれがなかった場合に対して大幅に社会的コストを低減させてきた。端的に言えば，「市場は利己心にもとづく競争により，国家は権威にもとづく指令により，共同体は合意にもとづく協力により，分業を適切な協業関係へ調整する役割を担う」（速水, 285）ことになる。また，新興国・発展途上国においても，そうした諸国固有の共同体組織が存在し，ネガティブにもポジティブにも「市場と国家の失敗と成功」に無視しえない程度に影響を及

2. 新興国の経済開発体制モデル―速水論の経済開発体制モデルを中心として―

ぼしている[2]。各国，地域の経済開発における「市場と国家の失敗と成功」の歴史から新たな経済開発論を構築していくことは，各国ごとの市場と国家，そして共同体のありように差異が存在している以上，極めて困難な作業であることは否定しえない。しかしながら，特に新興国における貧困と所得格差の問題解決にとっては，この理論的克服が喫緊の課題となっている。そこでまずはじめに，この速水論の要点と現地調査を参考に，新興国における3者間の関係性を図式化する作業から始めてみよう。

図表9-2は，「市場・国家・共同体の失敗」を表している。同図における，「市場の失敗」とは，血縁による「財閥的」一族支配企業群と多国籍企業とによる主要産業の支配が競争を制限し，「マーケット・エコノミー」の機能を制限していく。

そのため，経済合理性に欠けた市場メカニズムが創出され構造化されていく。「国家の失敗」とは，政府・官僚機構の腐敗・非効率的性格の故に，特定集

図表9-2 新興国における市場・国家・共同体の負の連関メカニズム

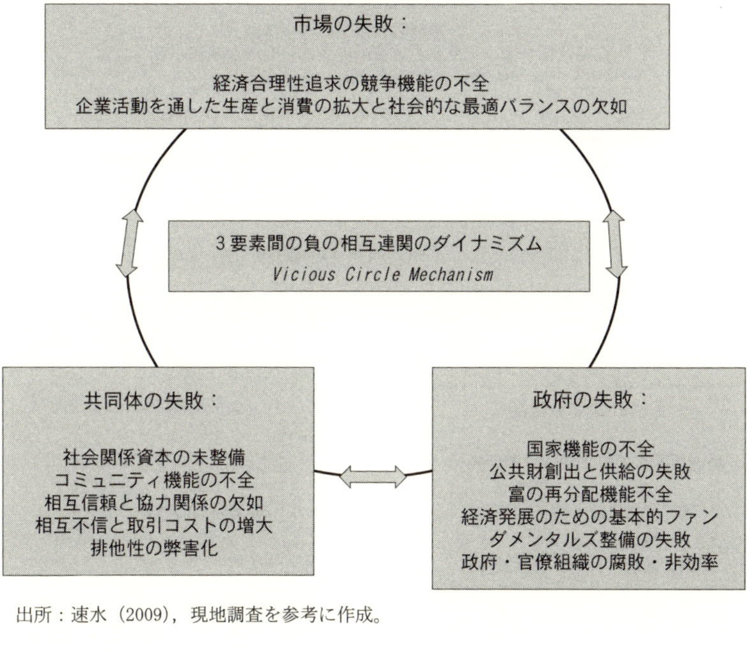

```
          市場の失敗：
    経済合理性追求の競争機能の不全
企業活動を通した生産と消費の拡大と社会的な最適バランスの欠如

      ⇕
  3要素間の負の相互連関のダイナミズム
      Vicious Circle Mechanism
      ⇕

  共同体の失敗：              政府の失敗：
  社会関係資本の未整備         国家機能の不全
  コミュニティ機能の不全       公共財創出と供給の失敗
  相互信頼と協力関係の欠如     富の再分配機能不全
  相互不信と取引コストの増大   経済発展のための基本的ファン
  排他性の弊害化               ダメンタルズ整備の失敗
                               政府・官僚組織の腐敗・非効率
```

出所：速水（2009），現地調査を参考に作成。

団への利権を発生・温存させ，土地所有制の改革は進まず，また法人税・所得税・相続税等の租税制度が厳格に適用されないために富の再分配機能も有効に機能しない。そのため，所得・資産格差は解消されず，また経済発展に不可欠な基本的ファンダメンタルズの整備に財政的にも失敗していく。そして，「共同体の失敗」は，こうした警察・裁判所を含む中央・地方政府機構の腐敗に起因して公平性・安全性が有効に担保されず，政府関係諸機関に対する社会的信頼感が欠如し，その結果，企業間・市民間・企業と労働者間，等のトラブルは有効に解決されず大きな社会的コストを生んでしまう。そして前近代的遺制は解消されず，インフォーマルセクター・フォーマルセクター間および農業・工業間の断絶状況の固定化が続く。こうした3者間の負の連鎖が，新興国・発展途上国の経済的停滞を固定化させていく。

他方，図表9-3はその逆を示しており，土地の再分配と農業の生産性の向上

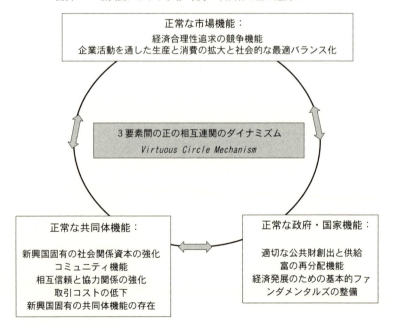

図表9-3 新興国における市場・国家・共同体の正の連関メカニズム

出所：図表9-2に同じ。

2. 新興国の経済開発体制モデル—速水論の経済開発体制モデルを中心として— 169

が農民層の所得を向上させ，工業製品（工業部門）への需要を拡大して，その結果フォーマルセクターが拡大し，インフォーマルセクターからの労働移動を促す。

またローカル企業の競争力の向上により，経済合理性追求のメカニズムのもとで多国籍企業・家族支配型大規模企業・現地ローカル間の競争機能とマーケット・メカニズムが働き，結果的に，企業活動を通した生産と消費の拡大と社会的な最適バランスがもたらされていく。

同時に，政府・官僚機構も適切に機能し，富・土地の再分配による所得・資産格差の是正がなされると同時に，経済発展に必要な教育を含む基本的ファンダメンタルズ（社会資本）の再整備を通した公共財の創出・供給がなされる。その結果，過度の経済的合理性追求による経済的弱者の発生と排除を創出させていく経済的ダーウィニズムや市場原理主義が抑制されうることになる。そして，警察・裁判所を含む政府・官僚機構にも汚職・腐敗の類はないため，企業間・市民間・企業と労働者間，等にトラブルが発生しても，関係機関に対して，さらには当事者間にも社会的信頼関係の基盤が構築されているために公平な解決が図られ，結果的に社会的コストは低く抑えられる。

その結果，こうした3者間の正の連鎖と循環が，新興国・発展途上国の経済的発展を持続化させていく。以上が，「市場・国家・共同体間の失敗・成功」の関係性の概略である。

こうした「市場・国家・共同体」，3者間の負・正の連鎖は，経済開発における有効性と課題の解明に重要なヒントを与えてくれる。

他方，経済開発論における速水論や世銀（World Bank）の政策モデルに共通する限界は，前章においても指摘したように，両者とも「トリクルダウン型」政策論の枠内で収斂させてしまっている点にある。言い換えれば，この政策モデルは，ガバナンスを始めとする制度的枠組みさえ整備すればすべて社会的課題は解決されうるという主張でもある。しかしながら，新興国では，新興国固有のフォーマルセクターとインフォーマルセクター間の断層を背景とする市場の固定的分断の特質に起因して，上からの経済開発の恩恵が下層まで滴り落ちてこない構造的特質を有している。

それ故に，図表9-3に示されている3者間に正の循環のメカニズムが生み出

されるような上からの「トリクルダウン型」政策がなされたとしても，その成果は主としてフォーマル・セクターとそこでの安定就業層までにとどまり，インフォーマル・セクターと不安定就業層にまでは十分に届いてこないことになる。

換言すれば，この3者間の連鎖をポジティブなダイナミックな循環のメカニズムへと変えていくためには，経済開発の主体として，インフォーマル・セクターを含めた市場経済における主役的存在としての企業組織側の開発戦略モデルを入れ込む必要がある。逆に言えば，上記モデルには，「トリクルダウン型」政策を，インフォーマル・セクターを含む生産・流通段階から有効に機能させていくいわゆる「ボトムアップ」型政策論とその枠組みが欠如している。

そこで以下，本章での分析上の力点を，こうしたマクロ的枠組みを市場間の断層を超えて具体化していく，インフォーマル・セクターを取り込んだミクロレベルでの経済開発モデルの検討に置いていく。言い換えれば，開発経済論（Development Economics）に対置しうる開発経営論（Development Strategic Management）の視点からの検討がここでの最大の課題である。

3. 新興国における社会的課題解決型ビジネスモデル

新興国に限らず，先進諸国をも含めた社会的諸課題の解決に向けた組織体制として，公的セクター・営利セクター・非営利セクター3者間の協力による「3方向的戦略（A Three Way Strategy）[3]」（Kotler and Lee, 2009），また同じように政府セクター・民間セクター・多元セクター[4] 3者間のバランスが極めて有効であることも主張されてきた（Mintzberg;2015, Doh;2003, Teegen et al.;2004[5]）。この3者のバランスと連鎖モデルを図式化すると，図表9-4の様に示される。この図式は，速水（2009）の「市場・政府・共同体」間の連関図のミクロ版的表現ともいえる。しかしながら，同図表は新興国・先進国を問わず，国家的枠組み一般に共通するモデルとなっており，新興国固有の経済社会構成体は捨象されたものとなっている。

そして図表9-4も，図表9-2, 9-3の速水モデルと同様，社会的課題に取り組

図表 9-4　公的（政府）・営利（民間）・非営利（多元）3セクター間の社会的課題解決型モデル

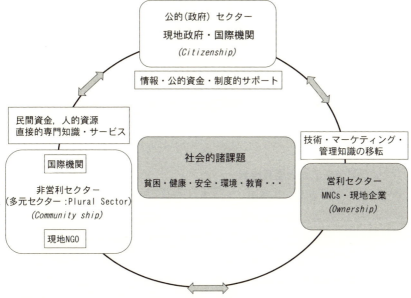

注：Mintzberg（2015）は，公的（政府セクター），民間セクター，および多元セクター（注4参照）に求められる志向性を，それぞれ citizenship, ownership, および communityship としている（ibid., p.35, 邦訳68-69頁）。Teegen et al.(2004) では，非営利セクターを第三セクター（The Third Sector）としている。

出所：速水（2009），Doh, J. P.(2003)，Teegen et al.(2004)，Kotler and Lee（2009）および Mintzberg（2015）を参考に作成。

む生態系におけるハブ的主体が位置づけられていない。そのため，課題の解決に主体的に取り組む企業組織側の自立的，組織的，経営戦略的体制が結果的には無視されてしまっている。

　Porter and Krammer（2012）のCSV論は第7章でも検討したように，民間セクター（営利企業）内における株式価値とROE（投資収益率＝Return on Investment）に基づく価値基準を前提とした社会的課題と経済合理性とのバランスをいかに創出していくかという戦略論であるのに対して，速水（2009），Teegen et al.(2004)，Kotler & Lee（2009），および Mintzberg（2015）論は，3セクター間のバランス論を主張しているともいえよう。

　換言すれば後者の3者間の関連図は，あくまで社会的課題に外部から支援す

る側の有効なサポート図として認識されざるを得ない。それでは，新興国における社会的課題の解決にどのようなビジネスモデルが事実上効果を上げてきたのかを，グラミン銀行（バングラデシュ）のソーシャル・ビジネスから点検してみよう。

4. 新興国におけるミクロの経済開発モデルと開発経営論

(1) グラミンモデルと開発経営

　図表9-2, 9-3で表した新興国における「市場・国家・共同体」3者間の「正と負」の連鎖モデル，および図表9-4の社会的課題解決型体制モデルをミクロレベルで展開した場合には，どのような開発主体を入れ込んだモデルとなるのか。ここでは，そのモデルの参考事例として，グラミン銀行をハブとしたソーシャル・ビジネス事業から探り出していく。図表9-5.1, 9-5.2はすでに第7章で紹介してきたグラミン銀行をハブとしたマイクロファイナンスと各種ソーシャル・ビジネス事業の概要を再度示したものである。

　たとえば，図表9-5.1のversion 1.1として示されているように，グラミン銀行の2015年12月現在のマイクロクレジット顧客数は個人ベースで約880万人を擁しており，その96.5％は女性である。グラミンバンクによる貧農女性層へのマイクロクレジットによる供与は，種子や農薬の購入による市場用作物の栽培や，多様な零細ビジネスを可能にし，貧困家庭層の経済的自立化を可能としてきた。こうした零細ビジネスの持続化による貧困家庭層の経済的自立化は，家族の健康維持と，子供の教育環境を改善させ，将来的な職業上要求される資質を向上させることになる。さらに，新興国におけるマイクロファイナンス（マイクロクレジットおよびマイクロインシュアランスの総称）は貧困層の日常的キャッシュフローを柔軟にし，経済的安定化と持続性を可能にしている（Collins et. al. ;2009）[6]。

　また図表9-5.1のVersion1.2に示されているグラミン銀行をハブとするソーシャル・ビジネス事業の開拓とネットワーク化は，社会資本の向上，充実を促

4. 新興国におけるミクロの経済開発モデルと開発経営論   173

図表 9-5.1   Version 1.1 & Version 1.2

グラミンバンクと主なソーシャルビジネスファミリー

- Grameen Motsho O Pahusampad(1994) 養漁業・畜産
- Grameen Trust(1989) MFIへのサポート
- Grameen Telecom(1995) 通信サービス
- Grameen Phone(1996) Telephone Lady:30万人
- 835万人の貧困者にローン (96%が女性) 返済率:97.4%(Jan. 2011) 5年以上の借り手の64%が貧困線を超えた
- Grameen Shakti(1996) ソーラーパネル 50Wattのユニットで 4つの白熱灯4時間分
- Version 1.1
- Grameen Communications(1998) インターネットプロバイダー，データ処理
- Grameen Kalyan(1996) 医療サービス：33の診療所 年25万人の診療・150万人在宅医療 妊婦のケア（96%が自宅出産） 乳幼児死亡率： 100/1000(1990)→41/1000(2006)
- グラミンバンク (1983)
- Grameen Uddog(1994) 手織り布「Grameen Check」の輸出
- Grameen Shamogree(1996) 手織り布，手工芸品等の国内販売
- Version 1.2
- Grameen Byabosa bikash(2001) 小規模ビジネスローンの引き当て
- Grameen Knitwear(1997) ニット製品の製造，輸出
- Grameen Healthcare Service(2006) 白内障手術

出所：筆者作成。図表 7-4 に同じ。

図 9-5.2   Version 2.0

グラミン銀行と外資系企業との合弁によるソーシャル・ビジネス

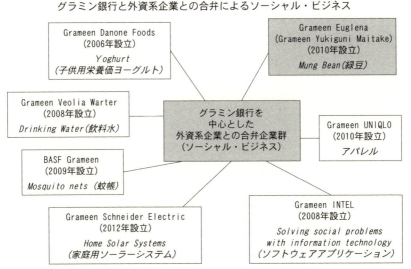

- Grameen Danone Foods (2006年設立) Yoghurt (子供用栄養価ヨーグルト)
- Grameen Euglena (Grameen Yukiguni Maitake) (2010年設立) Mung Bean(緑豆)
- Grameen Veolia Warter (2008年設立) Drinking Water(飲料水)
- グラミン銀行を 中心とした 外資系企業との合弁企業群 （ソーシャル・ビジネス）
- Grameen UNIQLO (2010年設立) アパレル
- BASF Grameen (2009年設立) Mosquito nets (蚊帳)
- Grameen Schneider Electric (2012年設立) Home Solar Systems (家庭用ソーラーシステム)
- Grameen INTEL (2008年設立) Solving social problems with information technology (ソフトウェアアプリケーション)

出所：筆者作成。図表 7-5 に同じ。

すと同時に，雇用を創出し，社会的コストの低下と所得の向上を齎している。

さらに図9-5.2のversion 2.0は，国際的に優れた経営資源を保有する多国籍企業をはじめとする海外諸企業と合弁企業を設立することによって，海外からの技術，マーケティング，管理ノウハウを含む経営諸資源の獲得と，雇用の創出を齎している。

こうした諸事例の中から，ソーシャル・ビジネス事業としてもっともすぐれた実績を上げている合弁企業の一つであるグラミン・ユーグレナ[7]（旧グラミン・雪国まいたけ）の事例を分析することから開発モデルの作成化を始めていく。

(2) グラミン・ユーグレナ社のソーシャル・ビジネスモデル

図表9-6に示されているように，グラミン・ユーグレナ社（以下，GE社）は，2015年現在，現地農民層約3,200名との緑豆栽培契約を結び，現地FS（Field Supervisor）の採用と研修を通して，高品質緑豆栽培技術・ノウハウを提供し，緑豆の収穫・収穫緑豆の購入，日本への輸出と現地販売（収穫量の60%を輸出，現地販売が40%[8]）による収益確保のビジネスモデルを作り上げている。栽培・収穫・緑豆の選別プロセスにおいて雇用される現地農民数は，栽培を担う契約農民数が3,200名（2015年現在），および収穫されたさや付き緑豆から緑豆を取り出す作業を担う女性中心の農民が7,000名（2015年現在）となっている。従来は，仲買業者が収穫緑豆を契約農民から買い上げる価格は，販売価格を100タカとすると，35タカであったのに対して，GE社が農民から買い取る価格は65タカ相当であり，その分，契約農民の収入増に貢献している[9]。

この過程で得られたGEの収益は，再度，現地の農村・農民の栽培技術等の向上による所得増大に還元されるいわゆるソーシャル・ビジネスのスタイルとなっている。

このビジネスモデルが成功している最大の要因は，端的に言えば，バングラデシュの貧困農民層が抱える課題解決に向けたビジョンとミッションのもとに真摯に取り組むハブ（Hub）的人材の存在と，巧みな現地でのソーシャル・ビジネスを軸としたビジネスモデルの構築にある。そしてこのビジネスモデルが

図表 9-6 グラミン・ユーグレナ社のソーシャル・ビジネス・モデル

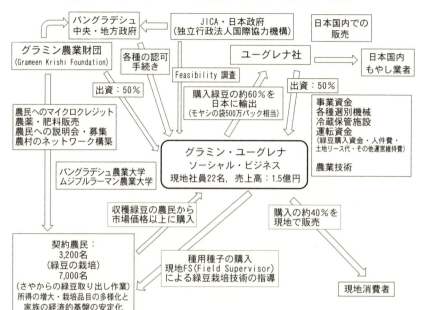

出所:JICA・株式会社雪国まいたけ (2014), 星野 (2012a, 2012b), 佐竹右行氏同社共同代表) およびバングラデシュ現地でのインタビュー調査(注7参照)により作成。

拡大再生産軌道に乗り始めた主要因は,以下の2点に集約されうる。

まず第1点目は,緑豆栽培技術・ノウハウと海外(日本)市場への販路を保有する民間営利企業「ユーグレナ社(旧雪国まいたけ社)」と,現地農村・農民の現状を認識する非営利組織「グラミン・クリシ財団」とが出資した合弁会社の「グラミン・ユーグレナ社(GE社)」がこのビジネス生態系全体のキーストーン的役割を果たしていることにある。このビジネス生態系全体が,合弁会社「GE社」の「バングラデシュ農民の貧困解消と,日本の食料供給の安定化」をミッションとするプラットフォーム上で機能するメカニズムとなっている。そこでの各事業概要は以下の通りとなっている。

現地グラミングループから参加している「グラミン・クリシ財団」の主たる役割は,(1)農民が播種用種子や指定農薬・肥料を購入する際に必要な資金を(グラミン銀行を介した)マイクロクレジットの活用によって確保,(2)地域農

民への緑豆栽培の説明会への参加や募集業務および農民のネットワーク化，(3)行政組織との許認可等の交渉にある。

旧雪国まいたけ社から引き継がれた「日本のユーグレナ社のGE事業部」はこの合弁会社に必要な選別機械や冷蔵保管施設の購入資金，運転資金等の事業資金，および緑豆栽培技術の提供，そして輸入した緑豆を日本国内のもやし業者に販売する業務を担当。

そして「合弁企業のGE社」は，契約農民への播種用種子の提供（販売），栽培指導，育成した緑豆の購入と品質・粒径[10]の選別作業と冷蔵保管，および輸出業務を担い，その間，現地採用のFS（Field Supervisor）[11]に対して，農民への栽培技術を適切に指導できるよう研修し，人材育成を行う。

そしてこのビジネスモデル成功要因の第2点目は，現地における種子の購入から緑豆栽培，緑豆の購入と選別作業，および保管と現地での輸出業務に至るまでのローカル・バリューチェーンと，海外市場（日本）への輸出と日本国内のもやし業者に販売されるまでの国際的なバリューチェーンとが，「Ownership」（出資）に基づくPartnership」によって連結されたいわゆるハイブリッド・バリューチェーンによって構築されていることに求められる。このGE社をハブとするバリューチェーンが構築されてくるプロセスは同時に，現地農民層による緑豆栽培事業にともなうローカル・バリューチェーンと，営利企業「ユーグレナ社事業部」への緑豆輸出業務にともなうCross-borderのバリューチェーンの2つのバリューチェーンが両立するハイブリッド・バリューチェーンが構築されてくるプロセスともなっている。

すなわち，これらの速水モデルの図表9-2，9-3およびKotler and Lee（2009）とMintzberg（2015）の図表9-4のモデルと，図表9-6に示されている「グラミンユーグレナモデル」との決定的な相違点は，後者のモデルには，社会的課題に取り組む生態系のハブとしての所有（Ownership）に基づいた責任の主体と，ソーシャル・ビジネスを軸とした多様なバリューチェーンが示されていることに見いだされる。そこで本論文の最後に，これら3者間の貧困解消を主要なターゲットとする企業組織的観点からのモデルを図式化してみよう。

5. 新興国における貧困解消のビジネスモデル

　図表9-7は，図表9-2～図表9-6までの3者間の経済開発と貧困解消の関連性を，ソーシャル・ビジネスを主体的に展開する企業組織の視点から総括して図式化したものである。

　この図表の特徴点は，図表9-5.2と同様，新興国における貧困層の経済的自立化に向けたソーシャル・ビジネスを行う母体としての企業組織を，現地NGOと海外企業の双方が出資して設立している点にある。

　この合弁企業組織体が「現地貧困層の貧困解決と経済的自立化」を目指すビジョンとミッション，そして事業戦略をビジネス生態系全体に共通するプラッ

図表9-7　新興国における3セクター間の合弁会社をキーストーンとした貧困解消のソーシャル・ビジネス・モデル

```
                    公的セクター
                　現地政府・国際機関
                        │
           情報・資金・制度的サポート
                        ↓
民間資金，人的資源                        海外市場との連結
直接的専門知識・サービス
    ↑       BOP層固有の生活諸条件・ニーズ
            に沿った製品・サービス情報
                    合弁企業        技術・マーケティング・
海外NGO・財団     ソーシャル・ビジネス   管理知識の移転
                                                営利セクター
非営利（多元）セクター 出資（Partnership & Ownership）出資  MNCs・現地企業
    現地NGO

                                            CSVの戦略
                                        経済的価値＋社会的価値
    ↓
マイクロファイナンスの活用    社会的価値創出中心のソーシャル・
IFSにおける零細企業家層の育成と     ビジネス・モデルの創出
貧困家族の経済的自立化           HBVのマネジメント
                        不安定就業層に対する雇用の創出
                        フォーマルセクター企業群の創出
                        インフォーマルセクター不安定就業層の
                        フォーマルセクター安定就業層への移行
```

出所：図表9-2～図表9-6を参考に作成。

トフォームとして提供するキーストーン的位置を占めることになる。

　このビジネス生態系全体のハブ的位置を占める合弁企業体は，(1) 現地貧困層特有の社会的かつ生活インフラのニーズに沿った（3A・4A の条件を満たす）製品・サービスの開発を主たる任務として，そのために必要な現地コミュニティの情報を現地 NGO から入手し，そして開発に不可欠な科学技術やマーケティング上の知識・ノウハウを出資先の多国籍企業をはじめとする海外企業から入手する。(2) これらの知識・情報を活用しながら，ローカル・バリューチェーンに留意して開発・生産された製品は，先進国・海外市場とのギャップも考慮に入れられているため (Govindarajan, V. and C. Trimble：2012)，現地市場のみならず海外市場への販路も開拓される。海外市場への販路開拓の成功は，ローカル・バリューチェーンとグローバル・バリューチェーンとの連結を齎すと同時に，現地合弁企業・現地非営利セクター・営利セクター 3 者の経済的サステイナビリティーをより強固なものにしている。

　また非営利セクターに位置する新興国現地 NGO は，貧困層へのマイクロファイナンスを通して，(1) 彼らの日常生活基盤を経済的にサステイナブルなものにし，(2) 彼らが行う零細ビジネスへの多様な経営・マーケティング上のアドバイス・サポートを提供する。この NGO によるマイクロファイナンス事業は同時に NGO 自体の経済的基盤ともなる。現地 NGO はまた，(3) 貧困層の生活諸条件や特有のニーズを合弁企業に提供，さらに (4) 合弁企業が抱える事業化上の各種許認可等の円滑な手続きを現地政府機関に働きかける。

　営利セクターの多国籍企業をはじめとする海外諸企業や現地企業は，合弁企業に対して事業資金等の初期投資と，製品化に必要な技術やマーケティング上の知識・ノウハウを提供し，さらに海外市場への販路開拓によって収益源を確保する。

　最後に，政府をはじめとする公的セクターは，合弁企業のソーシャル・ビジネスが軌道に乗るよう，ハード・ソフト面でのインフラ整備と海外市場へのアクセスをサポートする。GE の事例では，政府との協議により，契約農民が栽培した緑豆のうち，現地市場に販売される量は収穫の 40％ となっており，現地緑豆市場の数パーセントを占める範囲内に抑えられており[12]，契約農民以外から出荷された緑豆市場価格を押し下げて彼らを苦境に追い込むことが避けられ

ている。また JICA は政府予算を用いて，GE 社のビジネスモデルが事業として成功するかどうかの Feasibility 調査を行い，現地大使館はバングラデシュ政府（商務省）と交渉して原則禁止となっている緑豆の日本への輸出認可の取得に貢献している。

　以上の3セクターのサポートを背景に，合弁企業は現地での雇用創出と所得の増大による農村中心に滞留する貧困層の経済的自立化戦略を推進していく。これによって，農村のインフォーマルセクターに滞留する不安定就業層の安定就業化と所得の増大は，農村の生活基盤の向上に直結する多様な生活インフラを入手する経済的基盤となり，そしてこれら生活インフラ系製品・サービス需要は工業・サービス需要を惹起し，これら諸部門のフォーマルセクターの労働需要を惹き起こすことにつながっていく。換言すれば，BOP 層の経済的自立化と安定就業化，子弟のフォーマルセクターへの就業化は，BOP 層の相対的・絶対的減少と就業構造の高度化と中間層の拡大を可能とし，Praharad (2002) が指摘した，新興国の「ピラミッド型」所得構造から「ダイヤモンド型」所得構造への移行のミクロ的基盤を構築していくことになる。

　こうした現地の合弁企業によるソーシャル・ビジネスは，「ボトムアップ」型，「内発型」開発戦略の側面を軸としながらも，市場構造の「分断的特質」を溶解させていき，その結果「トリクルダウン型」の開発戦略をもより有効なものにしていくことになる。

6. まとめ

(1) 新興国におけるソーシャル・ビジネス型合弁企業の位置づけ

　現地 NGO や NPO 等の非営利組織と多国籍企業を始めとする海外営利企業との相互出資形態での合弁による企業組織のミッションと事業モデルがソーシャル・ビジネスを基本とするものであることは，経済合理性に則った営利ビジネスを前提とする民間企業のビジネスモデルとの両立が極めて微妙なバランス上にあることをも意味する。その分だけ，海外営利企業，現地 NGO，そして

合弁事業体3者間の利害の調整がそれぞれにとって重要な経営上の課題となる。そこで，これら3者の合弁事業参加に対する立場と位置をそれぞれ確認してみよう。

(1)-1　営利企業サイド（MNEs・海外企業サイド）

これら営利企業にとっても現地合弁事業によるソーシャル・ビジネスが魅力的なビジネスモデルとなることが想定される2つの主要条件の第1は，現地市場へのアクセスのみならず，収益の確保を齎すような本国市場を含む海外市場との連結。そして第2は，優れた社会貢献活動を通した国際的評価と知名度・企業ブランドの向上にある。

(1)-2　現地 NGO サイド

合弁事業を持続化させていくためには，現地 NGO 自体が独自の安定した収益モデルを保持していることが同時に重要な前提条件となる。NGO スタッフが他機関からの寄付集めに奔走して NGO 本来の活動に集中できないのが現状（Yunusu, 2007）であり，したがって，独自の経済的に自立化しうるビジネスモデルの開発が重要な意味を有している。この点において，Grameen Bank が先駆的に開発したマイクロファイナンス事業のビジネスモデルは他の NGO にとってもモデル的役割を果たしている。グラミンが海外企業との合弁を成功させている主要因の1つは，ノーベル平和賞受賞者としてのユヌス氏とグラミンの持つ国際的ブランド力のみならず，マイクロファイナンス事業による独自の収益源を保持していることにある。逆にそうしたブランド力と収益源を有していない現地 NGO はそれに代わる他の魅力的資源を保有する必要がある。

(1)-3　合弁企業サイド

ビジネス生態系のキーストーンとしてハイブリッド・バリューチェーンを絶えずグレードアップさせていく組織的能力の向上のためには，ビジョンとミッションを共有する有能な人材の確保と育成が最大の課題となる。その際，営利・非営利セクター両者の能力を最大限に活用しながら同時に両者から相対的に自立してソーシャル・ビジネス・モデルを持続的に開発し，事業運営してい

く能力がとりわけ求められる。

(2) 新たな開発経営学の必要性と貧困削減の BOP 戦略

新興国における貧困削減と社会的課題の解決の視点から，従来の開発経済学を踏まえた開発経営学的アプローチを模索した場合，Porter & Kramer (2011), Kotler & Lee (2008, 2009), Mintzberg (2014) 等によって近年指摘されてきた従来の戦略論的アプローチの限界にも留意する必要がある。すなわち，彼らの論点を集約すると，こうした従来の戦略論的アプローチは，営利セクターと経済合理性に偏向したものであったが故に，公的セクター・非営利（多元的）セクターとのバランスを欠くシステムを創出し，結果的に貧困・経済的格差等の社会的課題を生み出し，自らの存在基盤をさえも危うくする社会システムとなってしまったことに求められる。

Porter & Kramer (2011) はこうした社会的諸問題に対処していく戦略を営利企業の視点から，新たな CSV 戦略を提起したのに対して，Kotler & Lee (2008, 2009), Mintzberg (2014) は営利セクター・非営利セクター・政府（公的）セクター3者間の再バランス化（Rebalancing）に求めている。こうした指摘は，速水 (2009) の新興国における経済開発モデルとも類似した視点を内包している。また，Doh, J. P. and Teegen (2002), Doh, J. P. (2003), Teegen et al. (2004), Vachani. S. (2008), Vachani, S., Doh, J. P., and Teegen, H. (2009) 等は，3セクターそれぞれの役割に言及しながら，そこでの NGO の重要性が増してきた点に注目してきた。これらの論文が指摘してきた社会的解決課題に対する3セクターそれぞれの果たす役割の重要性は否定しえないが，そこでの3セクター間の有機的・組織的関連性を踏まえた BOP 戦略論あるいはソーシャル・ビジネス論にまでは至っていない。

それに対して，本章では，新たな開発経営学的視点から，こうした3セクターのバランス化を主体的に図る組織として営利・非営利間の合弁事業によるソーシャル・ビジネス戦略を，グラミンの事例から検討してきた。とりわけ，グラミン・ユーグレナ社によるハイブリッド・バリューチェーンの仕組みに論点を当てて，新興国の農村に集中する貧困層の経済的自立化へと導くローカル・バリューチェーンの構築と，日本本国のユーグレナ社との Cross-border バ

リューチェーンとの連結のもたらす意味を検討してきた。この事例にみられるように，合弁事業のソーシャル・ビジネス事業が，関連しあうビジネス生態系を通して，3セクター間の連鎖の輪を「正の循環（virtuous circle）」へと連動させ，マクロ的再バランス化への動きを加速させる調整弁的役割を果たすことになる。換言すれば，開発経営学の最重要課題は，この新興国における現地NGOをはじめとする非営利組織と海外企業をはじめとする営利企業間の合弁事業体の構築とソーシャル・ビジネス事業運営にともなう実践的・理論的解明に求められよう。そしてこの合弁事業体の活性化が3セクター間の再バランス化を促進し，新興国における貧困削減と社会的課題の解決を速めることになる。とりわけ，新興国における開発経営学の実践的・理論的課題は，農村における雇用の創出と経済的自立化を促すローカル・バリューチェーンと海外市場とを連結させるハイブリッド・バリューチェーンの構築にともなう課題の解明に置かれることになる。農村のインフォーマル・セクターに滞留する不安定就業層としてのBOP層家族のマイクロファイナンスを活用した経済的自立化と生活基盤の安定化は，フォーマル・セクターの工業製品を始めとする産出物への需要を喚起して同セクターの労働需要を増大させると同時に，これら家族の子弟により高度な教育を受ける経済的条件を付与することによって，フォーマル・セクターにおいて要求されるより高度な職業人としての能力を開発させ，結果的にフォーマル・セクターにおける安定就業層への移動の主体的条件を創出させることになる。言い換えれば，このことは，一方でインフォーマル・セクターに滞留するBOP市場と中間・高所得層市場との断層を溶解させると同時に，他方で所得格差の縮小と所得構造の「ピラミッド型」から「ダイヤモンド型」への移行への重要な契機となりうる。

　本章は，開発経済論に対置しうる開発経営論構築の視点から，これまでの章を総括したうえで新興国における新たな貧困削減の経営戦略の提起を試みたものである。

注

1　國島弘行（2015）は，Porter and Krammer（2011）論の重要性を論じると同時に，「市民価値志向経営」の視点からの検討を行っている。

2　フィリピンにおける共同体機能のネガティブな側面とポジティブな側面については，速水（2009，219-319頁）が事例とともに指摘している。例えば，地主・小作人という半封建的生産関係という

前近代的関係性の下で，地主が小作人の私的な問題処理の面倒を見るようないわばパトロン・クライアント関係的共同体機能をも有している事例が紹介されている．
3 Kotler and Lee（2009：pp.307-326，邦訳 415-442 頁）．
4 ここでの多元セクターとは法人格を有するかどうかではなく，多様な社会的活動が行われる領域を指し，政府や投資家によって所有されていないすべての団体によって構成される．そこでの基本原則は協働指向のコミュニティシップとなる（Mintzberg：pp.29-36，邦訳 60-71 頁）．彼は，最近のアメリカ資本主義があまりにも民間セクターに偏りすぎていることに危惧を覚えて多元セクターの強化による再均衡化の必要性を述べている
5 Keegen et al.(2004) は，「市場と政府の失敗」によって創出された社会的諸課題を解決しうる主体としての「第三セクター」としての NGO の役割と，国際経営における位置づけの必要性を検討している．
6 Collins et. al. (2009) による南アジア，南アフリカにおける長期にわたる調査は，貧困層へのマイクロファイナンスがいかに彼らのマイクロビジネスのみならず，日常的に発生する金銭的需要に柔軟に対処しうる能力を付与し，彼らの経済的生活を持続可能なものにしているかを明らかにしている．
7 図 4.2 に示されている合弁事業によるソーシャル・ビジネスの中で，農民の雇用・収益の面でもっとも成果をあげている事業が GE とされている（GE 東京事業部でのインタビュー調査：2016 年 1 月 23 日：佐竹右行氏 [Co-CEO]），（Dahka 本社でのインタビュー調査：2016 年 3 月 23 日：N. Shaydut 氏 [Admistrative Officer]，A. Rahman 氏 [Senior Accounts Officer]）．2010 年に雪国まいたけ社とグラミンクラキシ財団との合弁によってグラミン・雪国まいたけ社が設立されたが，2014 年 8 月末に「ユーグレナ社」に売却された．事業は「Grameen Euglena 社」に継承され，引き続き同様のソーシャル・ビジネスモデルで行われている．同社の持ち株比率は，Grameen Krishi Foundation が 50.51%，euglena 社が 49.49%，代表者は M. Yunusu 氏，共同最高経営責任者は M. Yunusu 氏・佐竹右行氏となっている（euglena 社ニュースリリースより，http://www.euglena.jp/news/2014/0827.html）．
8 同国では，主要食料品の輸出は原則禁止であるため，この比率は，毎年，Ministry of Commerce との承認事項となっている（現地でのインタビュー：脚注 7 参照）．
9 現地でのインタビューによれば，契約農民が緑豆栽培から得る収入は，約 60 日の栽培・収穫期間で 260 ドル，年間収入全体の約 4 分の 1 ほどという説明であった．また，従来農民は収穫した緑豆を現地の仲買業者のところまで運送する必要があった．他方，GE 社の場合は，契約農民の所へ行って緑豆を直接回収するため，農民はその分輸送コストをかけずに済むシステムとなっている．
10 粒径が 3.5mm 以上が日本への輸出用，3.5mm 未満が現地販売用とされている（JICA・株式会社雪国まいたけ（2014, 61 頁）．
11 現地採用の FS（Field Supervisor= 緑豆栽培契約の農民に対する技術指導員）の多くは，緑豆栽培地域に在住する現地の農業専門学校（Agricultural Institute）を卒業した比較的若い人材によって占められている（JICA・株式会社雪国まいたけ [2014, 80 頁]），現地インタビュー調査（注 7 参照）．
12 GE 社の事業計画が予定通り進捗して FS が 40 名体制になる 2018 年時点においても，現地市場で販売する GE 社経由の緑豆額は現地緑豆市場の約 5% 未満と想定されている（JICA・株式会社雪国まいたけ：2014, 79-80 頁）．

あとがき

　本書で検討してきた新興国における BOP（Base of the Pyramid＝所得構造の最底辺層）戦略は，先進国企業にとっての BOP 市場獲得のための事業戦略というよりも，新興国 BOP 層が経済的に自律化していくための戦略を意図している。そうした視点から BOP 層や BOP 市場の問題を論じてくるプロセスにおいて，つぎの2点が大きな課題として残されてきた。

　その第1点目は，土地所有問題の解明と農村や農民層の分析である。その最大の理由は，本書でも見てきたように，日本の農業就業人口の全就業者数に占める割合が4％台であるのに対して，たとえばフィリピンの農業部門就業者数の全就業者数に占める比率は，2012年現在でも33％に及んでおり，しかも同部門の就業者数は依然として絶対的な増大傾向を維持している。そして BOP 層の底辺を占める土地なし農業労働者をはじめとする貧困層が滞留する同国の農村人口は，2015年現在においても全人口の57％（World Bank）を占めていることにある。したがって，BOP 市場の特質と BOP 戦略を論じる場合には，まずこうした BOP 層の多くを占める貧困農民層の現状と視点を踏まえて分析していく必要がある。

　今回の調査では，フィリピンでは Lagna 州の San Pablo 郊外の農村地域におけるマイクロファイナンスと顧客層，および伝統的零細小売店のサリサリストア，そしてバングラデシュでは NGO グラミン本部でのヒアリングを中心としてきたが，農村における土地所有問題の調査には踏み込んでいない。こうした諸点の調査分析を踏まえた BOP 層のサステイナブルな経済的自律化を可能とする BOP 戦略論の検討が今後の課題として残されている。

　さらに，本書は，経営学からの視点，特に C. K. プラハラード以降，経営戦略的視点から提起されてきた BOP 論，さらには経営戦略論を牽引してきた M. ポーターや H. ミンツバーグの最近の論点の有効性と限界を踏まえた新たな経営戦略論をどのように提起していくかに留意してきた。しかしながら，新興国

のBOP層の経済的自律化と所得構造のピラミッド型からダイヤモンド型への移行を可能とする戦略を経営学的視点から論じるには，当然のことながら，従来の経営戦略論の延長だけでは無理があった．その結果，残された大きな課題の第2点目として，こうした領域での理論的提起のためには，開発経済学の領域はもちろん，人類学や農村社会学をはじめとする社会学的領域，等の他領域を取り込んだ新たな「開発経営学」の開発が不可避となった．

　上記の残された主要な2点の課題に対処していくためには，従来の研究蓄積の活用のみならず，現地のNGOや研究機関との共通認識と協力のもとに，共同研究ベースでの実態調査と理論的解明が不可欠となっている．

　したがって，本書が，中央・地方官庁およびその外郭機関を始めとする「公的セクター」に従事している方々，また民間の事業に携わっている「民間セクター」のビジネスマンの方々，そしてNGO，NPOおよび大学をはじめとする「非営利セクター」に従事する方々に幅広く読んでいただき，本書に対する批判的，積極的コメントを頂ければ幸いに存じます．とくに大学の教員の方々やこれからの将来を担っていく学生諸君に講義やゼミナールで活用して頂き，そこでの疑問点やご意見をフィードバックしてくれることを心より切望致しております．

初出一覧

まえがき:
「連載:林 倬史のグローバル・ホライズンズ」『月刊 グローバル経営』(第2回:2012年3月号, 第4回:2012年5月号, 第7回:2012年9月号) より抜粋, 加筆・修正。

第1章:
「多国籍企業のBOP戦略とソーシャル・ビジネスの分析視角」大石・桑名・田端・安室監修, 多国籍企業学会著『多国籍企業と新興国市場』第16章, 文眞堂, 2012年, 302-323頁。

第2章:
「多国籍企業のBOP戦略論の再検討─フィリピンにおけるフォーマルセクターと外資系企業の位置づけを中心に─」『経営論叢』2(1), 2013年1月, 1-18頁。

第3章:
「BOP市場の特殊性とその背景─フィリピンのBOP層と海外送金の視点を中心に─」『経営論叢』2(2), 2013年3月, 27-50頁。

第4章:
(林 倬史・井口知栄・荒井将志共著)「BOP層の経済的自立化と自律的ビジネス生態系─フィリピンCARDのマイクロファイナンスとサリサリストアの事例分析を中心として」『経営論叢』3(1), 2013年6月, 25-54頁。

第5章:
「新興国のビジネス生態系とNGOのBOP戦略─フィリピンCARD MRIの事例を中心に─」『経営論叢』4(1), 2014年6月, 59-97頁。

第6章:
「新興国のBOP層の位置づけと自律的ビジネス生態系」『経営論叢』4(2), 2015年3月, 161-187頁。

第7章:
「新興国の台頭とリバース・イノベーションの分析視角─破壊的イノベーションとソーシャル・イノベーションの視点から」『経営研究所紀要』国士舘大学, Vol.45, 2015年8月, 1-30頁。

第8章:
「多国籍企業とNGOのBOP戦略の有効性と限界─ハイブリッド・バリュー

チェーンの視点から―」『経営論叢』5（1・2），2016年3月，81-113頁。
第9章：書きおろし。

参考文献

洋書：

Adamas, R. H, Jr.(2003), International Migration, Remittances and the Brain Drain, *Policy Research Working Paper 3069*, The World Bank, Poverty Reduction and Economic management Network, Poverty Reduction Group.

Alip, A and Amenomori, T (2011), "Formalizing grassroots social security", in Midgley, J. and Hosaka, M (co.eds), *Grassroots Social Security in Asia: Mutual Aid, Microinsurance and Social Welfare*, Routledge.

Amenomori, T. and Ursua, M.(2004), A Longitudinal Study of Some Clients of CRD, A Microfinance Institution in the Philippines, *CARD MRI Occasional Paper*, No.3.

Amenomori, T.(1993), Special Credit Programs for the Poorest: A Study of Grameen Bank Replication Programs in the Philippines, *CARD MRI Occasional Paper*, No.3.

Amin, ATM, N.(2010), *The Informal Sector in Asia*, Saarbrucken, VDM Verlag Dr. Muller.

Amin, S.(1970), *L'accumulation a l'echell mondiale*, Anoropos,『世界資本蓄積論』（第1分冊，野口祐他訳，柘植書房，1979年），『周辺資本主義構成体論』（第2分冊，野口有斐閣・原田金一郎訳，柘植書房，1979年）．

Anderson, J. and Bilou, N.(2007), "Serving the world's poor: Innovation at the Base of the Economic Pyramid", *Journal of Business Strategy*, 28(2), 14-21.

Arora, S. and Romijin, H.(2009), "Innovation for the base of the pyramid: Critical perspectives from development studies on heterogeneity and participation, *UNU-MERIT, Working Paper Series*, 2009-36, 1-39.

Ashton, T. S.(1952), *The Industrial Revolution 1760-1830*, Oxford, Oxford University Press.

Atkinson, A. B., and Pikett, T.(2007), *Top Incomes over the Twentieth Century: A Contrast Between European and English-Speaking Countries*, Oxford, Oxford University Press.

Bain, J. S.(1967), *Barriers to New Competition*, Fourth edition, Cambridge, Harvard University Press.

Bain, J. S.(1968), *Industrial Organization*, NY., John Wiley & Sons, 宮澤健一監訳『産業組織論』（上）（下），丸善株式会社，1970年．

Barney, J. B.(2002), Gaining and Sustaining Competitive Advantage, Prentice Hall, 岡田正大訳『企業戦略論』（上）（中）（下），2003年．

Batalla, E. V. C.(1999), Zaibatsu Development in the Philippines: The Ayala Model, South Asian Studies, 37(1), June 1999, 18-49.

BEPA (2011), Empowering people, driving change: Social Innovation in the European Union, Bureau of European Policy Advisers, Luxembourg, Publications Office of the European Union.

Borras, S. M Jr.(2006), The Philippine Land Reform in Comparative Perspective: Some Conceptual and Methodological Implications, Journal of Agrarian Change, 6(1), 69-101.

Bromley, R.(ed.)(1979), *The Urban Informal Sector: Critical Perspectives on Employment and Housing Policies*, Oxford, Pergamon Press.

BusinessWorld (2012), *BusinessWorld Top 1000 Corporations in the Philippines 2011*, Manila, BusinessWorld Publishing Corporation.

Cañeque, F. C., and Hart, S.(eds.), *BASE OF THE PYRAMID 3.0*, Sheffield, Greenleaf Publishing.
Cattaneo, O, Gereffi, G, and Staritz, C.(eds.)(2010), *Global Value Chains in a Postcrisis World*, Wasington, World Bank, 157-208.
Chang, H-J.(2002), *KICKING AWAY THE LADDER*, London, Anthem Press, 横川信治監訳・張馨元・横川太郎訳『はしごを外せ』日本評論社, 2009年.
Chataway, J., Hanlin, R., and Kaplinsky, R.(2013), "Inclusive Innovation: An Architecture For Policy Development", *IKD Working Paper* No.65, The Open University: www.open.ac.uk/ikd/publications/working-papers. accessed 7 October 2014.
Christensen, C. M., Baumann, H., Ruggles, R., and Sadtler, T. M.(2006), Disruptive Innovation for Social Change, *Harvard Business Review*, 84 ⑫, 94-101.
Collins, D., Morduch, J., Rutherford, S., and Rthven, O.(2009), *PORTFOLIS OF THE POOR*, Princeton, Princeton University Press, 野上裕生監修・大川修二訳『最底辺のポートフォリオ』みすず書房, 2009年.
Commission on Filipinos Overseas (2012), *Stock Estimate of Overseas Filipinos*. (http://www.cfo.gov.ph/pdf/statistics). accessed 3 September 2012.
Constantino, R.(1975), *The Philippines: A Past Revisited*, Tala Publishing Services, 池端雪浦・永野善子訳『フィリピン民衆の歴史Ⅰ, Ⅱ, Ⅲ』勁草書房, 1978, 1979年.
Davidson, W. H.(1980), *Experience Effects in International Investment and Technology Transfer*, UMI Press.
Dietrich, M. and Tibi, J.(2015), "A shared-channel model for BoP access in the Philippines", in Cañeque, F. C., and Hart, S.(eds.), *BASE OF THE PYRAMID 3.0*, Sheffield, Greenleaf Publishing, 123-139.
Dobb, M.(1963), *Studies in the Development of Capitalism*, London, Routledge & Kehan Paul, 京大近代史研究会訳『資本主義発展の研究』ⅠⅡ, 岩波書店, 1965年.
Doh, J. P. and Teegen, H.(2002), "Nongovernmental organizations as institutional actors in international business: theory and implications", *International Business Review*, 11, 665-684.
Doh, J. P.(2003), "Nongovernmental Organizations, Corporate Strategy, and Public Policy: NGO as Agent of Change", in Doh, J. P. and Teegen, H.,(eds.)(2003), Globalization and NGOs: Transforming Business, Government, and Society, Westport, CT., Praeger, 1-18.
Dowla, A. and Barua, D.(2006), *THE POOR ALWAYS PAY BACK: The Grameen Ⅱ Story*, Bloomfield, Kumarian Press.
Drayton, B. and Budinich, V.(2010), "A New Alliance for Global Change", *HBR*, Sep., 56-64.
Drèze, J. and Sen, A.(2013), *An Uncertain Glory: India and its Contradictions*, London, Penguin Books, 湊一樹訳『開発なき成長の限界』明石書店, 2015年.
Dutton, H. J.(1984), *The Patent System and Inventive Activity during the Industrial Revolution 1750−1852*, Manchester, Manchester University Press.
Frank, A. G.(1970), *Underdevelopment or Revolution*, 大崎正治他訳『世界資本主義と低開発』柘植書房, 1976年.
Frank, A. G (1978), *Dependent Accumulation and Underdevelopment*, Macmillan, 吾郷健二訳『従属的蓄積と低開発』岩波書店, 1980年.
Fuwa, N.(2007), "Pathways out of Rural Poverty: A Case Study in Socio-economic Mobility in the Rural Philippines", *Cambridge Journal of Economics* Vol. 31, 123-144.
Fuwa, N.(2000), "Politics and Economics of Land Reform in the Philippines: a survey", *MPRA Paper*, No.23994, MPRA, 1-92. (http://mpra.ub.uni-muenchen.de/23394/1/MPRA_paper_23394.pdf)
George, S.(1977), Hoe the Other Half Dies: The Real Reasons for World Hunger, England, Penguin Books,

小南祐一郎・谷口真里子訳『なぜ世界の半分が飢えるのか』朝日出版, 1984年.
Gereffi, G. and Frederick, S.(2010), "The Global Apparel Value Chain, Trade, and the Crisis: Challenges and Opportunities for Developing Countries", in Cattaneo, O, Gereffi, G, and Staritz, C.(eds.), *Global Value Chains in a Postcrisis World*, Wasington, World Bank, 157-208.
Govindarajan, V. and C. Trimble (2012), *REVERSE INNOVATION*, Boston, HB Review Press, 渡辺典子訳・小林喜一郎解説『リバース・イノベーション』ダイヤモンド社, 2012年.
Gupta, A. K. et al. (2003), "Mobilizing grassroots' technological innovations and traditional knowledge, values and institutions: articulating social and ethical capital", *Futures*, 35 (9), 975-987.
Gust, G. A, (2006), Equality at Work, Working Paper 12, ILO.
Håkanson, L. and R. Nobel (2000), "Technology Characteristics and Reverse Technology Transfer", *MIR: Management International Review*, Vol. 40, No.1, 29-48
Hammond, A, William J Kramer, et al., (2007), *The Next 4 Billion*, World Resource Institute. (http://www.wri.org/publication/the-next-4-billion), accessed 3 September 2012.
Harber, S.(ed.)(2002), *Crony Capitalism and Economic Growth in Latin America*, Stanford, Hoover Institution Press.
Harris, J. R.(1991), "Movements of Technology between Britain and Europe in the Eighteenth Century", in D. J. Jeremy (ed.), *International Technology Transfer*, England, Edward Elgar, 9-30.
Hart, S. T. and Christensen,. M.(2002), The Great Leap: Driving Innovation from the Base of the Pyramid, *MIT Sloan Management Review*, 44(1), 51-56.(http://www.ilo.org/wcmsp5/groups/public/---dgreports/---integration/documents/publication
Hart, S (2007), *Capitalism at the Crossroads*, Upper Saddle River, WartonSchool Publishing, 石原薫訳『未来をつくる資本主義:世界の難問をビジネスは解決できるか』英治出版, 2008年.
Hayashi, T. and Serapio, M.(2006), "Cross-Border Linkages in Research and Development: Evidence from 22 US, Asian and European MNC", *Asian Business & Management*, 5, 271-298.
Hayashi, T.(2001), "Technology Transfer in Asia in Transition: Case Studies of Japanese Companies", Nakamura, M.(ed.), *The Japanese Business and Economic System*, N.Y., Palgrave, 115-136.
Heintz, J.(2010), "Defining and Measuring Informal Employment and the Informal Sector in the Philippines, Mongolia, and Sri Lanka", UNDA Project, Working Paper No.3, 1-39.
Herman, B. and Stoffers, W.(eds)(1996), *Unveiling the Informal Sector*, Vermont, Avebury.
Hippel, E. V.(1994), "'Sticky Information' and the Locus of Problem Solving: Implications for Innovation", *Management Science*, 40, 429-439.
Hulme, D.(2009), "The Story of the Grameen Bank :from subsidized microcredit to market based microfinance", in Hulme, D. and Arun, T.(eds) (2009), *Microfinance: A Reader*, NY, Routledge, 163-170.
Hussmanns, R.(2004), "Measuring the informal economy: From employment in the formal sector to informal employment", ILO, Working Paper 53, 1-31 (http://www.ilo.org/wcmsp5/groups/public/---dgreports/---integration/documents/publication/wcms_079142.pdf), accessed 7 November 2011.
Iansity, M. and Levin, R.(2004), The Key Stone Advatage, Boston, Harvard Business School Press, 杉本光太郎訳『キーストーン戦略』翔泳社, 2007年.
Iguchi, C. (2012), "Globalization of R&D by TNC subsidiaries: the Case of South East Asian Countries", *Asian Business and Management*, Vol.11, No.1, 79-100.
Iguchi, C. and Hayashi, T.(2009), "Knowledge Creation and Global Collaborative R&D Systems", *International Journal of Global Business and Competitiveness*, 4(1), 1-14.
Iguchi, C., Hayashi, T., and Nakayama, A.(2014), "Global Innovation and R&D for Knowledge Creation:

The Case of P&G, Unilever and Kao", in P. Ström, H. Dolles, C. and R. Middel (eds), *Asian Inward and Outward FDI: New Challenges in the Global Economy*, Basingstoke, Palgrave, 65-86.

ILO (2002), "Decent work and the informal economy", *Report VI*. International Labor Conference, 90th Session, ILO. (http://www.ilo.org/public/english/standards/relm/ilc/ilc90/pdf/rep-vi.pdf), accessed 7 November 2011.

Jain, S. C. and Vachani, S. (eds.) (2006), *Multinational Corporations and Global Poverty Reduction*, Cheltenham, Edward Elgar.

Jensen, R. and Szulanski, G. (2004), "Stickiness and the adaptation of organizational practices in cross-border knowledge transfers", *Journal of International Business Studies*, 35 (6), 508-523.

Jeremy, D. J. (1994), *Technology Transfer and Business Enterprise*, England, Edward Elgar.

Kandachar, P. and Halme, M. (eds.) (2008), *Sustainability Challenges and Solutions at the Base of the Pyramid*, Sheffield, Greenleaf Publishing.

Kang, D. C. (2002), *Crony Capitalism*, Cambridge, Cambridge University Press.

Karamchandani, A., Kubzansky, M., and Lalwani, N. (2011), "Is the Bottom of the Pyramid Really for You?", *Harvard Business Review*, March, 107-111.

Karim, L. (2008), "Demystifying Micro-Credit: The Grameen Bank, NGOs, and Neoliberalism in Bangladesh", *Cultural Dynamics*, 20 (1), 5-29.

Karim, L. (2011), *MICROFINANCE AND ITS DISCONTENTS: Women in Debt in Bangladesh*, Minnesota, University of Minnesota Press.

Karnari, A. (2006), "Fortune at the Bottom of the Pyramid: A Mirage How the private sector can help alleviate poverty", *Ross School of Business Working Paper* No.1035.

Karnani, A. (2007), *The Mirage of Marketing to the Bottom of the pyramid* (http://secint24.un.org/esa/coordination/Mirage.BOP.CMR.pdf) accessed 7 November 2011.

Karnari, A. (2009), "The Bottom of the Pyramid Strategy for Reducing Poverty: A Failed Promise", *DESA Working Paper* No.80, Aug., 1-11.

Kay, C. (1989), *Latin American Theories of Development and Underdevelopment*, N.Y., Routledge, 吾郷謙二監訳『ラテンアメリカ従属論の系譜』大村書店, 2002年.

Keersmaecker, D., Kandachar, Parmar, Vandnbempt and Baelus (2014), "Factors Influencing an Upscaling Process of Grassroots Innovations: Preliminary Evidence from India", in Galbraith, B. and Molinari, F. (eds), Social Innovation and Entrepreneurship: Case Studies, Practices and Perspectives, London, acpi, 49-67.

Kim, W. C. and Mauborgne, R. (2005), *BLUE OCEAN STRATEGY*, Boston, Harvard Business School Press. 有賀裕子訳『ブルー・オーシャン戦略』ランダムハウス講談社, 2005年.

Kotler, P., and Lee, N. R. (2008) (3rd Ed.), *Social Marketing: Influencing Behaviors for Good*, Los Angels, Sage Publications.

Kotler, P., and Lee, N. R. (2009), *Up and Out of Poverty: The Social Marketing Solution*, Upper Saddle River, Pearson Education, 塚本一郎監訳『ソーシャル・マーケティング』丸善, 2010年.

Kotler, P., and Kotler, M. (2013), *Market Your Way to Growth: 8 ways to Win*, Hoboken, John Wiley & Sons, 嶋口充輝・竹村正明監訳『コトラー8つの成長戦略』碩学社・中央経済社, 2013年.

Lall, S. (1984), "Exports of Technology by Newly Industrializing Countries An Overview", *World Development*, 12 (56), 471-480.

Landes, D. S. (2003), *The Unbound Prometeus* (sec.ed.), Cambridge, Cambridge University Press, 石坂昭雄・富岡庄一訳『西ヨーロッパ工業史』I, II, みすず書房, 1980年, 1982年.

Lettice, F. and Parekh, M. (2010), "The Social Innovation Process: Themes, Challenges and Implications for

Practice", *International Journal of Technology Management*, 51 (1), 139-158.
Letty, B. et al. (2012), An exploration of agricultural grassroots innovation in South Africa and implications for innovation indicator development, *UNU-MERIT Working Paper*, 2012-023, 1-81.
Lodge, G. (2002), "Using Big Business to Fight Poverty", HBR Working Knowledge; (http://hbswk.hbs.edu/item/3050.html) accessed 12 September 2012.
Lodge, G. (2006), "Multinational Corporations: A Key to Global Poverty Reduction Part1, Part2", YaleGlobal Online; (http://yaleglobal.yale.edu/content/multinational-corporations-key-global-poverty-reduction-%E2%80%93-part-i) accessed 12 September 2012 (http://yaleglobal.yale.edu/content/multinational-corporations-key-global-poverty-reduction-%E2%80%93-part-ii) accessed 12 September 20132.
Lodge, G. and Wilson, C. (2006), *A Corporate Solution to Global Poverty*, Princeton, Princeton University Press.
London, T. and Hart, S. (2011), *Next Generation Business Strategies For The Base of The Base of The Pyramid*, Upper Saddle River, FT Press, 清川幸美訳『BOPビジネス市場共創の戦略』英治出版, 2011年.
London, T. and Hart, S (2004), "Reinventing strategies for emerging markets: beyond the transnational model", *Journal of International Business Studies* 35, 350-370.
Lundval, B-Å (1992), *National Systems of Innovation*, London, Pinter.
Mansfield, E. and Romeo, A. (1984), "Reverse Transfer of Technology from Overseas Subsidiaries to American Firms!, *IEEE Transactions on Engineering Management*, Vol. EM-31, No.3. 125-136.
Mansfield, E., Teece, D. and Romeo, A. (1979), "Overseas R&D by US Based Firms", *Economica*, 46, 187-196.
Mantoux, P. (1955), *Industrial Revolution in the Eighteenth Century*, Jonathan Cape, 徳増栄太郎・井上幸治・遠藤輝明訳『産業革命』東洋経済新報社, 1967年.
Medina, L. A. (2007), *Tracking Client's Poverty Status: Enriching CARD's Business Processes Through the Poverty Scorecard*, CARD MRI.
Mintsberg, H. (2015), *Rebalancing Society: Radical Renewal Beyond Left, Right, and Center*, Oakland, Berret-Koeheler, 池村千秋訳『私たちはどこまで資本主義に従うのか』ダイヤモンド社, 2015年.
Nelson, R. (ed) (1993), *National Innovation System A Comparative Analysis*, NY., Oxford University Press.
NSCB (2012), *NSCB Technical Paper*, Major Revisions on the Philippine System of National Accounts: Implementation of the 2008 System of National Accounts, April 13, 2012.
Özden, Ç. And Schiff, M. (eds) (2006), *International Migration, Remittances and the Brain Drain*, NY., co-publication of the World Bank and Palgrave Macmillan.
Ominami, C. (1986), *Le Tiers Monde Dans La Crise*, Paris, Edition la Découverte, 奥村和久訳『第三世界のレギュラシオン理論』大村書店, 1991年.
Panes, E. L. (2009), "The Success Factors of the ASA Methodology Used By CARD Tarlac Area", in Evangelista, S. P. (ed.), *Microfinance Management: Cases on Efficiency, Effectiveness, and Business Processes*, CARD MRI, 87-102.
Patel. R. (2007), *Stuffed and Starved*, London, Portobello Books, 佐久間智子訳『肥満と飢餓』作品社, 2010年.
Peerally, J. A. and Figueiredo, P. N., "Technological Capability Building in MNE-related Social Businesses of Less Developed Countries: The Experience of Grameen-Danon Foods Limited", in the proceeding of AIB 2013 Annual Meeting.
Philippine Overseas Employment Administration (POEA), *Overseas Employment Statistics 2010*. (http://

www.poea.gov.ph/stts/2010-ofw). accessed 9 September 2012.
Pietrobelli, C. and rabellotti, R.(2011), Global Value Chains Meet Innovation Systems: Are There Learning Opportunities for Developing Countries?, *World Development*, 39 (7), 1261-1269.
Piketty, T.(2014), *CAPITAL IN THE TWENTY-FIRST CENTURY*, translated by Goldhammer, A., Capital au XXI e siècle, Cambridge, The Belknap Press of Harvard University Press.
Piketty, T. and Saez, E.(2013), Income inequality in the United States 1913-1998, *Quaterly Journal of Economics*, Vol.CX, Feb.2003, 1-39.
Porter, M.(1985), Competitive Advantage, N.Y., Free Press, 土岐坤・中辻萬治・小野寺武夫訳『競争優位の戦略』ダイヤモンド社, 1985年.
Porter, M.(1980), Competitive Strategy, N.Y., Free Press, 土岐 坤・中辻萬治・服部照夫訳『競争の戦略』ダイヤモンド社, 1982年.
Porter, M. E. and M. R. Kramer (2006), "Strategy and Society", *Harvard Business Review*, Dec., 78-92, 邦訳「競争優位のCSR戦略」, DHBR, 2008年1月号, 36-52.
Porter, M. E. and M. R. Kramer (2011), "Creating Shared Value ", *Harvard Business Review*, Jan-Feb., 62-77, 邦訳「共通価値の戦略」, *DIAMOND ハーバード・ビジネス・レビュー*, 2011年6月号, 8-31頁.
Prahalad, C. K. (2002a), *The Fortune at the Bottom of the Pyramid:Eradicating Poverty Through Profits*, Upper Saddle Rivver, Wharton School Publishing, スカイライトコンサルティング訳『ネクスト・マーケット』英治出版, 2005年.
Prahalad, C. K. and Allen Hammond (2002b), 'Serving the World's Poor, Profitably', *Harvard Business Review*, Vol. 80, No. 9, 48-57 (「第三世界は知られざる巨大市場」, *Diamond Harvard Business Review*, 2003 January, 24-38.
Prahalad, C. K. and S. L. Hart (2002c), "The Fortune at the Bottom of the Pyramd", *Strategy+Business*, 26, 1-14.
Rahman, A.(1999), *Women and Microcredit in Rural Bangladesh,* Boulder, Westview Press.
Rangan, V. K., Chu, M., and Petkoski, D.(2011), "Segmenting the Base of the Pyramid", *Harvard Business Review*, June, 113-117.
Radjou, N., Prabhu, J., and Ahuja, S.(2012), *JUGAAD INNOVATION*, San Francisco, Jossey-Bass, 月沢李歌子訳『イノベーションは新興国に学べ』日本経済新聞社, 2013年.
Rao, S. S.(2006), "Indigenous knowledge organization: An Indian scenario", *International Journal of Information Management*, 26, 224-233
Reficco, E. and Marquez, P.(2012), Inclusive Networks for Building BOP Markets, Business & Society, 5 (3), 512-554. //bas.sagepub.com/content/51/3/512
Roberts, P.(2009), *The End of Food*, Boston, Mariner abooks, 神保哲生訳『食の終焉』ダイヤモンド社, 2012年.
Robinson, J.(1999), the Laundrymen: Inside Money Laundering, the World's Third-Largest Businesss, London, Arcade Pub, 平野和子訳『マネー・ロンダリング』三田出版会, 1999年.
Rodrigues, T. and Baker, G. A.(2012), "Grameen Danone Foods Limited(GDF)", *IFAMA*, 15 (1), 127-158.
Rosenberg, N.(1993), "Economic Development and the Transfer of Technology: Some Historical Perspectives", E. Mansfield and E. Mansfield (eds.), *The Economics of Technical Change*, England, Edward Elgar, 377- 402.
Rutherford, S.(2006), "GRAMEEN II: the first five years 2001-2005", Micro Save. (http://www.cgdev.org/doc/blog/Rutherford,Grameen--The First Five Years,2001-2005.pdf)
Saez, E.(2013), Striking it Richer: The Evolution of Top Incomes in the United States, (http://eml.

berkeley.edu/~saez/saez-UStopincomes-2012.pdf)

Saldana, C., (2000), The Philippines, in Zhuang, J., Edwards, D. and Webb D.(eds), *Corporate Governance and Finance in East Asia*, Manila, Asian Development Bank, 155-228.

Santos, T. D (1978), Imperialismo Y Dependencia, 青木芳夫・辻豊治・原田金一郎訳『帝国主義と従属』柘植書房, 1983年.

Schuster, T. and Holtbrugge, D (2012), Market entry of multinational companies in markets at the bottom of the pyramid: A learning perspective, *International Business Review*, 21, 817-830.

Scoville, W. C.(1951), "Minority Migration and the Diffusion of Technology", *Journal of Economic History*, 11 (4), 347-360.

Serapio, M. and Hayashi, T., co-eds. (1998), *Internationalization of Research and Development and the Emergence of Global R&D Networks*, Oxford, ELESVIER.

Sen, A.(1992), *Inequality reexamined*, Oxford, Oxford University Press, 池本幸生・野上裕生・佐藤仁訳『不平等の再検討』岩波書店, 1999年.

Seyfang, G.(2006), "Ecological citizenship and sustainable consumption: Examining local organic food networks", *Journal of Rural Studies*, 22, 383-395.

Seyfang, G.(2011), *The New Economics of Sustainable Consumption*, Hampshire, Palgrave.

Seyfang, G. and Haxeltine, A.(2012), "Growing grassroots innovations: exploring the role of community-based initiatives in governing sustainable energy transitions", *Environment and Planning: Government and Policy*, Vol.30, 381-400.

Simanis, E. and Hart, S.(2009), Innovation From the Inside Out, *Sloan Management Review,* 50 (4), 78-86.

Sirkeci, I. Cohen, J. H. and Ratha, D.(eds.) (2012), *Migration and Remittances during the Global Financial Crisis and Beyond,* Washington, The World Bank.

Smith, A, et al.(2013), Grassroots innovation movements: challenges and contributions, *Journal of Cleaner Production*, http://dx.doi.org/10j.clepro.2012.12.025. accessed March 20, 2015.

Sombart, W.(1928), *Die Juden und das Wirtshatsleben*, Verlag von Dunker & Humblot. Epstein, M. (translation) (1951), *The Jews and Modern Capitalism*, Boston, The Free Press, 長野敏一訳『ユダヤ人と資本主義』国際日本協会, 1943年.

Sullivan, N. P.(2007), *You Can Hear Me Now: How Microloans and Cell Phones are Connecting the World's Poor to the Global Economy*, San Francisco, Jossey-Bass, 東方雅美・渡部典子訳『グラミフォンという奇跡』英治出版, 2007年.

Szulanski, G.(2003), *Sticky Knowledge: Barriers to Knowing in the Firm*, London, SAGE Publications.

Teegen, H., Doh, J. P. and Vachani, S.(2004), The importance of nongovernmental organizations(NGOs) in global governance and value creation: an international business research agenda, *Journal of International Business Studies*, 35, 463-483.

UNCTAD (2013), *World Investment Report, Global Value Chains: Investment and Trade for Development*, NY., UNCTAD.

Vachani, S., Doh, J. P., and Teegen, H.(2009), NGO's influence on MNEs' social development strategies in varying institutional contexts: A transaction cost perspective, *International Business Review*, 18, 446-456.

Vachani, S. and Smith, N. C.(2008), Socially Responsible Distribution: Distribution Strategies for Reaching the Bottom of the Pyramid, *California Management Review*, 502, 52-84.

Vernon, R. and Davidson, W. H.(1979), Foreign Production of Technology -Intensive Products by US-Based Multinational Enterprises, *A Study funded by National Science Foundation*, HBS., 79-5, 1-94.

Viswanathan, M.(2011), "A Micro-Level Approach to Understanding BoP Markets", in London, T. and Hart, S. eds, *Next Generation Business Strategies For The Base of The Pyramid, Upper Saddle River,*

FT Press, 129-164.
World Bank (2011), *Migration and Remittances Factbook 2011*, second edition.
World Economic Forum (2009), *The Next Billions: Unleashing Business Potential in Untapped Markets*. (http://www3.weforum.org/docs/WEF_FB_UntappedMarkets_Report_2009.pdf), accessed 9 September 2013.
Yunus, M.(2010), *Building Social Business*, NY., PublicAffairs, 岡田昌治監修・千葉敏生訳『ソーシャル・ビジネス革命』早川書店, 2010年.
Yunus, M.(2007), *Creating a World Without Poverty*, NY., PublicAffairs, 猪熊弘子訳『貧困のない世界を創る』早川書店, 2008年.

和書:
アーブラハム・レオン (1973), 波田節夫訳『ユダヤ人と資本主義』法政大学出版局。
天野倫文・新宅純二郎・中川功一・大木清弘編 (2015)『新興国市場戦略論』有斐閣。
雨森孝悦 (2011)「フィリピンのマイクロファイナンスにおける最貧困層の排除と包摂」『日本福祉大学経済論集』Vol.42, 207-219。
安藤哲生 (1989)『新興国と国際技術移転』三嶺社。
井口知栄 (2014)「ナショナル・イノベーション・システムとグローバル・バリュー・チェーンへの多国籍企業子会社の役割:在フィリピン日系多国籍企業の事例を中心にして」『三田商学研究』56(6), 33-46。
石上悦朗 (2011)「産業政策と産業発展」石上悦朗・佐藤隆広編著『現代インド・南アジア経済論』第6章, ミネルヴァ書房, 149-182。
井上隆一郎編 (1994)『アジアの財閥と企業』日本経済新聞社。
今津健治 (1989)『近代日本の技術的条件』柳原書店。
内多允 (2005),「中南米における移民送金」『名古屋文理大紀要』第5号, pp.29-36。
内多允 (2009),「不況で低迷する中南米移民の送金と雇用」『国際貿易と投資』国際貿易投資研究所, No.78, pp.16-30。
梅津和郎 (1992)「フィリピンの財閥と商社」『オイコノミカ』Vol.28, pp.139-146。
絵所秀紀・山崎幸治編 (1998)『開発と貧困—貧困の経済分析に向けて』アジア経済研究所。
遠藤環 (2003)「タイにおける都市貧困政策とインフォーマルセクター論:二元論を超えて」『アジア研究』Vol.49, No.2, 4月, 64-85。
遠藤環 (2011)『都市を生きる人々』京都大学出版会。
大石芳弘・桑名義晴・田端昌平・安室憲一監修, 多国籍企業学会著 (2012)『多国籍企業と新興国市場』文眞堂。
大貝威芳 (2001)「フィリピンの財閥と多国籍化」『龍谷大学経営論集』41(2), 1992, 70-77。
大塚啓二郎 (2014)『なぜ貧しい国はなくならないのか』日本経済新聞社。
金綱基志 (2009)『暗黙知の移転と多国籍企業』有斐閣。
金綱基志 (2010)「知識移転と地域企業の知識創出能力の向上」『長崎県立大学経済学部論集』第44巻第4号, 209-230。
金綱基志 (2012)「多国籍企業の組織と知識移転」『多国籍企業とグローバルビジネス』(林倬史・古井仁編著, 第3章), 税務経理協会, 53-80。
川中豪 (2000)「フィリピン地方都市における権力メカニズム」『アジア経済』XLI-1, 2-33。
木曾順子 (2003)「増加する働く貧困層」木曾順子『インド開発のなかの労働者』第2章, 日本評論社, 41-70。
木原高治 (2012)「フィリピンにおける企業支配構造と企業統治問題」『東京農大農学集報』57(1), 41-56。

参考文献

清川雪彦（1995）『日本の経済発展と技術普及』東洋経済新報社。
清川雪彦・南亨進編（1987）『日本の工業化と技術発展』東洋経済新報社。
國島弘行（2015）「株主価値志向経営と新自由主義的グローバル化―市民価値志向経営への転換のために―」『ディーセント・マネジメント研究 ―労働統合・共生経営の方法―』（重本直利編著, 第13章）, 晃洋書房, 181-203。
黒崎卓（2013）「インド・デリー市におけるサイクルリキシャ業―都市インフォーマルセクターと農村からの労働移動」『経済研究』（一橋大学経済研究所）, 64(1), 62-75。
小池賢治（1993）「フィリピンの財閥」小池賢治・星野妙子編『発展途上国のビジネスグループ』第5章, アジア経済研究所, 189-212。
菰田文男（1987）『国際技術移転の理論』有斐閣。
斎藤修（1985）『プロト工業化の時代』日本評論社。
櫻井公人（2006）「移民による送金とマネー・ロンダリング」『立教経済学研究』60(2), 57-69。
佐藤百合（2011）『経済大国インドネシア』中公新書。
JETROマニラ（2012）『フィリピン概況 2012』。
JETRO（海外調査部）（2013）『欧州企業・NGO等のBOPビジネス事例』JETRO。
JICA・株式会社雪国まいたけ（2014）『バングラデシュ国緑豆生産の体制構築事業準備調査（BOPビジネス連携促進）報告書』。
須貝信一（2011）『インド財閥のすべて』平凡社。
菅原秀幸（2010）「世界40億人貧困層へのビジネス・アプローチ」（上, 下）『世界経済評論』54(3), 54(4)。
菅原秀幸（2010）「BOPビジネスの源流と日本企業の可能性」『国際ビジネス研究』2(1)。
スタベンハーゲン, R.(1981)『開発と農民社会』（山崎春成・原田金一郎・青木芳夫訳）, 岩波現代選書。
芹澤辰一郎・長南史男・土井時久（1997）「フィリピンにおける農村・都市労働力移動径路」『北海道大学農経論叢』第53集, 3月, 113-123。
髙橋浩夫（2014）「グローバルR&Dの再検討とリバース・イノベーション」『白ビジネスレビュー』23(2), 61-74。
竹田志郎（2015）『グローバルビジネスとアメリカ・ユダヤ人』文眞堂。
谷崎光（2014）『日本人の値段』小学館。
谷本寛治（2009）「ソーシャル・イノベーションとソーシャル・ビジネス」『一橋ビジネスレビュー』57(1), 26-41。
谷本寛治・大室悦賀・大平修司・土肥将敦・古村公久（2013）『ソーシャル・イノベーションの創出と普及』NTT出版。
恒川恵市（1996）『企業と国家』東京大学出版会。
土肥将敦（2009）「ソーシャル・ビジネスとはなにか」佐々木茂・味水佑穀編『地域政策を考える―2030年へのシナリオ』勁草書房, 189-201。
戸堂康之（2015）『開発経済学入門』新世社。
中岡哲郎・石井正・内田星美（1986）『近代日本の技術と技術政策』国際連合大学。
中西徹（1991）『スラムの経済学』東京大学出版会。
中西徹（1998）「貧困と慣習経済」絵所秀紀・山崎幸治編『開発と貧困』第6章, アジア経済研究所, 203-234。
中西徹（2009）「マニラー都市貧困層のネットワーク」春山成子・藤巻正巳・野間晴雄『東南アジア』（朝倉世界地理講座3：立川武蔵・安田喜憲監修）第5章, 280-296。
中西徹・小玉徹・新津晃一編（2001）『アジアの大都市［4］マニラ』日本評論社。

中村俊裕（2014）『世界を巻き込む』ダイヤモンド社。
野村総合研究所, 平本督太郎／松尾未亜／木原裕子／小林慎和／川越慶太（2010）『BOP ビジネス戦略』東洋経済新報社。
服部篤子・武藤清・渋澤健編（2010）『ソーシャル・イノベーション』日本経済新聞社。
馬場敏幸編（2013）『アジアの経済発展と産業技術』ナカニシヤ出版。
濱田美紀（2008）「マイクロファイナンス—貧困削減への金融仲買」山形辰史編『貧困削減戦略再考』岩波書店, 第 5 章, 151-174。
林倬史（1980）「周辺資本主義と多国籍企業」『経営学原理』日本評論社, 209-242。
林倬史（1985）「『周辺資本主義社会構成体』分析への一視角」『福岡大学商学論叢』30 (2), 113-134。
林倬史（1987）「多国籍企業の国際 R&D ネットワークと企業内国際逆技術移転戦略」『三田商学研究』30 (5), 116-131。
林倬史（1989）『多国籍企業と知的所有権』森山書店。
林倬史（1993）「タイ日系自動車企業と技術移転」『アセアン諸国の工業化と外国企業』（小林英夫・林倬史編著, 第 5 章), 91-116。
林倬史（1995）「東アジアの技術蓄積と日本的技術移転システム」『アジアの技術発展と技術移転』（陳炳富・林倬史編著, 序章, 第 2 章), 文眞堂, 1-9, 47-73。
林倬史（2003）「国際競争戦略と技術革新」『新・国際経営』（竹田志郎編著, 第 5 章), 文眞堂, 129-162。
林倬史（2004）「技術開発力の国際的拡散化と集中化」『立教大学経済学研究』57 (3), 63-88。
林倬史（2007）「東アジアのトランスナショナル・コミュニティと知識共創のメカニズム」『移動するアジア』（佐久間孝正・林倬史・郭洋春編著, 第 1 章), 明石書店, 18-47。
林倬史（2010）「知識創造と文化的多様性のマネジメント」『異文化経営の世界』（馬越恵美子・桑名義晴編著・異文化経営学会著, 第 4 章), 白桃書房, 65-93。
林倬史（2012）「多国籍企業と BOP 戦略」林倬史・古井仁編『多国籍企業とグローバルビジネス』第 11 章, 税務経理協会, 251-277。
林倬史（2014a）「M.ポーターの『共通価値の戦略』(Creating Shared Value)」（連載「戦略フレームワークを理解する」; http://www.sbbit.jp/article/cont1/16096)。
林倬史・井口知栄（2014b）「新興国における BOP 戦略と M.ポーターの競争戦略論の限界性」（連載「戦略フレームワークを理解する」; http://www.sbbit.jp/article/cont1/27506)。
速水佑次郎（1995：初版, 2009：新版）『開発経済学』創文社。
原木英一（2014）「HUL の BOP 参入動機—インド政府への対応経験と Nirma Ltd.との競合経験を通じて」（国際ビジネス研究学会, 2014 年全国大会報告要旨)。
平川均（1992）『NIES—世界システムと開発』同文舘。
平川均（1993a）「NIES の経済成長と技術蓄積」『技術革新と現代世界経済』（林倬史・菰田文男編著, 第 7 章), ミネルヴァ書房, 229-259。
平川均（1993b）「アジア NIES 開発モデルとはなにか」『アジア経済論—転換期のアジア経済』（柳田侃編, 第 1 章), ミネルヴァ書房, 11-43。
平野義太郎（1980）『日本資本主義社会の機構』(初出 1934 年) 岩波書店。
廣畑伸雄（2015）「カンボジアのマイクロファイナンス機関の経営戦略」『アジア経営学会第 22 回大会要旨集』(立命館大学), 92-95。
不二牧駿『路地の経済社会学』めこん, 2001 年。
舟橘豊子（2011）「BOP ビジネスとフィリピン市場の可能性」『経営学研究論集』(明治大学) No.35, 47-57。
舟橘豊子（2011）「BOP 市場における流通と消費の実態—フィリピンのサリサリストアを事例として」

『経営学研究論集』(明治大学) No.37, 68-85。
星埜惇 (1978)『社会構成体移行論序説』未来社。
星野妙子編 (2004)『ファミリービジネスの経営と革新』アジア経済研究所。
星野裕志 (2012a)「ケース─グラミン雪国まいたけ」『多国籍企業研究』5 号, 55-68。
星野裕志 (2012b)「連携による開発途上国への参入」,『多国籍企業と新興国市場』(大石芳弘・桑名義春・田端昌平・安室憲一監修, 多国籍企業学会著, 第 12 章), 文眞堂, 285-301。
堀口朋亨 (2015)「BOP ビジネスに内包するリスクとそのマネジメント手法に関して」『危険と管理』第 46 号, 71-88。
松園祐子 (2006)「インフォーマルセクター研究の系譜：過剰都市化論からグローバル化の中での労働のインフォーマル化へ」『淑徳大学総合福祉学部研究紀要』Vol.40, 101-115。
水尾順一 (2010)「戦略的 CSR の価値を内包した BOP ビジネスの実践に関する一考察」『駿河台経済論集』20 (1) : 1-36。
水尾順一 (2012)「グローバル CSR の視点による BOP ビジネスと共益の創造」『駿河台経済論集』21 (2), 133-171。
水上裕二 (2007)「バンコク都における露天商の所得に関する事例研究」『アジア研究』Vol.53, No.1, January, 66-78。
薬師寺泰蔵 (1989)『テクノヘゲモニー』中公新書。
安室憲一 (2011)「BOP の概念と現実─我々は何に BOP 研究の座標軸を求めるべきか」『多国籍企業研究』Vol.4 : 43-61。
安室憲一 (2013)「『世界の 90 パーセント』の人々のための事業戦略」『世界経済評論』3 (4) : 25-29。
山形辰史 (2008)「バングラデシュとカンボジア─後発国のグローバル化と貧困層」『貧困削減戦略再考』(アジア経済研究所叢書 4) (山形辰史編著, 第 3 章), 岩波書店, 81-110。
山田篤裕・四方理人・田中聡一郎・駒村康平 (2010)「貧困基準の重なり─OECD 相対的貧困基準と生活保護基準の重なりと等価尺度の問題─」『貧困研究』Vol.4 : 55-66。
山田盛太郎 (1984)『山田盛太郎全集第 2 巻：日本資本主義分析』(初出 1934 年) 岩波書店。
吉田光邦 (1968)『お雇い外国人─産業』鹿島出版会。

人名索引

[日本人]

JICA・株式会社雪国まいたけ　175, 183
アルブラハム・レオン　159
井口知栄　140
石上悦郎　98
井上隆一郎　20, 98
今津健治　160
梅津和郎　20, 98
遠藤環　19
大貝威芳　20, 98
金綱基志　160
木曾順子　19, 98
木原高治　98
清川雪彦・南亨進　160
國島弘行　182
熊坂惟　100
小池賢治　98
櫻井公人　50
佐竹右行　141, 175, 183
スタベンハーゲン　75
谷本寛治・大室悦賀・大平修司・土肥将教・古村公久　161
中岡哲郎・石井正・内田星美　160
中西徹　19
中西徹・小玉徹・新津晃一　19
中村俊裕　140
林倬史　71, 98, 123, 135, 145, 149, 160-161
林倬史・井口知栄　161, 165
速水佑次郎　166, 170-171, 176, 181-182
原木英一　98
平川均　98, 159
平野義太郎　98
廣畑伸雄　142
星埜惇　98
星野裕志　141, 175
堀口朋亨　140, 142
松園祐子　19, 98

本村拓人　99
山田盛太郎　98
山田・四方・田中・駒村　118

[外国人]

Adamas, R. H, Jr.　50
Alip, J. A.　99, 120
Amin, A. N.　98
Amin, ATM, N.　19
Amin, S.　3, 7, 18, 75, 98
Anderson, J. and Bilou, N.　161
Ashton, T. S.　160
Barney, J. B.　5
Batalla, E. V. C.　20, 98
BEPA　140
Bromley, R.　98
Cañeque, F. C. and Hart, S. L.　119
Chang, H-J.　140
Christensen, C. M.　152
Collins, D.　172, 183
Davidson, W. H.　149
Dobb, M.　160
Doh, J. P.　170-171, 181
Doh, J. P. and Teegen, H.　181
Drayton, B. and Budnich, V.　130, 141
Dutton, H.　160
Frank, A. G.　3, 75
Gereffi, G. and Frederick, S.　140
Govindarajan, V. and Trimble, C.　150, 154, 157-158, 161, 178
Gupta, A.　162
Gust, G. A.　24
Hammond, A.　77, 80
Harber, S.　140
Harris, J. R.　145
Hart, S.　21, 76, 78-80, 86, 98
Hayashi, T.　151

Hayashi, T. and Serapio, M.　161
Heintz, J.　7–8, 19, 28–29, 32
Henry Sy　26
Herman, B.　98
Hippel, E. V.　161
Hulme, D. and Arun, T.　142
Hussmanns, R.　19, 98
Hussmans, R.　7
Iguchi, C. Hayashi, T. and Nakayama, A.　161
ILO　98
Jeremy, D. J.　145
Kang, D. V.　140
Karim, L.　142
Karnari, A.　19, 141
Keegen　183
Keersmaecker　162
Key, C.　3
Kim, W. C. and Mauborgne, R.　153, 161
Kotler, P. and Lee, N. R.　166, 170–171, 176, 181, 183
Lall, S.　159
Landes, D. S.　145
Lodge, G.　77
London, T.　80
London, T. and Hart, S. L.　119, 155
Lundval, B-Å　160
Mansfield, E. & Romeo, A.　149
Mansfield, E. and Romeo, A.　161
Mantoux, P.　160
Mark, R.　100
Mintzberg, H.　166, 170–171, 176, 181, 183
Nelson, R.　160
Özden, Ç. And Schiff, M. eds　50
Peerally, J. A. and Figueiredo, P. N.　135
Piketty, T.　118
Piketty, T. and Saez, E.　118

Porter, M.　5
Porter M.　80–81, 84, 86
Porter, M.　96
Porter, M. E. and Krammer, M. R.　139, 164–165, 171, 181–182
Porter, M. T. and Krammer, M. R.　119–120, 164–165
Prahalad, C. K.　2, 11, 21, 76–77, 79, 87, 98, 119–121, 138, 161, 164, 171, 179
Prahalad, C. K. and S. L. Hart　119
Praharad, C. K.　21
Radjou, N.　161
Rao, S.　161–162
Robinson, J.　50
Rodrigues, J. and Baker, G. A.　135
Ruiz, M. J.　71–72
Saez, E.　118
Saldana, C.　20, 98
Santos, T. D.　3
Scoville, W. C.　145, 159
Seifang, G. and Smith, A.　162
Serapio, M. and Hayashi, T.　161
Seyafang, G.　140
Sombart, W.　159
Stabenhargen, R.　98
Steglitz, J.　104–106, 118
Szulanski, G.　161
Teegen, H.　170–171, 181
UNCTAD　98, 100, 140
Vachani, S.　181
Vachani, S., Doh, J. P., and Teegen, H.　181
Viswanathan, M.　80, 162
Yunus, M.　3–5, 19, 53, 78, 87–88, 99, 118, 120, 133, 140–141, 180
Yunusu, M.　183

事項索引

欧文

Ayala Corporation　107
Ayala Land 社　107
Ayala グループ　15, 26
　──と Lopez グループ　17
BDSFI　58, 67, 69
BOP ビジネス　119
BOP ペナルティ　137-138
BOP 市場　83-87, 97, 121, 123-124, 182
　──構造　85-86
BOP 層市場　83-84
CARD　52-56, 114, 121, 136
CARD Bank　54
CARD BDSFI　56
CARD BDSF Inc.　94-95
CARD Inc.　54, 56-58, 63, 66-67, 69-71, 90-91, 95
CARD MBA　55
CARD MRI　19, 52, 90-91, 93-95, 128, 138
CARD NGO　54
CARD マイクロファイナンス　58
Central Warehouse　58
CocaCola　93
Community Store　58, 95
Crony Capitalism　123
Deere 社　158
EMIFS　8
Employment in the Informal Sector（インフォーマル・セクターにおける雇用）　7
Eric Zobel Foundation　107
FEM（Formal Employment）　8, 10-11, 13, 27, 29-30
　──層　30
FS（Formal Sector）　10-11, 13, 22-24, 27-28
FSEM　14, 27
FS 就業者　22, 27, 29
　──数　23, 29

GE　174, 178
　──事業部　176
　──社　174, 176, 179
GI　155-157, 159
Grameen　121, 130, 136, 138
　── Bank　54, 56, 180
　── Danone Foods　135
　── Euglena　133
　── Euglena 社　166
　── Healthcare Trust　135
　── UNIQLO　133, 135
　── Yukuguni Maitake　133
　──（バングラデシュ）　164
　──銀行　125
Grassroots Innovation　119, 121, 124, 126-127, 155-156
GYM　133-135
Hapinoy ブランド　95, 138
HLL 社　78, 87
IFE　5
IFEM（Informal Employment）　7-11, 13, 27, 29-30, 32
　──層　31
IFS（Informal Sector）　5-11, 18, 22-23, 32
　──家内企業群　9
　──就業者　22, 27, 29
　──就業者数　29
　──就業数　23
IFS&IFE　6
IKW　156
inclusive innovation　124
Informal Employment（IFEM）　7
LEKW & IKW　156
Lopez グループ　15-16
Mermac, Inc　107
MICRO Ventures　56-59, 63, 66-69, 94-95
Micro Ventures Inc.　68
MOP（Middle of the Pyramid）　81-82, 87

―――, TOP 市場　84, 86
―――市場　83, 97
―――層　82
Nestle　93
NGO　4, 19, 21, 52-53, 70-71, 77, 79-80, 89-90, 93, 96-97, 102, 115-117, 119, 121, 124-128, 130-131, 154, 164, 178, 180-181
―――組織　117, 131
NOP　83
OF　45-46, 48
OFW　36-38, 40-46, 48-50
P&G　93, 158
PBSP　53
Remittance（送金額）　37
Reverse Innovation　150
Reverse Technology Transfer　150
SM グループ　26
Suki Store　95, 136
Tata Motors　158
TOP: Top of the Pyramid　81
TOP 市場　83, 87
Triple Bottom Lines　86, 115
Unilever　93

【ア行】

アジア NIES　76
味の素　66, 93
アヤラ家　107
安定就業層（FEM）　30, 32, 37, 41, 50, 83, 97, 112-114, 116, 123-124, 170, 182
移住者　49
一部財閥系一族　123
一部特権家族　122-123
一部富裕層　81, 102, 123-124
5つのニーズ　154
移民　49
―――者　38
インフォーマル・エコノミー（IFE）　5-6, 8
インフォーマル・エンプロイメント（IFEM）　8
インフォーマル・エンプロイメント層（IFEM）　27, 32
インフォーマル企業　7
インフォーマル・セクター（IFS）　5-7, 18-19, 21, 23, 49, 52-53, 57-58, 70, 74, 83, 92, 97, 112-117, 123, 125-127, 131-132, 139, 165, 168-170, 179, 182
―――就業者（IFSEM）　14
―――とフォーマル・セクター　125
―――内　112, 114, 116-117
営利セクター　170, 178, 181
―――3　178
営利・非営利セクター　180
お雇い外国人　145

【カ行】

海外 OF（OFW と移民）　49
海外 OFW　49
海外移住者　46
海外移民　34
―――労働者　37
海外からの送金額　35, 40
海外給与　40
―――比　40
海外在住フィリピン人　46
海外出稼ぎ労働者　34, 46, 48-49
海外で働くフィリピン人労働者（Overseas Filipino Workers: OFW）　35
外資系企業　14-15, 17, 22-24, 27-28, 30
―――現地雇用者数　30
海上勤務者　44, 46
開発経営学　182
―――的アプローチ　181
―――的視点　181
開発経営体制（組織）　166
開発経営論　170, 182
開発経済体制　166
―――論　166
開発経済論　2-3
開発途上国　120
家計最終支出額　37
家計最終消費額　38, 40, 49
家計最終消費支出　35
―――額　35, 37
家政婦　42
―――労働者　43
家族支配型企業　14-15
―――群　14, 17

――集団　14, 18
家族支配型大規模企業　169
家族持ち女性　125
家内企業　9
　　――数　9
家内工業　10
企業内国際技術移転　150
企業内国際逆技術移転　150
企業内国際分業　150
キーストーン　97, 117, 132, 135, 139-140, 165, 178, 180
　　――的　175
規模　115
基本的ファンダメンタルズ（社会資本）　168-169
旧グラミン・雪国まいたけ　174
旧雪国まいたけ社　176
競争戦略　81, 119
　　――論　80-81, 87, 120
共通価値　120, 139-140, 164-165
　　――の戦略　120
共同体　166-167
　　――組織　166
　　――の失敗　168
グラスルーツ・イノベーション（grassroots innovation）　157
グラミン　89-90, 134, 180-181
グラミン銀行　4, 53-54, 114, 128, 131-133, 135, 172, 175
グラミン・クリシ財団　134, 175
グラミングループ　175
グラミン・シャクティ　126
グラミン・ソーシャル・ビジネスグループ　133
グラミン・ダノン食品　88-89
グラミン・ユーグレナ社（GE社）　174-175, 181
グラミンユーグレナモデル　176
グラミンレディ　89
クローニー資本主義　87
グローバル・バリューチェーン　93, 97, 121-122, 124, 127-130, 135, 138-139, 164-165, 178
　　――型ビジネス生態系　156

経営戦略　21
　　――論　2, 5-6, 21, 74, 76, 81
経済開発体制　166
経済活動人口　35, 48-49, 74
経済合理性　167, 171, 179, 181
　　――追求　169
経済社会構成体　144, 170
経済的合理性　169
経済的自立　128, 131-132, 181
　　――化　3-4, 52, 54-55, 81, 93-94, 113-115, 117, 125-126, 129, 131-132, 136, 138, 164-165, 172, 177, 179, 182
契約農民　174, 178
現地NGO　128-131, 133, 135-136, 139-140, 157, 159, 164-165, 178-180, 182
現地企業　78
現地合弁会社　136
現地合弁企業　178
現地合弁事業　180
現地コミュニティ　125, 127, 155-156, 178
　　――市場　156
現地財閥系一族企業　117, 123
現地財閥系家族支配型企業　22
現地財閥系企業　73
　　――グループ　26
現地女性起業家　131
現地政府　122
現地中間層市場用　153
現地特権層　123
現地特権的ファミリービジネス　130
現地農村女性　134
現地農民層　176
現地非営利セクター　178
現地貧困層　131, 177
　　――特有　178
現地零細小売業　129
現地零細ビジネス　129
公的セクター　170, 178, 181
高度職業人　127
購買力　2
合弁会社　3, 95, 175
合弁会社「GE社」　175
合弁企業　133, 174, 176, 178-179
合弁形態　4, 133

204　事項索引

合弁事業　90, 180-182
国際的知識移転　149
国内個人消費市場　49
個人消費額　34-35
個人消費市場　34-35, 37, 50
国家　166-167
　──の失敗　167
固定的な分断性　123
コミュニティ　57, 79-80, 121, 131, 136
コミュニティストア（Community Stores）
　58-60, 63-64, 66-68
コルレスバンク　45-46

【サ行】

最大の輸出品目　47
最低賃金　111
　──法　111
財閥系一族支配型企業　22, 30, 73
財閥系家族支配型企業　28
財閥的一族支配型企業　23
サステイナビリティ（持続可能性）　80
サリサリストア　9, 32, 52-53, 55-60, 63-70, 90, 92-95, 97, 136-138
サリサリストア（スキストア）　66
3A　86, 115, 154, 161, 178
産業支配　17-18, 22, 73
3セクター　171, 179, 181-182
　──論　166
3方向的戦略　170
自己雇用　90, 94, 117
　──型　97, 114
　──者　114
市場構造　80-81, 106, 116, 124
　──の「分断的特質」　179
市場・国家・共同体　169, 172
　──の失敗　167
市場支配　73, 97
市場・政府・共同体　170
市場と国家の失敗　166
　──と成功　166-167
市場の固定的分断　169
市場の失敗　167
市場の多層性　87
市場の「多層性と分断性」　82

持続可能性　78-79
持続的経済的自立化　126
持続的ビジネス生態系　113, 117, 121, 139-140, 165
社会経済構成体　7
社会構成体　5, 6, 81, 87, 97, 101
社会的埋め込み能力　155
社会的解決課題　2, 21, 96, 154, 163, 181
社会的課題　19, 81, 96-97, 115, 125, 129-131, 136, 139, 156, 165, 170-172, 176, 181-182
　──解決　172
社会的諸課題　4, 7, 18, 133, 154, 170
社会的諸問題　181
従属学　75
　──派　75-76, 96
従属資本主義論　18
従属的構図　3
従属論者　3, 75
主要先進国多国籍企業　150
市場・国家・共同体間の失敗・成功　169
女性　54, 57, 81, 93, 114-115, 131-132
　──層　83
　──の経済的自立化　91
　──の就業機会　55
所得格差　167
所得構造の「ピラミッド型」　139, 165, 182
所得・資産格差　168
自律的ビジネス生態系　49, 53, 69, 89-90, 95, 97, 115
自律的ローカル・バリューチェーン　125
人口学的変数　85
新興国　1-2, 21-22, 70, 74-75, 77, 81, 83-87, 93, 96-97, 101-102, 105-106, 109, 112-113, 116-117, 120-125, 136, 138, 143, 145, 149-150, 153-154, 156-159, 164, 166-170, 172, 177, 181-182
　── BOP市場　86
　── BOP層　101, 154, 163
　── BOP層市場　128
　── NGO　125
　──型　6, 117
　──型市場構造　81
　──拠点　152
　──現地NGO　178

――現地市場　152
――固有　5, 124, 159
――市場　83, 85, 123-124, 150, 152-154, 156-157, 159
――市場戦略　124
――戦略　124
――多国籍企業　150, 152, 154, 157
――の「ピラミッド型」所得構造　179
スキップストア　58-60, 63, 66
コミュニティストア　65
政府（公的）セクター　170, 181
絶対的増大　73
先進国型市場構造　6
先進国市場　83, 85
先進国多国籍企業　150, 152, 157
セントラルウエアハウス　58, 66-67, 69
専門職　42-43, 50
送金　46
――額　37-38, 40, 44-47, 49
――国　43
――推定額　47
――方法　40
相対的低下　73
相対貧困率　106
ソーシャル・イノベーション　116, 119, 152, 154-157, 159, 164
――戦略　136
ソーシャル・ビジネス　3-5, 19, 71, 78, 87-88, 97, 115, 119-120, 125, 129, 131-136, 139-140, 154, 165, 172, 174, 177-180
――企業　133
――事業　172, 174, 182
――生態系　135
――戦略　128, 133, 135, 181
――モデル　88, 131, 133, 180
――論　3-4, 181
ソーラーパネル　68

【タ行】

対内直接投資　49
ダイナミック・ケイパビリティ　116
ダイヤモンド型　139, 165, 182
――所得構造　138, 164, 179
多元セクター　170

多国籍企業　2-5, 7, 18-19, 21-27, 30, 52, 66, 70-71, 73, 75-78, 80, 87-90, 93-97, 113, 117, 119, 121-124, 127-130, 133, 135-136, 138-139, 144, 149-150, 152-154, 156-159, 164-165, 169, 174, 178-179
――のグローバル・バリューチェーン　93
多層性　85
ダノン社　88, 135
多様性と均質性　84
単純労働者　41
地域コミュニティ　79, 90, 139, 165
知識移転　152
知識フロー　152
地上勤務者　43
中間階層　34
中間・高所得層市場　182
中間所得層　123-124, 139, 165
――市場　123, 128
中間層　41, 102, 109, 123, 127, 179
――市場　123
直接投資　121-122
――額　47
低所得層　123, 127, 131
都市　53, 70, 113, 127, 137
――中間階層　50
――部　56
土地所有制　168
土地の再分配　168
土着的知識と知恵　156
富・土地の再分配　169
富の再分配機能　1, 168
トリクルダウン（trickle-down）　122
――型　123-124, 127, 139, 164, 169, 179
――型BOP戦略　165
――型政策　170
――型戦略　122
――効果　124-126
トリプル・ボトム・ラインズ　79, 154

【ナ行】

内発型　179
ナショナル・イノベーション・システム　145, 149
日清　66

ニッチプレーヤー　115, 117, 130-131, 136
農業・工業間の断絶状況　168
農業部門就業者数　74
農村　53, 70, 73, 97, 113, 132, 179, 182
　──コミュニティ　53, 97, 127
　──女性　53, 134
　──人口　73
　──地域　137-138
　──部　56, 78
　──部不安定就業層　56
農民層　169

【ハ行】

ハイブリット・バリューチェーン　129-130, 135-136, 138-140, 165-166, 176, 180-182
破壊的イノベーション　78-79, 152-154, 157, 159
発展途上国　2-7, 12, 18, 21, 74-79, 106, 109, 122, 166, 168-169
　──固有　5
ハピノイ・ストア　64
ハピノイデリバリー　58-59
　──センター　59, 67
ハピノイ・ブランド　66-67, 69
バランガイ　57, 59-60, 63, 66-70
バリューチェーン　73, 95, 97, 113, 116, 120, 125, 127, 129-131, 133, 135-136, 140, 155, 157, 165, 176, 181
非営利セクター　170, 178, 181
非営利（多元的）セクター　181
ビジネス・グループ（財閥的一族経営）　113
ビジネス生態系　19, 52, 70, 89-90, 93, 97, 115, 117, 127, 132-133, 136, 156, 158-159, 175, 177-178, 180, 182
非伝統的パートナー　79, 80
非農業部門FS　29
　──就業者数　29
非農業部門IFS　29, 32
非農業部門安定就業層（FEM）　30
非農業部門民間FS就業者数　30
ピラミッド型の所得構造　138, 164
貧困家庭層　133, 172
貧困女性　125, 139, 165
貧困世帯　54

貧困層　3-6, 18, 34, 52, 70, 78-79, 93, 101-102, 106, 110-113, 116-117, 125, 164, 172, 177-179, 181
　──の相対的減少と絶対数の増大　113
貧困農村女性　134
貧困農民層　174
貧困問題　2
貧困ライン　1-2, 54-55, 104-106, 109, 112, 116-117, 164
貧農　5
　──女性　52-54
　──女性層　53, 172
不安定就業　92, 116
　──形態　49-50, 112, 116
　──者　22-23
　──者数　27, 123
　──者層　74
　──層　10, 22, 30-31, 34, 41, 49, 52-53, 55-56, 83, 97, 112-114, 116, 123, 127, 131-132, 170, 179, 182
不安定就労者　22
不安定な就業形態　55
不安定な就労形態　49
フォーマル・セクター（FS）　5, 8, 18-19, 22-23, 30, 32, 50, 52, 57, 70, 74, 83, 112-114, 116-117, 123-125, 127, 139, 165, 168-170, 179, 182
　──就業者（FSEM）　14, 27
不均質性　85
富裕層　2, 21, 79, 107-109, 123
プラットフォーム（上）　131, 135-136, 175, 177
ブルーオーシャン戦略型　153
分断性　85
　──と固定性　83
米系多国籍企業　149
返済率　54
ボトムアップ型　124-127, 139, 164, 179
　──BOP戦略　165
　──イノベーション　155
　──政策論　170
ボトムアップ効果　126
ホンダ社タイ　158

【マ行】

マイクロクレジット　172, 175
マイクロインシュアランス　55, 172
マイクロ・ビジネス（現地の零細自営業）　69, 93-94, 114, 136
マイクロファイナンシング　56
マイクロファイナンス　4, 19, 52-58, 67, 70, 90-93, 95, 97, 114-115, 117, 125-127, 129, 131, 133-134, 136, 138-139, 165, 172, 178, 182
　──事業　180
　──対象　92
マーケット・エコノミー　5-7
マンダム　66, 93
未熟練労働　43
　──者　41
3つのA　78
民間セクター　170-171
持ち株会社　17-18, 107

【ヤ行】

雪国まいたけ（社）　133-134
ユーグレナ社（旧雪国まいたけ社）　175-176, 181
　──事業部　176
輸出額　49
ユニリーバ（Unilever）社　77-78, 87

4A　86, 115, 154, 161, 178

【ラ行】

ラストマイル　137
リバース・イノベーション　144-145, 148-154, 156-159
　──戦略　151-152, 156, 159
リバース・テクノロジー・トランスファー　145
零細企業　126
零細起業家　126
零細小売型ビジネス　131
零細小売事業　127
零細自営業者　93
零細事業　125-127
　──家　125-126
　──モデル　127
零細女性起業家　125
零細ビジネス（Micro Business）　131-132, 139, 165, 172, 178
労働力輸出　47
　──額　47
ローカル・バリューチェーン　70, 117, 121, 126-133, 135-136, 138-139, 156, 159, 164-165, 176, 178, 181-182
　──型ビジネス生態系　156

著者紹介

林　倬史（はやし　たかぶみ）：経済学博士（立教大学）

1944 年　北京生まれ。
慶応義塾大学商学部卒，同大学院博士課程単位取得退学。
福岡大学商学部専任講師，助教授。立教大学経済学部・経営学部教授。
2010 年から国士舘大学経営学部教授。2014 年から同学部客員教授。
専門は多国籍企業論，国際経営論。

主な著書：
『多国籍企業と知的所有権』（森山書店），『技術革新と現代世界経済』（共編著，ミネルヴァ書房），『アジアの技術発展と技術移転』（共編著，文眞堂），『技術パラダイムの経済学』（共編著，多賀出版），『競争と協調の技術戦略』（共編著，ミネルヴァ書房），Internationalization of Research and Development, and the Emergence of Global R&D Network（共編著，ELESEVIER），『経営戦略と競争優位』（共編著，税務経理協会），『ユビキタス時代の産業と企業』（共編著，税務経理協会），『移動するアジア』（共編著，明石書店），『多国籍企業とグローバルビジネス』（共編著，税務経理協会），他。

新興国市場の特質と新たな BOP 戦略
―開発経営学を目指して―

2016 年 10 月 15 日　第 1 版第 1 刷発行　　　　　　　　検印省略

著　者　　林　　　倬　　史

発行者　　前　　野　　　　隆

発行所　　株式会社　文　眞　堂
　　　　　東京都新宿区早稲田鶴巻町 533
　　　　　電　話　03（3202）8480
　　　　　FAX　03（3203）2638
　　　　　http://www.bunshin-do.co.jp
　　　　　〒162-0041 振替00120-2-96437

印刷・モリモト印刷／製本・イマヰ製本所
©2016
定価はカバー裏に表示してあります
ISBN978-4-8309-4912-8 C3034